作者自

浪漫北海道

暴露年齡系列，

筆者第一次的北海道旅程，為的是《情書》。
向着雪山大叫：你好嗎？郵局寄信、小樽漫步、吹玻璃……通通不堪回首。

是故，所有北海道的記憶總是浪漫的，紫色的花海、金色的牧草，連空氣也滲着淡淡的薰衣草香。即使寒冬中，粉雪樸面，也有搖曳的冰燈引路。

這趟旅程，從函館到稚內；再由二世古到網走，穿過花海濕地溫泉，攀過火山與雪山，徹底踏遍道央、道南北西東，發現更多北海道的魅力。

採訪之時，我城正在變天，世界從此不一樣。
人在異地，感覺特別軟弱無力，幸好沿途總有陌生人向我問候。**原來我們並不孤單。**

作者簡介
戴保倫
FB專頁/IG：alwaystravels

男人名、女兒身，從事傳媒出版工作超過十年，出Trip旅人，走遍國境之南、太陽之西，先後出版過廿多本旅遊指南，包括I CAN旅遊系列的《東京》、《京阪神》、《關西近郊》、《沖繩》、《四國》、《首爾》、《釜山濟州》、《台北》、《高雄墾丁台南》、《台中》、《宜蘭花蓮台東》及《香港》，旅遊專題作品也散見各大媒體。

北海道 [contents]

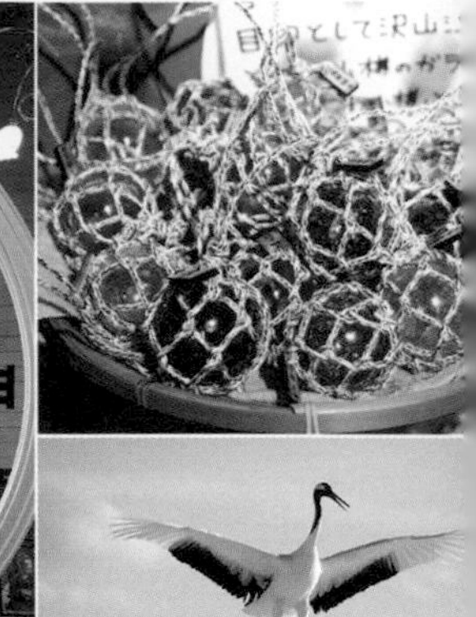

10大主題特集

札幌地區

道央地區

道南地區

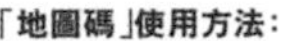

「地圖碼」使用方法：
每個景點後面附有地圖碼，前半部分是該景點所在地圖的頁數；後半部分則是其位置的座標。 **MAP: P.181 B2**
地圖頁數 地圖座標

圖例：

提供退稅或免稅服務

提供免費Wi-Fi

富良野地區

道東地區

道北地區

*現時港元兑日圓匯率約0.07，
即￥100= HK$7，僅供參考。
#書內價格，部分未連8-10%銷售税。

北海道20大打卡絕景！

Tomamu（トマム） 可遇不可求

詳細介紹見P.292-298

雲海平台（雲海テラス/Unkai Terrace）

座落海拔1,088公尺的TOMAMU山上，堪稱最接近天堂的觀景平台，每年夏、秋天清晨，可一睹仙境般的雲海美景，被日本旅遊網站評為「北海道感動の瞬間100選」！平台上還有雲海吊床Cloud Pool、空中步道Cloud Walk等景點。但雲海可遇不可求，看不看到全靠運氣！

阿寒湖、摩周湖 隱世藍湖

神の子池

道東摩周湖伏流水湧出來的隱世小池，周長約220公尺，水深約5公尺。由於水質清澈、透明度極高，連池底下的枯木也清楚可見，在陽光照耀下呈現寶石般的湛藍色，奇幻景致媲美美瑛的青池。詳細介紹見P.326

札幌近郊 安藤忠雄操刀

頭大仏殿

詳細介紹見P.117

札幌近郊一大型靈園中，竟有一座由安藤忠雄操刀的佛像，13.5公尺高，1,500噸重，埋在15萬株薰衣草丘陵之下。從外面看，僅露出半個佛頭，夏天薰衣草盛放；冬天則被白雪覆蓋，更讓人充滿想像空間。

美瑛 蘋果Wallpaper

白金 青い池

隱身美瑛町白金、海拔標高約500米的人造池，因泉水中含有豐富的礦物和鋁，在陽光折射下就變成夢幻的鈷藍色澤。加上池中佈滿白樺枯木，倒映池面，營造出神秘景觀，多得蘋果電腦將一幅青池的照片、變成MacBook pro的開機桌面，令它舉世聞名，被譽為一生總要看一次的日本絕景。

詳細介紹見P.235

美瑛 日產廣告名樹

KEN & MARYの木（ケンとメリーの木）

昭和47年（1972年）日產汽車Skyline廣告的取景地，座落美瑛「拼布之路」中。31米高的白楊樹，樹齡已超過90年，佇立翠綠的山丘上，構成電影般的浪漫美景。

詳細介紹見P.228

美瑛 恩愛之見證

親子の木

「拼布之路」另一代表名樹，兩大一小、3棵「柏木樹」並排佇立，就像拖着小孩的恩愛父母，樂也融融，因而得名。可惜，2015年小樹被強風吹倒，現在只剩父母樹。

詳細介紹見P.228

美瑛 星形雲杉

クリスマスツリーの木（聖誕の木）

美瑛Panorama Road的代表名樹，8公尺高的歐洲雲杉（唐檜樹），佇立山丘農田的斜坡上，因樹形像極聖誕樹，且頂端樹枝看起來像星星形狀而得名。

詳細介紹見P.230

美瑛 廣告名景

Mild Sevenの丘（マイルドセブンの丘）

香煙品牌「MILD SEVEN」昭和52年（1977年）的廣告海報及煙盒照取景地。大片麥田斜坡上，橫列一整排防風林（唐松林）。春夏季一片翠綠、秋天一片金色、冬天則白雪滿地。

詳細介紹見P.228

美瑛 俯瞰拼布之路

北西の丘展望公園

美瑛西北部以優美的丘陵地形聞名，素有「拼布之路」別稱。展望公園正是當中代表，佔地5公頃，遍植薰衣草、向日葵、罌粟花等花田，一年四季花團錦簇。登上金字塔形的展望台，更可眺望大雪山、十勝岳連峰美景。

詳細介紹見P.226

美瑛 繽紛花田

四季彩の丘

廣達15公頃的花田，種有30多種繽紛花卉，從春到秋天奼紫嫣紅；冬季則有白雪茫茫，旅客可乘坐拖拉機遊園車，甚或越野車穿梭其中。園內還設有餐廳、住宿與農產直賣所，並附設大型羊駝牧場。

詳細介紹見P.231

富良野 第2個青池

鳥沼公園

南富良野的秘景，天然湧泉的水沼澤，冬季也不會結冰。原本透明的水色，因為2016年颱風重創北海道，令池水突變成碧綠色，照映周圍的林木，景觀奇幻。隨着光線變化，水色還會不停轉變，冬季甚至會冒出白煙，被譽為第2個青池。詳細介紹見P.255

富良野 隱世四季花田

麓鄉展望台

詳細介紹見P.254

麓鄉一帶是經典日劇《北の国から》（來自北國）的拍攝場景，擁有純樸溫馨的農鄉景色，被日本農林水産省選為「日本農村百景」。藏身「共済農場」山丘的展望台，可俯瞰麓鄉全景。展望台附設名為「彩色廣場」的花田，種滿薰衣草、向日葵、油菜花、大波斯菊等，四季輪流綻放。

旭岳 北海道最高峰

旭岳

道央的大雪山國立公園，由標高2,000米以上的群山組成，其中標高2,291公尺的主峰「旭岳」，乃北海道最高峰，入選「日本百名山」。一年四季美景各異，冬春白雪茫茫，夏季尚有殘雪但繁花綻放，秋季則紅葉滿山。登頂後崇山峻嶺、層巒疊嶂，絕景壯麗，一直是北海道的登山熱點。

詳細介紹見P.288-291

利尻島 白之戀人山

利尻山

詳細介紹見P.360

利尻島最高峰，標高海拔1,721米，乃著名的高級登山路線，可俯瞰島上多個美麗的沼澤和森林，因山上常有殘雪、山形優美如富士山，別稱「利尻富士山」。北海道著名手信「白い恋人」包裝盒上印的雪山，正是利尻山。

別稱「利尻富士山」。

阿寒湖 北海道5大淡水湖

阿寒湖

雄阿寒岳噴火所形成的堰塞湖，北海道5大淡水湖之一，周長約26公里，四周群山環繞，湖水清澈，盛產稀有的綠球藻，向以風景秀麗聞名。年均氣溫只有攝氏3.9度，蔚藍湖水隨四季更迭變化，冬季湖面結冰，更有大量冰上玩樂設施。詳細介紹見P.330

阿寒湖 《米芝蓮》透明湖泊

摩周湖

位於道東川上郡的破火山口湖，周長20公里、面積19.6平方公里。因為沒有任何河川流出或匯入，故終年水平如鏡，即使在寒冷的冬天，湖面也很難結冰，被譽為全世界透明度最高的湖泊，也是《米芝蓮》綠色指南三星推介。詳細介紹見P.324-325

富良野 日版伯朗大道

パノラマロード江花（景觀之路江花）

上富良野八景之一，位在道道581号線的一段，標高50米的小山丘，延綿5公里長的筆直馬路，仿佛永沒盡頭，兩旁是綠油油的農田，遠處還有十勝岳連峰襯托，媲美台東的伯朗大道。

詳細介紹見P.248

Tomamu（トマム） 夢幻婚禮場地

水の教会

日本殿堂級建築大師安藤忠雄打造，藏身道央勇払郡的Tomamu，以「自然共生」為主題，一貫清水混凝土結構，佐以玻璃幕牆，巨型十字架矗立靜謐的池塘中，取名「水の祭壇」，完美融入自然環境中，堪稱最夢幻的婚禮場地。 詳細介紹見P.298

函館 日本三大夜景

函館山

位於道南的函館山，雖然只得334公尺高，但整個函館灣、津輕海峽，以至青森下北半島360度美景盡入眼簾。曾被《米芝蓮》指南評為「世界三大夜景」（跟意大利的拿坡里及香港並列），雖然後來地位被擠下，但仍然是「日本三大夜景」。

詳細介紹見P.198

上士幌町 幻之橋

旧タウシュベツ川橋梁（糠平湖眼鏡橋）

建於1937年，位於道東上士幌町、水力發電廠人工湖「糠平湖」的一道殘橋，為廢棄国鉄「士幌線」通過的一段，已登陸北海道遺產。暱稱「眼鏡橋」的拱形水泥橋，夏天被水淹蓋；冬天又被冰雪埋藏，一直難見全貌，素有「幻の橋」之稱。每年5月雪山融化流進糠平湖，水位緩緩上升，乃觀賞的最佳季節。

Info

地址：北海道上士幌町字ぬかびら源泉郷
MAPCODE：679 577 830*75（停車場）
最佳遊覽季節：5～6月
前往方法：只能自駕，距離帯広市中心車程約1小時45分鐘。

四季限定 花海/美景！

東藻琴公園依山而建，鋪天蓋地長滿120萬枚芝櫻，把多個山丘都染成粉紅色。

網走 北海道最大芝櫻公園

MAP：封底地圖

ひがしもこと芝桜公園（東藻琴芝櫻公園）

每年5月，都是北海道芝櫻的花季，位於網走南部的東藻琴公園，乃北海道規模最大的芝櫻公園。面積廣達10公頃，佔據好幾個山頭，種有達120萬枚芝櫻，全是園主中鉢末吉先生，自1977年起、耗時8年一株株親手栽種。屆時會舉行「芝櫻祭」，整個公園漫山遍野芝櫻盛放，猶如鋪了一張粉紅色地氈。園內還有粉紅鳥居、日歸溫泉、卡丁車道、露營場和商店，必嚐芝櫻雪糕。

提提你

芝櫻不是櫻花？！

學名為針葉天藍繡球，屬花荵科，只是花形跟櫻花相似。莖葉叢生如草皮般攀爬地面而長，氣味芳香，花期緊接在櫻花之後，長達一個月。北海道約為5月，而道東的網走花期略遲。

芝櫻除了粉紅色，還有白、紅、淡紫等好幾種顏色，花期長達一個月。

東藻琴以盛產牛乳而聞名，園內山坡也砌有芝櫻乳牛標記。

園內有日歸溫泉，還有820米長的卡丁車道，給你體驗在花海中馳騁。

旅客可沿梯級小徑登上山坡，途中還有一座粉紅色鳥居，撲面陣陣花香。

「山津見神社」為園內的最高視點，祈求商業繁盛，也立有多座粉紅鳥居。

Info

地址： 北海道網走郡大空町東藻琴末広393
MAPCODE： 638 713 571*61
電話： 0152-66-3111
開放時間： 0800-1700
花期： 每年5月上旬～6月上旬
入場費： 成人￥500、小学生￥250（芝桜の湯成人￥440、小学生￥140）
網址： www.shibazakura.net
前往方法： JR「網走」駅，乘網走巴士的東藻琴町線（車程約45分鐘），至「東藻琴」駅下車，再轉乘約8-10分鐘的士直達；5月花季期間東藻琴駅前，每日會有2-3班免費巴士直達。

佔地10公頃的滝上公園，每年只限芝櫻季開園，已有60多年歷史。

芝櫻沿山丘而植，園內還種有櫻花、香草和其他花卉。

公園位處小山丘上，綻放的芝櫻，交織成一張粉紅色帳蓬般。

芝櫻一般有5片花瓣，但仔細看會發現有4、6、7瓣。

滝上 10公頃芝櫻花海

芝ざくら滝上公園（芝櫻滝上公園）

MAP: 封底地圖

北海道另一芝櫻名所，位處紋別市以南、旭川以北的滝上町，交通較方便，札幌出發也可即日來回。公園位處小山丘上，同樣佔地10公頃，但感覺規模比東藻琴略小。花季期間舉行「童話村滝上芝櫻祭」，沿着山坡一片粉紅，屆時山頂最高處更會置有「幸せの鐘」，乃情侶打卡熱景。還有期間限定的直升機之旅，可從高空俯瞰花海，收費￥5,000/3分鐘。

一朵朵嬌艷盛放的芝櫻，散發幽幽的清香，將整個公園包裹在花香中。

Info

地址：北海道紋別郡滝上町元町
MAPCODE：570 699 352*08
電話：0158-29-2730（滝上町観光協会）
花期/開園時間：每年5月上旬～6月上旬 0800-1800
入場費：成人￥500、小学生￥250
網址：http://takinoue.com/
前往方法：JR「札幌」駅出發，可乘坐都市間直行巴士「流氷もんべつ号」，車程約3.5至4.5小時，於「滝上」駅下車，單程車費￥4,400，再徒步約10分鐘。巴士須預約，每天往返約4班。

函館 五稜郭の櫻

五稜郭公園

MAP: P.195 B1

位於函館的江戶時代軍事要塞，以獨特的星型輪廓聞名，也是函館著名的賞櫻名所。園內種有約1,600株櫻花，尤以染井吉野櫻為主，每年5月上旬～中旬，一片粉紅色花海，將星型城廓填滿，登上五稜郭塔俯瞰景觀更佳！

園內種有約1,600株櫻花，屆時還有櫻花小吃售賣。

Info

地址：北海道函館市五稜郭町44
MAPCODE：86 166 247*48
電話：0138-21-3456
開園時間：4～10月0500-1900；11～3月0500-1800
花期：每年5月上旬～中旬
網址：www.city.hakodate.hokkaido.jp/docs/2014011601161/
前往方法：函館市電「五稜郭公園前」駅下車，徒步約15分鐘。

登上107米高的五稜郭塔，可俯瞰整個五稜郭の櫻。

佔地23公頃的黃色花田，150萬朵肆意怒放，遍地一片金光，景觀超治癒！

北竜町 50萬向日葵花海

北竜町ひまわりの里（北竜町向日葵之里）

Tips：官網可申請航拍許可證（日語）。

MAP：封底地圖

北海道不止得薰衣草和芝櫻，還有向日葵花田。位於道央雨竜郡的北竜町花田，1989年開園，佔地23公頃，相當於5個東京巨蛋大，種滿超過150萬枚向日葵，堪稱全日本最大規模的向日葵花田。向日葵每年7月中～8月中旬盛放，放眼一片浩瀚黃金海。花田更設有觀景台、向日葵迷宮等設施，還有室內市集。

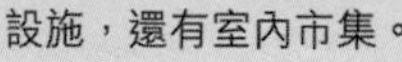

每個品種的向日葵花期都不盡相同，但以7月中旬～8月中旬最燦爛。

向日葵全由當地居民合力栽種，鄰近的北竜中學還在園內種植世界30種向日葵。

北竜町種植向日葵始於1979年，曾以「一戶一畝」推廣，1987年舉行首屆向日葵祭。

園內設有向日葵迷宮，向日葵長得比人高，勝在方便打卡。入場費：￥300

花季期間會有拖拉機改裝的遊園車，也有單車租賃（收費￥100）。

北竜町原是只得2,000人口的寧靜村莊，但每年吸引20萬觀光客。

Info

地址： 北海道雨竜郡北竜町字板谷143-2
MAPCODE： 763 569 747*63
電話： 0164-34-2082
花期： 每年7月中旬～8月中旬
開園時間： 24小時（觀光中心、向日葵迷宮0800-1800）
入場費： 免費
網址： http://portal.hokuryu.info/himawari
前往方法：
1. JR「滝川」駅或「深川」駅轉乘路線巴士，於「ひまわりの里北竜中学校前」駅下車。
2. 札幌巴士總站乘搭往留萌（留萌発札幌行き）的高速巴士，於「ひまわりの里北竜中学校前」駅下車。

四季限定花海/美景

富良野 10萬薰衣草花海

富田農場（ファーム富田）

富良野著名農場，已成為薰衣草花田的代名詞。佔地15公頃，擁有12個大小花田和1個溫室，種有10萬株薰衣草，是日本最大規模的薰衣草花田，每年7月上旬～中旬，漫山遍野一片紫色花海，浪漫醉人。還附設多個主題農舍、Cafe和商店，可一嚐各式薰衣草甜點。

MAP: P.240 B2

薰衣草有多個品種，花期各異，但以7月上旬～中旬最佳。

必吃淡紫色的薰衣草冰淇淋。杯裝￥250

地址：北海道空知郡中富良野町基線北15号
MAPCODE：349 306 050*05
電話：0167-39-3939
開放時間：0900-1700（花季期間0830-1800）
花期：每年7月上旬～中旬
網址：www.farm-tomita.co.jp/
前往方法：JR富良野線「富良野」駅，徒步約25分鐘；花季期間可乘JR富良野線臨時列車「富良野・美瑛ノロッコ号」，至「ラベンダー畑」駅，徒步7分鐘即達。

秋

網走 珊瑚草紅海

能取湖 卯原内サンゴ草群生地

網走北部、能取岬附近的海水湖，周長31公里，南部湖畔擁有4公頃的珊瑚草（サンゴ草/Lake Notoro Coral grass）。珊瑚草其實是海草的一種，又名海燕窩，富含豐富的鈣質，5月開始發芽，夏季一片翠綠，到秋天8月下旬～9月下旬，就會轉變成鮮艷的火紅色，跟藍天碧海形成強烈對比，湖畔還有木製的遊步道貫穿珊瑚草田，儼如漫遊紅海。

MAP: P.333 A2

火紅色的珊瑚草，跟藍天碧海形成強烈對比。

珊瑚草屬海藻類植物，又名海燕窩，是富含豐富鈣質的健康食品。

Info

地址：北海道網走市卯原内60-18
MAPCODE：525 359 376*33
花期：每年8月下旬～9月下旬
前往方法：JR「網走」駅乘的士，車程約15分鐘。

隨住氣流上升飛行，360度富良野美景完全飽覽，感受飛鳥般的翱翔自由。

富良野

電動滑翔傘體驗

刺激度：★★★★

Motor paraglider

MAP: P.241 A4

若嫌熱氣球不夠刺激，推介電動滑翔傘飛行，富良野中部的学田，有全北海道唯一全年營業的滑翔傘體驗。滑翔傘靠動力馬達推進，教練背着「大風扇」、跟玩家扣在一起，助跑幾步便一飛沖天，升上400米高空。飛行時間長達30分鐘，居高臨下，可俯瞰整個富良野農田，以至十勝岳連峰美景，夏天有花田、冬天則有雪景。當上升至半空，教練還會關掉風扇引擎，讓玩家享受寧靜的空中翱翔。

飛翔過程：

1 飛行前，玩家先收看講解飛行安全和步驟的短片，並填寫免責同意書。

2 教練會為玩家穿上飛行裝備，包括可通話的頭盔、安全繩、飛行囊等。

3 教練佐藤賢治有20年經驗，背住的大風扇超過20g重。

4 開動風扇引擎，教練一聲令下：Go！兩人即要全力向前奔跑。

5 助跑6、7步便成功起飛，教練會張開玩家背後的「囊」，給玩家「坐下」。

6 教練會飛回起飛點，讓玩家地下的同伴影相，甚至關掉引擎一陣子，讓玩家享受寧靜。

天朗氣清時，滑翔傘可攀升至400米高，教練甚至可做出大迴環等高難度，但很頭暈！

居高臨下，腳下農田猶如馬賽克，加上蜿蜒河川，美得說不出話。

Tips

1. 報名可登入官網，需列明體驗日期、時間、人數及體重資料。
2. 體重限制40-70kg。
3. 請穿着運動服，夏季也請穿防風的長袖衫長褲，鞋子、眼鏡等要不易脫落。
4. 攜帶相機只限一台，並需有帶子繫於身上，手機請向教練查詢。
5. 強風、下雨或落雪都不宜飛行，依當日天氣決定，早上成功率會較高。

Info

主辦單位：MPGそらち
場地：北海道富良野市西学田2区140-1
MAPCODE：349 091 133*26
電話：0167-23-6638
滑翔時間：0800～1200（10月0900開始）、1300～1600
網址：www1.odn.ne.jp/~syadan-hk/mpg/
前往方法：JR富良野線「学田」駅，徒步約6分鐘。
收費：￥12,000/位

玩後感：
筆者在沖繩也玩過電動滑翔傘，但只上升至200米高，且全程在海邊飛行。富良野能上升到400米高，飛高多1倍，俯瞰農田更覺震撼，景觀完全不一樣，但離心力也較大，都有少少驚！

滝川 滑翔機體驗 刺激度：★★★★

滑翔飛機グライダー（Glider glider）

MAP: 封底地圖

日本唯一滑翔機體驗，就在距離札幌1小時車程的滝川。滑翔機就像小型飛機，但沒有引擎，只靠氣流飛行。滑翔機由另一架動力飛機拖動起飛，至450米空中鬆開拖繩，自由滑翔。滑翔機會在450米空中盤旋，整個滝川市景盡收眼底，飛行時間約10分鐘。

由於沒有引擎，故飛行時異常寧靜，全視覺機窗，跟平常飛機景觀完全不一樣！

Tips

- 報名可致電預約（英語），或電郵至sata@rapid.ocn.ne.jp，需列明體驗日期、時間、人數，以及聯絡資料。
- 惡劣天氣、雲層高度不足（300m以下）或視野欠佳都會停飛，一切依當日天氣決定。

採用無動力的ASK21型滑翔機，拖動起飛的螺旋機Motor glider也可載客。

Info

主辦單位：たきかわスカイパーク（Takikawa Sky Park）
場地：北海道滝川市中島町139-4 たきかわスカイパーク（滝川天空公園）
MAPCODE：179 152 506*62
電話：0125-24-3255
營業時間：0900-1700（12月～3月0900-1600）
休息：無休（12月～3月逢周六、日及公眾假期）
收費：Glider成人￥7,500、小中高校生￥4,000
網址：www.takikawaskypark.jp
前往方法：JR函館本線「滝川」駅，徒步約18分鐘。

六花亭　六花酒糖
¥380 / 18粒、
¥850 / 60粒
詳細介紹見P.096

六花亭 葡萄奶油夾心餅
¥500 / 4件、
¥1,300 / 10件
詳細介紹見P.096

北海道必買 名物手信！

札幌おかきOh！
烤玉米米菓
¥648 / 一盒6包
詳細介紹見P.081

六花亭 十勝丸成
焦糖牛奶糖
¥530 / 18粒、
¥640 / 24粒
詳細介紹見P.096

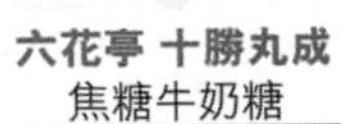

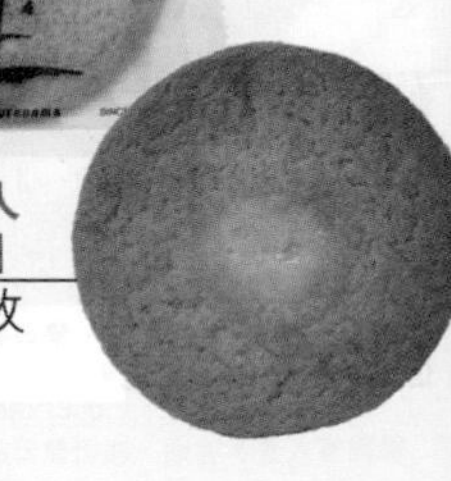

The • Sun蔵人
軟曲奇「蔵生」
¥1,350 / 12枚
詳細介紹見P.279

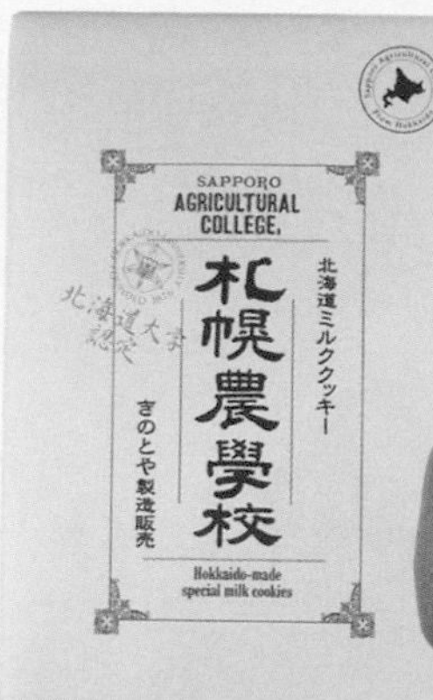

札幌農學校
北海道牛奶曲奇
¥500 / 12塊、
¥1,000 / 24塊
詳細介紹見P.081

利尻島 昆布拉麵（塩味）
¥250 / 包
詳細介紹見P.081

花畑牧場
生焦糖牛奶糖
¥780 / 盒
詳細介紹見P.080

柳月「Garitto Cheese」
芝士脆片
¥550 / 10枚
詳細介紹見P.307

コロコロ 薯仔米菓
塩味¥230 / 杯、
芝士¥230 / 杯
詳細介紹見P.080

千野米穀店
道產白米
¥637-769 / 包
詳細介紹見P.082

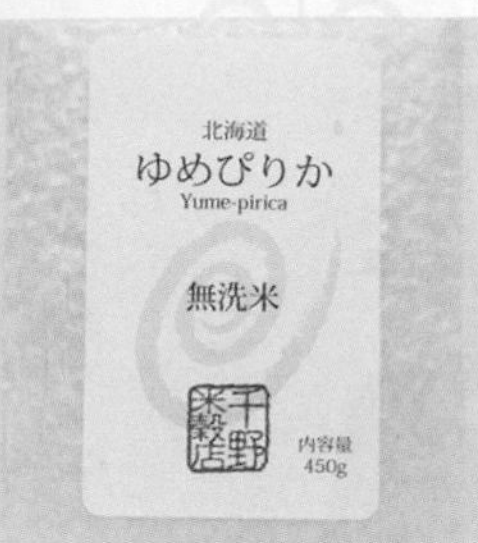

Calbee 即食黃金薯仔
¥194 / 個
詳細介紹見P.080

北海道必買 名物手信！

花畑牧場 生焦糖爆谷
¥390 / 包
詳細介紹見P.080

美瑛選果 乾燥玉米粒
¥324 / 包
詳細介紹見P.222

山口油屋福太郎「ほがじゃ」
海鮮煎餅蝦味
¥324 / 盒
詳細介紹見P.081

利尻亀一
「利尻の子」昆布飯素
¥600
詳細介紹見P.362

山口油屋福太郎「ほがじゃ」
海鮮煎餅乾貝味
¥324 / 盒
詳細介紹見P.081

函館即食烏賊飯
¥300 / 隻
詳細介紹見P.215

王樣 即食海膽(佃煮)
¥2,160 / 瓶
詳細介紹見P.149

「宝うに缶詰」
海膽罐頭
¥4,320
詳細介紹見P.346

必食！北海道名物

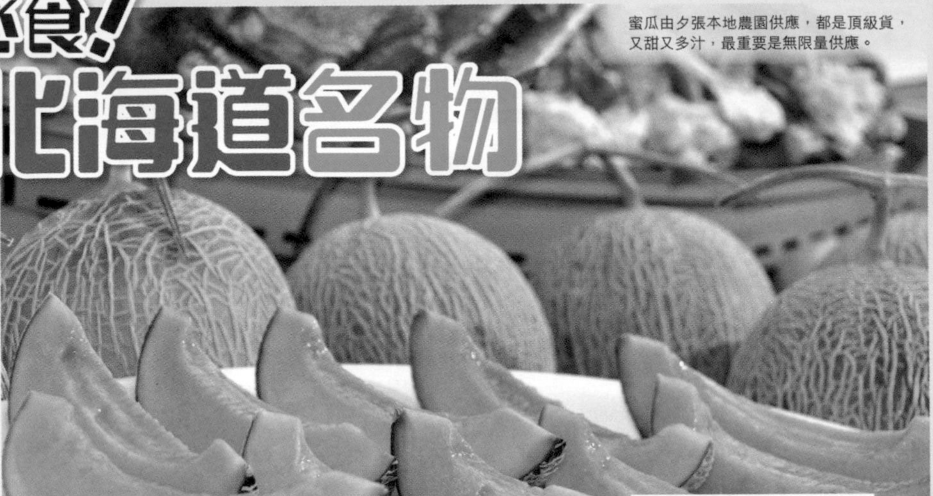

蜜瓜由夕張本地農園供應，都是頂級貨，又甜又多汁，最重要是無限量供應。

場內共有3個地方放置夕張蜜瓜，而且補充速度很快，不怕拿不到。

¥3,300夕張蜜瓜放題

MAP: 封底地圖

Lupinus @Hotel Mount Racey

每年6月中旬～8月，是北海道蜜瓜的產季，數最頂級的蜜瓜產地，一定是夕張！位於夕張的度假酒店Mount Racey的餐廳「Lupinus」，每年蜜瓜季都會推出「夕張蜜瓜放題」（午市Buffet），收費¥3,300/位，食足2.5小時！夕張蜜瓜無限供應之餘，還有30多款料理，包括蟹腳、烤螺、意大利海鮮飯、雜錦魚生飯和各式甜點等等，超抵食！

提提你

蜜瓜小知識

- 日本蜜瓜分良．優．秀．特秀4級，根據糖度及網紋細密而定。
- 蜜瓜不需要買最貴，基本上，優品（糖度11度以上）已經好甜，最頂級的特秀糖度超過13度。
- 北海道蜜瓜有紅肉和青肉之分，6-7月產紅肉；7-9月產青肉。
- 注意，一般蜜瓜買回去，要放幾天才成熟，購買時要問店主甚麼時候吃。

酒店位於舊夕張駅，距離札幌約1.5小時車程，附設溫泉浴場和滑雪場。

甜品選擇尤其豐富，還有多款蜜瓜主題甜點和小吃。

餐廳「Lupinus」位於酒店Mount Racey的2樓，可容納300人。

除了蜜瓜，還有30多款料理，包括海鮮刺身、魚生飯等道產美食。

放題料理當中，尤以蟹腳最矜貴，記得要早點來，另外還有蟹湯。

夕張蜜瓜放題（夕張メロン食べ放題） ＊本誌限定價格。

供應時間：每年6月中旬～8月 1130-1400

收費：成人¥3,300、小學生¥2,640、4-6歲小童¥1,100、4歲以下免費

Info

地址： 北海道夕張市末広2-4 Hotel Mount Racey Lupinus 2F

MAPCODE： 320 776 737*65

電話： 0123-52-2211

網址： https://mountracey-resort.com/

前往方法： JR「札幌」駅前巴士總站8號乘車處，乘搭「高速夕張号」巴士，至終站即達酒店正門，車程約1.5小時，車費¥1,780；JR「新夕張」駅出發，車程約25分鐘。

注意： JR夕張支線的舊「夕張」駅，已於2019年廢線。

北海道3大拉麵！

札幌拉麵(札幌ラーメン)

特徵是味噌湯頭。話說札幌最初出現的是醬油拉麵，源於二戰後物資短缺，好醬油難尋，自滿洲返國的日本人，便以豚骨熬煮湯頭，加上炒過的蔬菜、豬油和味噌湯，做出味道濃郁的味噌拉麵，特別適合冰天雪地的北海道人口味。據說由「味の三平」老闆大宮守人所創，與喜多方拉麵、博多拉麵並列為「日本三大拉麵」。

推薦店：

麵屋彩未 詳細介紹見P.127

味の三平 詳細介紹見P.109

旭川拉麵(旭川ラーメン)

旭川以醬油拉麵著名。用豬骨和雞骨熬煮的高湯，再與海鮮湯混合，味道濃郁複雜，由於旭川天氣寒冷，為免熱度流失太快，拉麵表面還會澆上一勺豬油保溫，再配掛湯力強的的中太捲曲麵。

推薦店：

蜂屋
詳細介紹見P.283

青葉 本店
詳細介紹見P.284

函館拉麵(函館ラーメン)

特徵是鹽味湯頭。

源於大正時期，以雞和豬骨慢火熬煮的混合高湯，使用較少的油脂，金黃湯頭清澈清爽，和其他風味相比，更能突出湯底材料本身的味道。

推薦店：

滋養軒
詳細介紹見P.208

蟹宴

北海道螃蟹以新鮮肥美聞名，松葉蟹（長腳蟹/楚蟹/ズワイ）、鱈場蟹（帝王蟹/タラバ）、毛蟹（ケガニ）、花咲蟹（ハナサキ），合稱「北海道四大名蟹」，價格便宜又高質。一場來到，一定要品嚐豐富的蟹宴或螃蟹放題，蟹料理從刺身、火鍋，到蟹壽司、天婦羅等都應有盡有。

推薦店：

えびかに合戦
詳細介紹見P.108

湯咖喱(スープカレー)

起源於札幌，市內擁有超過200家專門店。跟平常伴飯吃的濃綢咖喱完全不同。將雞骨、牛骨或豬骨加上大量蔬菜熬煮的湯底，再加上各種香料製作而成，味道清甜爽口。上桌時，湯咖喱與米飯分別盛載，吃時以湯汁拌飯，甚至將飯加進湯中做成湯飯皆可。

推薦店：

スープカレーGARAKU
詳細介紹見P.107

海鮮丼

四面環海的北海道，盛產各式海鮮，海鮮丼刺身新鮮便宜不在話，品質之高，在香港根本吃不到。當中尤以釧路和商市場、函館朝市、札幌二条市場的海鮮丼最著名，堪稱「北海道三大市場」。

推薦店：

釧路和商市場 詳細介紹見P.314-315
函館朝市 詳細介紹見P.203-207
二条市場 詳細介紹見P.100-101

成吉思汗烤肉(ジンギスカン)

北海道最具代表性的鄉土料理，話説二戰時期日軍侵略中國時，將中國北方的羊肉料理帶回日本，名字據説源於圓形烤盤中間隆起，像古時蒙古軍的頭盔。主要食材是成年綿羊或羔羊肉，並加上大量芽菜、洋蔥等蔬菜同烤。烤時肉片放烤盤頂、蔬菜放盤邊，肉汁和油脂從盤頂流落盤邊，蔬菜吸盡精華，好吃至停不了口。

推薦店：

だるま 詳細介紹見P.106

迴轉壽司

北海道海產漁鑊豐富，即使是街上普通一家迴轉壽司店，品質和勝價比已高過東京、大阪，更莫説香港了。北海道的迴轉壽司競爭激烈，不少都由道內水產公司直接營運，故貨源便宜更抵吃。

推薦店：

根室花まる 詳細介紹見P.074
鮨処 なごやか亭 詳細介紹見P.127

札幌啤酒

明治9年（1876年），日本政府派遣開拓使到北海道札幌，設立全日本首家啤酒廠——札幌麥酒釀造所，昭和39年（1964年）改名為札幌啤酒，以開拓使的戰艦旗章五稜星作標誌，是日本歷史最悠久，也是北海道家傳戶曉的縣民飲料。

推薦店：

札幌啤酒博物館 詳細介紹見P.114-115

海膽丼

北海道海膽產量全日第一，羅臼、利尻、江差及積丹等都盛產海膽，尤以利尻島最著名，盛產最高級的蝦夷馬糞海膽及北紫海膽，每年6~8月當造期解禁，鮮甜的海膽與微鹹海水交織在一起，美味只應天上有。

推薦店：

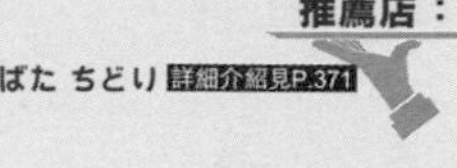

炉ばた ちどり 詳細介紹見P.371

帯広豚丼

發祥自帯広的豬肉蓋飯。話說日本開拓北海道的年代，當時西方肉食料理剛傳入北海道，當地洋食餐廳主廚，用蒲燒鰻魚飯的做法來炮製豬肉，將厚切的十勝豚肉，以炭火烤熟置於飯面，吃時再淋上香氣四溢的醬汁。

推薦店：

元祖豚丼のぱんちょう 詳細介紹見P.307
ぶた丼のとん田 詳細介紹見P.307

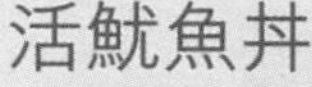

活魷魚丼

函館盛產魷魚，通體明亮的魷魚切成絲狀，口感脆嫩彈牙，當地人稱為「いかそうめん」（魷魚素麵）。其中函館朝市更有一道「活魷魚丼」，號稱會跳舞的魷魚，即使魷魚已切成刺身，但當醬油倒在魷魚上時，魷魚鬚仍會不停扭動、張牙舞瓜。

推薦店：

一花亭　たびじ 詳細介紹見P.206

爐端燒

釧路是日本爐端燒的發祥地，據説昔日當地漁民捕魚歸來，由於天氣寒冷，於是即席架起炭網，全家圍在爐火邊烤魚取暖，飲酒聊天，暖心又暖胃。用炭火烤過的海鮮、蔬菜，感覺豪快，風味更佳。

推薦店：
くしろ 炉ばた
詳細介紹見P.320

夜の芭菲（締めパフエ）

札幌近年新興的飲食文化──「締めパフエ」（Shime Parfait），薄野一帶開滿大小芭菲專門店，除了芭菲，還有咖啡和酒精飲品供應，環境輕鬆治癒。當地人習慣晚飯後，跟三五知己一家一家喝酒續攤，最後吃一杯特色芭菲作結。

推薦店：
パフェ 珈琲 酒 佐藤
詳細介紹見P.107

雪糕

北海道畜牧業發達，盛產優質牛乳，乳製品豐富，雪糕尤其奶香味濃兼滑溜。事實上，日本人對軟雪糕（霜淇淋）格外鐘愛，不同季節、不同景點，都有限定口味的軟雪糕發售，像富良野的薰衣草雪糕、小樽的海膽雪糕、礼文島的昆布雪糕等等，北海道人不論炎夏還是寒冬，都人人手執一支。

推薦店：
富田農場
詳細介紹見P.244-245

北海道の旬月曆

	1月	2月	3月	4月	5月	6月	7月	8月	9月	10月	11月	12月
	冬季	冬季	春季	春季	春季	夏季	夏季	夏季	秋季	秋季	秋季	冬季
平均氣溫（札幌）	-3.6℃	-3.1℃	0.6℃	7.1℃	12.4℃	16.7℃	20.5℃	22.3℃	18.1℃	11.8℃	4.9℃	0.9℃
當造食材	毛蟹、鱈場蟹	毛蟹	毛蟹	毛蟹、蠔	毛蟹、時鮭、蠔	毛蟹、時鮭、蠔	毛蟹、粟米、薯仔、魷魚	毛蟹、粟米、薯仔	毛蟹、秋鮭	毛蟹、秋鮭、三文魚籽、花咲蟹	毛蟹、秋鮭、花咲蟹	毛蟹、鱈場蟹、鱈魚子
花季	寶石冰	寶石冰、流冰	流冰		櫻花、芝櫻		薰衣草向日葵	向日葵	湖珊瑚草、波斯菊	紅葉	紅葉	

扇貝（1月–3月）
露筍（5月–6月）
蜜瓜（7月–8月）
毛蟹（1月–12月）
海膽（6月–9月）
花鯽魚（9月–11月）

冬季限定 流冰火車

流冰物語號（流氷物語号）

每年只在冬天流冰季節運行的觀光列車，來往JR釧網本線網走駅～知床斜里駅之間，車程約1小時，每天只得兩班（對開），沿住鄂霍次克海岸行駛，乘客可一睹壯麗的流冰絕景。

兩節車廂，全車自由席，車上有乘車證明書及紀念品售賣。

2017年開始運行，以取代2016年停運的流冰慢車號。

Info

運行期間：每年2月～3月初（每天一班）
班次：網走發1056、1340；知床斜里出發0920、1210
票價：單程￥840

穿越濕地

釧路濕原慢車號（くしろ湿原ノロッコ号）

日本唯一穿越釧路濕原的觀光列車，行駛釧網本線的釧路駅～塘路駅之間，每年只限春天到秋天營運，每天往返1-2班。全程長27.2km，車程約50分鐘，以平均時速30公里緩慢前進，乘客可透過特大車窗欣賞濕原美景。

慢車號由4節車廂組成，3卡指定席、1卡自由席，乘車還可獲發乘車證明書。

Info

運行期間：每年4月下旬～10月上旬
班次：*每日往返各1班 釧路發車1106、塘路發車1217
每日往返各2班 釧路發車1106、1335；塘路發車1217、1448
車費：釧路～塘路駅單程￥1,070（乘車券￥540+指定席￥520）
網址：www.jrhokkaido.co.jp/travel/kushironorokko/index.html
*4月下旬～6月中旬；9月下旬～10月，每日往返各1班。

2000年起運行，全車指定席，是北海道內唯一行駛的SL蒸汽火車。

冬季限定 濕地火車

SL冬季濕原號（SL冬の湿原号）

釧路濕原的冬天限定列車，採用復古型的SL蒸氣火車，來往釧路駅～標茶駅之間，每天只對開一班，沿途馳騁在一片雪白的濕原上。車上有導遊講解釧路濕原，乘客還可獲發乘車證明書。

Info

運行期間：每年1月下旬～2月
班次：釧路發車1105；標茶發車1400
票價：單程￥1,890（乘車券￥1,070＋指定席￥820）
網址：www2.jrhokkaido.co.jp/global/chinese/train/guide/sl.html

薰衣草列車

富良野 美瑛慢車號（富良野・美瑛ノロッコ号）

每年6月～10月花季營運的臨時列車，行駛JR富良野線的美瑛/旭川駅～富良野駅之間。逢周末營運，薰衣草花季期間更每日運行，車程1-1.5小時，穿梭美瑛丘陵與富良野盆地，沿途賞盡無邊無際的薰衣草田。

停靠6個車站，包括臨時車站「ラベンダー畑駅」（薰衣草畑駅）。

Info

運行期間：每年6月中旬～9月下旬
票價：富良野～ラベンダー畑￥230、富良野～美瑛￥640、富良野～旭川￥1,070；指定席需加￥520
網址：www.jrhokkaido.co.jp/train/tr027_01.html

親子之選

特急Lilac旭山動物園號（Lilac旭山動物園號）

每年夏季限定（6月～10月），連結JR函館本線札幌駅到旭川駅之間的列車。車程1.5小時，由6節車廂組成，3卡指定席、3卡自由席，焦點是1號車廂的「紀念照拍攝區」，有以旭山動物園的海陸動物為主題的特別座椅，指定席乘車還可獲發紀念乘車證，絕對是親子之選。

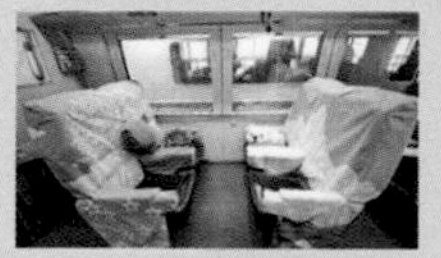

1號車廂的「紀念照拍攝區」，共有9款動物座椅。

現在已的旭山動物園號，車身已沒有動物彩繪。

Info

運行期間：每年6月～9月1日逢周末及假期
班次：札幌發0830、0955到；旭川發1730、1855到
票價：單程成人￥4,810、小童￥2,400
網址：www2.jrhokkaido.co.jp/global/chinese/travel/lilac_asahiyamazoo/

租車流程Step by Step：

1.網上預訂

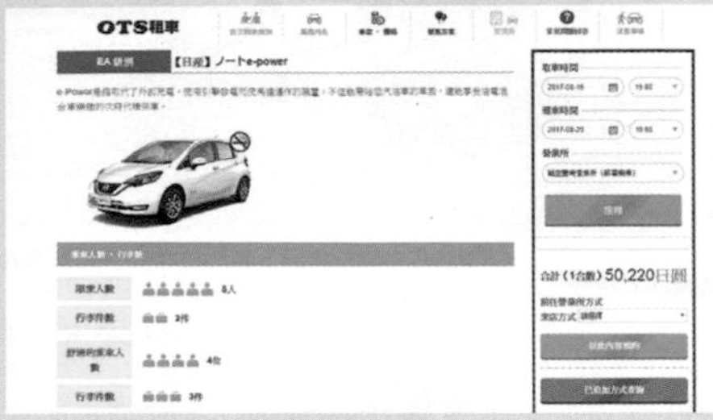

登入租車公司網站，揀選喜歡的車款和租車日期，再輸入取車營業所，租車及還車時間，網頁便會即時報價。

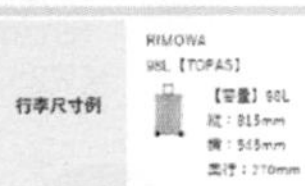

網頁會詳列車的資料，包括車箱尺寸、配備，甚至預計可放置行李件數等。

2.加購項目

日本租車基本配備GPS導航，旅客可加購嬰幼兒座椅、Wi - Fi及保險等。

Tips
注意，日本租車，車上只備有ETC裝置，但不包含ETC卡，旅客需另外加購租用。

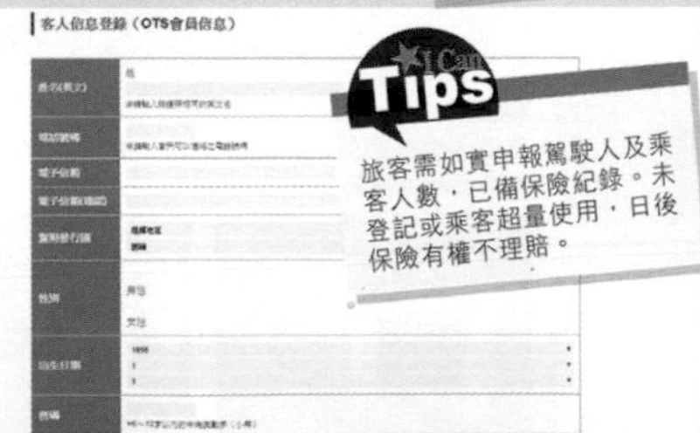

Tips
旅客需如實申報駕駛人及乘客人數，已備保險紀錄。未登記或乘客超量使用，日後保險有權不理賠。

接着，填寫個人資料和聯絡即完成，成功預約會收到租車公司的確認電郵，內附預約編號，到步後需憑信取車。

3.機場往營業所取車

取車需到營業所，各租車公司均有提供免費的機場接駁服務。

4.辦理手續、付款

抵達租車公司後，司機需出示預約編號、駕照、護照，並以信用卡付清租車費用。

Tips
超時等追加費用會於還車時另行結算。

職員會講解租車條款、保險內容和注意事項等，僅記看清楚合約內容。

5.檢查車輛

領車時，職員會與司機一同確認車身、機件及車廂清潔狀況。注意，如發現任何刮花等問題，應立刻請職員記下，甚至拍照存証，以免事後爭拗。

6.確認車輛

職員會將車輛所有狀況記錄在〈日常点檢表〉上，最後司機簽名作實。

7.基本操作介紹

職員會簡單介紹車輛及GPS的操作，如有疑問，請立即問清楚、試清楚才好開車出發。

8.還車：記得加滿油

還車時需加滿油，而且一定要加紅色油種「Regular Full」(92無鉛)，並出示加油收據。

關於保險：

租車費用已含最基本的「免責補償保險」，即強制第三者保險，如發生人身傷害事故，每位乘客最高理賠￥3,000萬，僅記醉駕、爆胎，或未在事故現場報警等均不獲理賠。顧客還可選擇加購「安心包」或「豪華安心包」保險。

	安心包	豪華安心包
	收費：免責補償+￥540 / 日	收費：免責補償+￥1,080 / 日
對人、物、車輛賠償（免責金額￥10萬）	◎	◎
人身傷害補償（上限￥3000萬）	◎	◎
JAF（道路救援服務）	◎	◎
營業損失賠償（NOC）	◎	◎
輪胎修理 / 換新	上限￥2萬	無上限
拖車費用	15km內免費	無上限
2次事故的賠償	/	◎
因事故需重新租車費用	/	◎

不獲理賠原因：

1. 醉駕或無牌駕駛。
2. 輪胎破損、爆胎及輪圈蓋損壞丟失。
3. 未在事故現場報警及聯絡租車公司。（沒有取得警方的事故證明書）
4. 駕駛時未使用安全帶。
5. 因操作失誤而發生的故障。
6. 超載乘客。
7. 由租賃合約記載的駕駛者以外的人員駕車。
8. 違反租車公司的租賃條款。

導航使用方法：

*注意，導航地圖僅供行駛參考，請務必遵守實際交通規則。

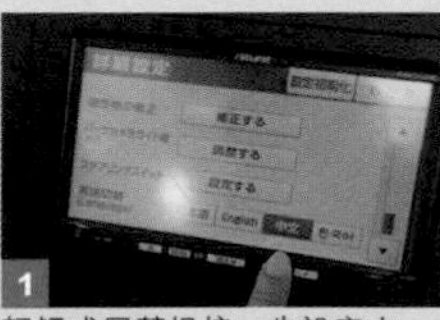

1 輕觸式屏幕操控，先設定中、英、日、韓文介面語言。

2 司機可輸入設施名稱、電話號碼，或地圖編碼（MAPCODE）等來檢索目的地。

3 按「Go here now」，屏幕即顯示推薦行車路線。

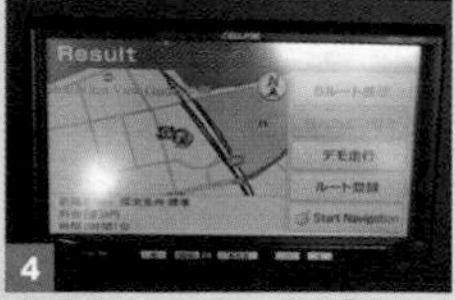

4 按「Start Navigtion」或「案內開始」即開始導航。

關於「MAPCODE」（マップコード）

日本自駕最好用的地圖碼，將 MAPCODE® MAPCODE輸入GPS，即可得出最佳導航，本書景點已附MAPCODE碼，方便查詢。而「NaviCon」則是一款結合GPS的導航手機APP，能夠簡單地檢索目的地的MAPCODE。

MAPCODE：https://japanmapcade.com.com
NaviCon：https://navicon.com

自駕旅遊攻略

日本自駕精讀：

道路等級

1.自動車道

即高速公路，若無特別標示，最高速限為100 km/h，進出自動車道時設有「札門IC」（Interchange），作為交流道口，並設有收費亭。

2.國道

分為免費的「一般国道」及收費的「高速自動車国道」兩種。

一般国道以藍底白數字的盾形為記；高速国道則以綠底白字的盾形為記，並多以「XX自動車道」為名。

3.道道

各都道府縣構建的免費地方道路，以藍底白字的六角形為記。

4.公車專用道

每天早上和傍晚的上下班時間，僅限公車、計程車、雙輪車輛、指定車輛和特殊許可車輛行駛，但周六、日、假日，以及1月1日 - 2日除外。

5. 道の駅

位於高速公路旁邊，專為駕駛者及乘客而設的休息站，內有各式餐飲和特產手信店。

公路收費需知

高速公路的出入口分為「一般通道」，及電子收費系統「ETC專用道」兩種：

一般通道

進入一般通道的收費處時，先抽取通行票；駛到出口收費處時，將通行票和現金一拼交給收費員即可。

ETC專用道

租車時，車輛資料會顯示備有ETC，但只是備有ETC裝置，司機需額外租用ETC卡，1 - 3日收費約￥324。通過收費處時車速請控制在20公里內，ETC卡通過認證後，車載裝置會顯示綠燈和天線也會顯示為綠燈。

加油需知

日本油站分為人手加油「セルフ」（SELF）和自助加油「フル」（FULL）兩種，請盡量選人手加油。油料則有92無鉛、98無鉛和柴油3種，絕大部分租車均加紅色油槍的92無鉛。

常用日語：

中文	日文	讀音
加滿油	満タン	man - tan
92無鉛汽油	レギュラー（Regular）	re - gyu - raa
98無鉛汽油	ハイオク（Premium）	ha - i - o - ku
柴油	軽油	ke - i - yu
人手加油	セルフ	se - ru - fu
自助加油	フル	fu - ru

停車需知

自助停車場有擋板式，及閘門式兩種：

a.擋板式投幣停車場

- 倒車入庫後，擋板將自動彈起、鎖住輪胎，即入庫完成。
- 離開時，到自動精算機上輸入停車位號碼，屏幕即會顯示停車費。
- 投幣結算後，鎖板會自動收起。

b.閘門式的投幣停車場

- 駛入停車場前先停在閘口，按下發票器的按鈕。
- 取票後，閘門會升起讓車輛駛入。
- 離開時，將車開至出口的結算機旁，插入停車票，屏幕即會顯示停車費。
- 付款後，閘門升起即可離開。

日本常見交通標誌：

最高限速

暫停再開

禁止車輛進入

禁止通行

禁止車輛通行

單向通行
（單程道）

慢行

優先道路

行人優先

中央線

停止線

禁止超車

最低限速

禁止停車

禁止泊車

> **筆者自駕心得：**
> - 即使有MAPCODE導航，也請參考其他航導系統，可以是Google map、可以是MAPION。
> - 鄉郊地方開車常遇突發事故，請慢駛。
> - 停車拍攝，請盡量停在指定位置，切勿擋路。
> - 最後也最重要，切勿擅闖私人農地及霸佔停車位。

日本交通規則：

右軚操控

日本跟香港一樣是右軚駕駛，要靠左行駛（左上右落），右線為超車道；跟台灣相反，台灣司機請多加留意，連方向燈和雨刷桿位置也是相反的，轉彎時更要小心別換錯車道。

行人優先

日本人開車會讓行人及單車優先，在路口或斑馬線遇到行人，司機必定停車讓行人先過。

左轉先停車

大部分路口左轉時，行人和行車燈號同樣為綠色，司機可左轉，但要慢駛或停車讓行人先過。

嚴打醉駕

日本嚴打醉駕，每公升呼氣內含超過0.15微克酒精，即使仍能正常開車，亦屬違法，可被罰款￥50萬或監禁3年。

開車禁用手機

嚴禁開車時使用行動電話，包括查看電郵或地圖等，違者罰款高達￥10萬及6個月徒刑。

別亂按喇叭

日本司機很少按喇叭，除非對方車輛嚴重過失，否則亂按喇叭是相當無禮的。

幼童安全座椅

根據日本道路交通法令，6歲以下兒童必須使用兒童安全座椅。

動物出沒注重

北海道野外地區，常有野生動物衝出公路，除了熊出沒，也常見野鹿、狐狸等。

違規停車收罰單時：

日本對違規停車的取締相當嚴格，一定要找可停車的區域。罰款￥10,000～18,000，收到罰單的處理步驟如下：

1. 連絡警察，罰單上印有連絡電話。
2. 前往警局辦理手續，領取繳費單，再到附近的郵局或銀行繳納罰款。
3. 向租車公司報告
4. 還車前要依警察指示辦理手續，還車時亦要出示罰金收據單。

> **Tips**
>
> 所有車輛均可使用JAF（道路救援服務），全天候24小時通話。
>
> **Info**
>
> **電話：**0570 - 00 - 8139
> **簡易撥號：**#8139
> *注意，救助電話需收取電話費。

車禍事故時應變：

1. 先救援傷者，並脱離危險。
2. 第一時間，通知租車公司，以及致電110報警（救護車為119）。即使輕微事故也要報警，才能獲保險理賠。
3. 開啟手機的漫遊通訊，以便租車公司或警方聯絡。
4. 警察處理完，請警察協助填寫「事故受付書」。
5. 撞到建築物，若擅自離開現場，有可能因「建築物毀損罪」而被加控「肇逃逃逸」，嚴重的話，可能終生不能入境日本。

> **北海道雪季自駕注意**
>
> 暴風雪期間不只路面結冰易打滑，能見度也相當低，若沒雪地自駕經驗，很難應付突發事故。故筆者強烈不建意雪季期間租車自駕。
> - 盡量選擇四輪驅動（4WD）的車種。
> - 必須安裝雪鍊或更換雪胎，以防洗軚。
> - 開車前要清掉車身的積雪；夜晚停車後，記得豎起雨刷杆。
> - 保持慢速駕駛，避免急煞。

積雪會覆蓋馬路邊界，路旁箭咀所示的位置即為邊界。

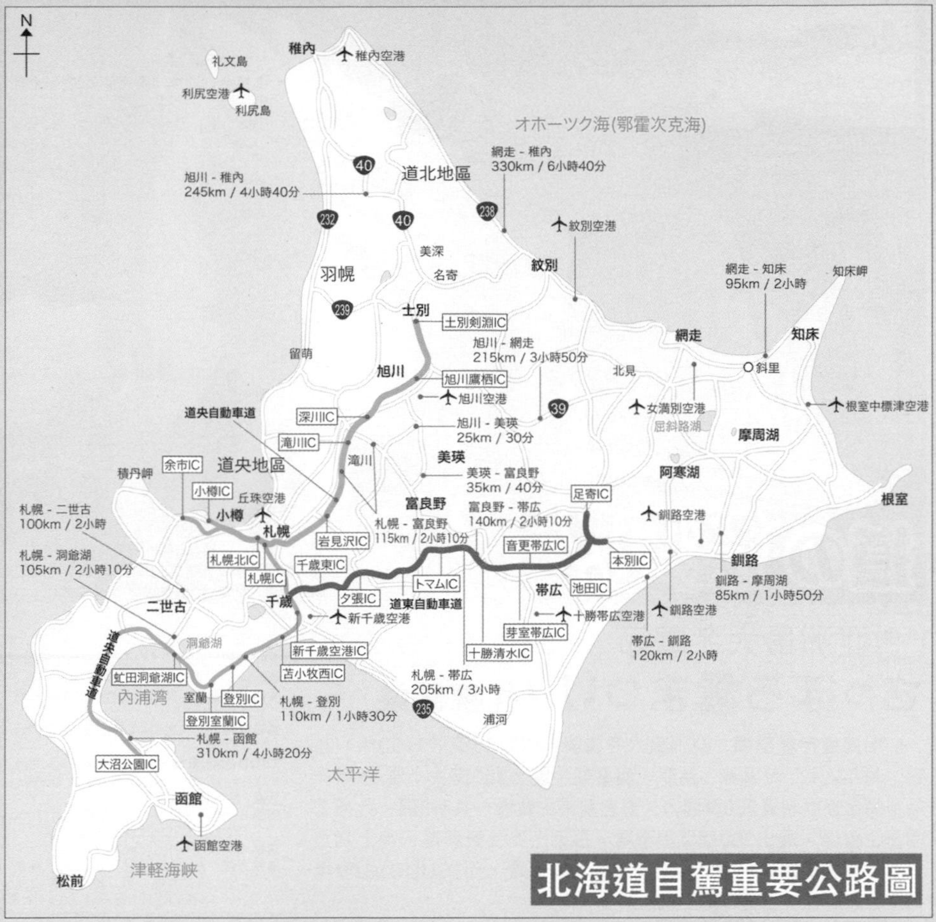

北海道自駕重要公路圖

N
稚內
稚內空港
礼文島
利尻空港
利尻島
オホーツク海(鄂霍次克海)
網走 - 稚內
330km / 6小時40分
旭川 - 稚內
245km / 4小時40分
道北地區
紋別空港
美深
名寄
紋別
羽幌
網走 - 知床
95km / 2小時
知床岬
士別
士別剣淵IC
旭川 - 網走
215km / 3小時50分
網走
知床
留萌
旭川
旭川鷹栖IC
北見
斜里
旭川空港
道央自動車道
深川IC
旭川 - 美瑛
25km / 30分
女満別空港
屈斜路湖
根室中標津空港
滝川IC
摩周湖
滝川
美瑛
余市IC
道央地區
積丹岬
美瑛 - 富良野
35km / 40分
阿寒湖
小樽IC
丘珠空港
富良野
足寄IC
根室
札幌 - 二世古
100km / 2小時
小樽
札幌
札幌 - 富良野
115km / 2小時10分
富良野 - 帯広
140km / 2小時10分
釧路空港
岩見沢IC
札幌北IC
音更帯広IC
本別IC
釧路
札幌 - 洞爺湖
105km / 2小時10分
千歳東IC
札幌IC
トマムIC
池田IC
釧路 - 摩周湖
85km / 1小時50分
二世古
夕張IC
帯広
千歳
道東自動車道
釧路空港
十勝帯広空港
新千歳空港
洞爺湖
芽室帯広IC
帯広 - 釧路
120km / 2小時
道央自動車道
新千歳空港IC
十勝清水IC
虻田洞爺湖IC
苫小牧西IC
札幌 - 帯広
205km / 3小時
內浦灣
室蘭
登別IC
札幌 - 登別
110km / 1小時30分
浦河
登別室蘭IC
札幌 - 函館
310km / 4小時20分
大沼公園IC
太平洋
函館
函館空港
津軽海峽
松前

申請「國際駕駛執照」方法

1.香港旅客

需持有有效的「香港駕駛執照」，並填妥運輸署的「TD51」表格，可郵寄或親身前往運輸署辦事處遞交申請表，費用HK$80，有效期1年。申請一經批准，親身遞交可即日獲發證件、郵遞則需10個工作天。

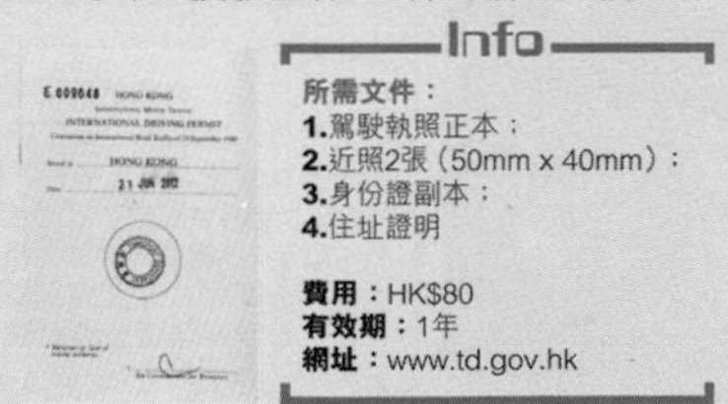

Info

所需文件：
1.駕駛執照正本；
2.近照2張（50mm x 40mm）；
3.身份證副本；
4.住址證明

費用：HK$80
有效期：1年
網址：www.td.gov.hk

2. 台灣旅客

台灣與日本自2007年起，互相承認雙方的駕駛執照。只要持有駕駛執照，以及「臺灣駕照之日文譯本」，即可在日本境內駕車。申請譯本，需攜帶駕照正本及身份證正本，到全國監理所辦理，收費NT$100；或於日本境內的「臺北駐日經濟文化代表處（那霸分處）」辦理，自行翻譯者無效。在日本駕車時，必須持有護照、有效駕照及譯本方為合法。

Info

所需文件：
駕照正本及身份證正本

費用：NT$100
有效期：1年
網址：www.thb.gov.tw
臺北駐日經濟文化代表處（那霸分處）地址：
沖繩県那覇市久茂地 3 - 15 - 9
アルテビル那覇 6 階

TSUDOMU會場設有各式雪上遊樂設施，包括100米長的冰滑梯、香蕉船等。

製作雪雕的單位有當地市民商家、自衛隊，加上國際雪雕大賽舉行，故集合20多國專家。

札幌 亞洲最大冬雪節

さっぽろ雪まつり（札幌雪祭）

北海道年度盛事，亞洲最大冬雪節，昭和25年（1950年）首辦，每年2月上旬舉辦，為期一個星期，展出250座大小雪/冰雕作品，每年吸引超過250萬國內外遊客前來。會場一共有3個，大通公園是主會場，展出250座巨型雪雕，白天已覺壯觀震撼，晚上加上七彩燈效更是綺麗。薄野會場展出60多座冰雕，而TSUDOMU會場則主打冰滑梯、雪橇等雪上遊樂設施。

Info

場地：
大通公園會場）北海道札幌市中央区大通公園西1～西12丁目、
薄野會場）札幌市南4条通～南7条通の西4丁目線市道
TSUDOME會場）札幌市東区栄町885-1 札幌市體育交流設施COMMUNITY DOME
日期：每年2月上旬～中旬
時間：大通、薄野24小時（點燈時間1700-2200）；TSUDOME 0900-1700
網址：www.snowfes.com/index.html
前往方法：地下鉄南北線、東西線、東豊線「大通」駅；地下鉄東西線「西11丁目」駅即達。

雪雕題材以各國地標、動漫和故事為主，除了燈效，近年更加入光雕投影，帶來變化萬千的視覺效果。

每年約有5、6座超巨型的主雪雕，高15公尺、寬25公尺，多是地標建築。

大通公園1、6、9丁目設有美食廣場，集合紋別蟹殼燒等北海道各地名物。

全長1.5公里的大通公園，從西1到12丁目，250座大小雪雕一字排開。

薄野會場主打60多座冰雕，跟雪像不同，冰雕強調透明感，亮燈後更璀璨奪目。

「札幌雪祭」的前世今生

1950年，二次大戰剛結束的札幌，市面仍然蕭條，當地國、高中學生為振興札幌，於是在原為棄雪場的大通公園，築起6座雪雕，並舉辦了打雪仗等嘉年華活動，吸引下5萬多人參加，是為札幌雪祭之始。直至1972年札幌市舉辦冬季奧運動會，更將札幌雪祭變成舉世聞名的祭典。

淺草橋附近築有心型雪燈，即成戀人們的浪漫打卡地標。

小樽運河上，漂浮着400多個玻璃浮球蠟燭，兩岸燃起一個個雪/冰燈，倒影河上更浪漫！

小樽 浪漫雪燈之路

小樽雪あかりの路（小樽雪明之路）又名:雪燈之路

始於1999年，每年最嚴寒的2月舉行。為期10日，沿住小樽運河兩岸燃起一個個雪/冰燈，河面更漂浮着400多個蠟燭浮球，照亮整個小樽。不止主會場小樽運河，旧手宮線、小樽芸術村、朝里川温泉，以至天狗山，都有雪/冰燈點綴，每晚5點開始亮燈，浪漫閃爍。

「雪明之路」名字出自伊藤整的詩集《雪明之路》，燭光搖曳更見浪漫。

屆時還有雪燈比賽，得獎作品展期有限。

有雪燈和冰燈兩種，前者用雪堆成；後者將水注入水桶結成冰殼，加上蠟燭而成。

Info

場地：北海道小樽市小樽運河、手宮線、小樽芸術村、朝里川温泉、天狗山
日期：每年2月中旬（一連10日）
時間：亮燈1700-2100
網址：http://yukiakarinomichi.org/
前往方法：JR「小樽」駅即達。

札幌市內約有20個會場，分為免費的公眾區和收費區，後者設有座位。

一連5日祭典，280支隊伍、共28,000名舞者，吸引200萬人參觀。

大通公園為主要會場，整個札幌市一片喜氣洋洋，乃北海道最大的夏祭。

舞者手持鳴子、扇子、大旗等，隨着節奏跳舞巡遊，熱鬧如嘉年華會。

札幌 熱鬧初夏祭

YOSAKOI祭（索朗祭）

始於1992年，源自高知縣的「YOSAKOI祭/夜來祭」（よさこい祭り），以大通公園為中心約有20個會場，280支隊伍、共28,000名舞者，身穿艷麗服飾，手持稱為「鳴子」的響板，邊打拍子跳舞巡遊，將YOSAKOI祭的「鳴子」、與北海道民謠「ソーラン節」（Sooranbushi）結合的全城狂歡活動。

Info

場地：北海道札幌市大通公園及市內各處
日期：每年6月中旬（一連5日）
入場費：大通會場收費區￥500-2,000、主舞台收費區￥1,000-5,000
網址：www.yosakoi-soran.jp/
前往方法：地下鉄南北線、東西線、東豊線「大通」駅；地下鉄東西線「西11丁目」駅即達。

北海道4大滑雪區!

座落新雪谷Annupuri山的南麓，擁有8部滑雪吊車，360度眺望羊蹄山美景。

新雪谷 設施最完善

MAP: P.165 B1

Niseko Village Ski Resort

(ニセコビレッジスキーリゾート)

北海道獨有的Powder snow（粉雪），使之成為雪友們推崇的滑雪勝地，特別是距離札幌2.5小時車程的「新雪谷」(前稱二世古)，擁有北海道第一積雪量，集合多個大小滑雪場。

其中Niseko Village前身為東山滑雪場，乃新雪谷最完善的滑雪度假村。共有8台滑雪吊車、27條滑雪道，以紅黑線為主，綠線穿插其中，還有夜間滑雪，適合初及中級玩家。規模雖不算大，卻有3間酒店進駐，包括國際品牌希爾頓和Green Leaf，都可直通滑雪場，大可以全天候日滑夜滑。更附設和風商店街THE VILLAGE，購物餐飲應有盡有，故一直深受香港雪友喜愛。

Niseko Village最大優點是酒店可以直通滑雪場，希爾頓酒店旁邊便是纜車站。

共有27條滑雪道，以紅黑線為主，綠線穿插其中，適合初及中級玩家。

The Green Leaf酒店，2010年由紐約設計公司Champarimo翻新改裝，擁有200間客室。

The Green Leaf更附設天然溫泉露天風呂，浸浴時可體驗粉雪灑落臉上的快感。

酒店另一賣點是大型戶外暖水泳池，冬季池邊堆滿軟綿綿的粉雪，景觀浪漫。

特別管理區「水野の沢」每日限時開放，中間成凹谷型的叢林，乃高手最愛。

規模雖不算大，卻高手雲集，且一向特別受香港雪友喜愛。

Info

地址：北海道虻田郡ニセコ町東山温泉
MAPCODE：398 351 263*43
電話：0136-44-2211
開放時間：12月～4月上旬日間0830-1630、夜間1630-2000
收費：1日券On season ¥5,900、Off-season ¥4,500、Top season ¥7,400
網址：www.niseko-village.com/ja/white/index.html
前往方法：JR「ニセコ」(新雪谷) 駅出發，車程約10分鐘。

豐富設施：

The Lookout Café，Village雪場上唯一餐廳，由希爾頓酒店經營，景觀一流。

即使是夏天，也有大量戶外玩樂，包括熱氣球，叢林歷奇、高台Quick Jump等等。

THE VILLAGE，日本傳統町屋建築的商店街，集合7家特色餐飲與戶外用品店。

以滑雪為主題的居酒屋Tustics，主打本地食材料理，晚上還有DJ打碟。

必買「All Mountain Pass」？
新雪谷集合多個大小滑雪場，其中位於Annupuri山的Niseko Village、Annupuri、Grand HIRAFU和Hanazono，更組成「新雪谷聯盟」(Niseko United)，被CNN評選為日本頂級滑雪場之一。可購買「全山滑雪通票」(All Mountain Pass)，可以任乘聯盟營運的接駁巴士，來往各個滑雪場。

票價： Regular Season) 1日¥8,000、2日¥14,700、12-point¥4,800

網址： www.niseko.ne.jp/en/lift/

Hanazono由李澤楷投資，擁有8條滑雪道，最長滑走距離4,550米。

新雪谷 雪上玩樂最多

MAP: P.165 B1

Hanazono Niseko
(ニセコHANAZONOリゾート)

座落Annupuri山的東北面，由港商李澤楷投資擁有，設有8條滑雪道，最長滑走距離4,550米，雪道最平易近人，坡度適中平緩又帶點彎度，平穩而不乏味。設有大型有蓋活動區的滑雪學校，還設有3000公尺長的初學者雪道「Silver Dream」，並提供雪地電單車、雪車 (CAT)、雪地橡皮圈等大量雪上玩樂。

新雪谷雪場中，雪道最平易近人，斜度適中又帶點彎度，適初中學者。

座落Annupuri山的東北面，同樣擁有羊蹄山美景相伴。

設有Grand HIRAFU共用雪票，一次過滑盡兩個人氣雪場。

Hanazono提供雪地電單車、雪車 (CAT)、雪地橡皮圈等大量雪上玩樂。

Info

地址： 北海道虻田郡倶知安町岩尾別328-36
MAPCODE： 398 504 798*71
電話： 0136-21-3333
開放時間： 12月～3月下旬/4月上旬0830-1630
收費： 1日券通常¥6,200、Final season¥3,600
網址： https://hanazononiseko.com/ja/winter
前往方法： JR函館本線「倶知安」駅乘的士，車程約10分鐘。
画像依頼内容： スキー場（3-5枚）、設備、ニセコHANAZONOリゾート

新雪谷的Annupuri山海拔1,308公尺高，可以邊滑邊眺望羊蹄山美景。

距離札幌2.5小時車程的「新雪谷」(前稱二世古)，擁有北海道第一積雪量。

新雪谷 新手之選

MAP: P.165 B1

Niseko Annupuri International Ski Area

(ニセコアンヌプリ国際スキー場)

座落Annupuri山的西麓，擁有高品質的雪質，可以邊滑邊眺望羊蹄山絕景，並附設溫泉酒店和餐廳，也提供夜間滑雪。共有5座纜車以及13條滑雪道，特點是雪道寬廣易滑，坡度較和緩，還特設家庭雪道、兒童玩雪樂園，以至方便新手的「雪上電扶梯」，故特別適合初學者及家庭客。

Annupuri以平緩又寬的坡道為主，是新雪谷中最適合初學者及家庭客的滑雪場。

除了壓雪雪道，還有因應自然地形而成的非壓雪雪道（不經壓雪車壓固），感受最鬆軟的雪質。

Annupuri共有5座纜車，滑雪學校也提供英文私人課程。

共有13條滑雪道，不止新手雪道，也有GATE提供中高級雪友探險。

山麓附近更附設優雅的溫泉酒店「いこいの湯宿　いろは」，滑雪後來鬆一鬆一流。

Info

地址： 北海道虻田郡ニセコ町字ニセコ485
MAPCODE： 398 348 365*64
電話： 0136-58-2080
開放時間： 11月下旬～5月初日間0830-1630、夜間1630-2030
收費： 1日券（Lift Ticket）In Season ¥5,400、Off / Last Season ¥4,500、Final season ¥3,400
網址： http://annupuri.info/winter/
前往方法： JR「ニセコ」（新雪谷）駅出發，車程約10分鐘。

新雪谷 外國旅客較少

MAP: P.165 A1

Niseko Moiwa Ski Resort (ニセコモイワスキーリゾート)

新雪谷雪場中歷史最悠久，屬於中型滑雪場，擁有8條滑雪道、3座纜車，最長滑行距離高達2,800米。雖然並非位於Annupuri山上，但一樣擁有新雪谷的優質粉雪，積雪量最高時可達4米，最重要是外國旅客較少，正適合練習。

Info

地址：北海道虻田郡ニセコ町ニセコ448
MAPCODE：398 346 421*36
電話：0136-59-2511
開放時間：11月下旬～5月初0830-1600
收費：1日券Peak Season￥4,500、Off-peak season￥3,300
網址：http://niseko-moiwa.jp/
前往方法：JR「ニセコ」（新雪谷）駅出發，車程約10分鐘。
画像依頼内容：スキー場（3-5枚）、設備

Moiwa本身不設酒店，但雪場對面就有大型膠囊旅館。

Moiwa共有8條雪道2個Gate區，包括3條黑線、3條紅線、2 條綠線。

Grand HIRAFU擁有可正面展望羊蹄山、沒有任何樹木阻礙的斜面滑走雪道。

新雪谷 新雪谷最大雪場

MAP: P.165 B1

NISEKO Mt. RESORT Grand HIRAFU (ニセコ グラン・ヒラフ)

內設2個遊客中心，擁有24條滑雪道，包括最長距離達5,600米的雪道，還有可正面展望羊蹄山、沒有任何樹木阻礙的斜面滑走雪道，附設10間餐廳及兩間酒店，乃新雪谷最大的滑雪場。

Info

地址：北海道虻田郡俱知安町字山田204
MAPCODE：398 414 251*65
電話：0136-22-0109
開放時間：11月下旬～5月初0830-1630
收費：HANAZONO共通1日券￥6,200、Niseko全山￥8,000
網址：www.grand-hirafu.jp/
前往方法：JR函館本線「俱知安」駅乘的士，車程約15分鐘。
画像依頼内容：スキー場（3-5枚）、設備、Hotel Niseko ALPEN、AYA Niseko

從纜車山麓站登上最高點的大本營，落差高達940米。

設有各種針對個人滑雪技術水平的練習課程，兒童滑雪練習場也有雪橇可玩。

札幌 5米極上の雪質

MAP: 封底地圖

KIRORO SNOW WORLD (キロロスノーワールド)

距離札幌市中心只1小時車程的余市，山頂擁有5米的積雪量的極上の雪質。共有21條滑雪道，包括最長達4,050米的雪道，山上設有冬季奧運會銀牌得主Annie Famouse 開辦的兒童滑雪教室「VILLAGE DES ENFANT」，另有提供雪原健行等各式雪地體驗活動。

KIRORO山頂，擁有5米的積雪量的極上の雪質。

雪場由冬季奧運會銀牌得主Annie Famouse設計，也有她開設的滑雪教室。

Info

地址：北海道余市郡赤井川村字常盤128-1
MAPCODE：164 239 520*31
電話：0135-34-7118
開放時間：11月下旬～5月初0900-1930
收費：1日券High season￥5,900、初滑￥4,000
網址：www.kiroro.co.jp/ja/
前往方法：JR函館本線「小樽」駅前巴士總站，轉乘往「キロロリゾート行」的巴士，至終站下車，車程約40分鐘。

札幌 附設日式大浴場

MAP: P.072 C1

狸の湯 dormy inn Sapporo ANNEX

2016年開幕的札幌分館，位置就在狸小路dormy inn PREMIUM正對面。134間客房，原木自然風裝潢簇新，房價比PREMIUM略便宜，同樣附設大浴場，但餐飲設施需使用PREMIUM，房間面積也略小。

ANNEX就在PREMIUM正對面，同樣以原木裝潢。

客房以原木自然風格裝潢，雖然小巧，但舒適精緻。

2016年開幕，故內裝簇新，住客也可使用PREMIUM的設施。

男女別大浴場是人工溫泉炭酸泉，女湯只得大浴場和水風呂，男湯還有多款壺風呂。

Info

地址：北海道札幌市中央区南三条西6丁目10-6
MAPCODE：9 492 489*07
電話：011-232-0011
房價：Twin朝食付每位￥8,795 /晚起、純住宿每位￥6,795 /晚起
網址：www.hotespa.net/hotels/sapporo_ax/
前往方法：地下鉄南北線「大通」駅，狸小路4丁目出口徒步約3分鐘。

面積最小的Standard double，一樣寬敞明亮，部分窗戶還可望到電視塔。

浴室面積也不小，戶戶都附有浴缸，日常護理用品也一應俱全。

裝潢柔和，舒適而簇新，服務人員都能說流利英語。

札幌 薄野抵住之選

MAP: P.073 D2

Smile Hotel Premium 札幌すすきの

2018年開幕，座落札幌市中心的薄野，前往狸小路、二条市場等景點都是5分鐘步程。新晉連鎖廉價酒店品牌，284間客房，面積最小都超過170平方呎，裝潢柔和舒適，戶戶浴室都附浴缸。生活設施完善，餐廳、洗衣房、收費停車場俱備，最重要是房價便宜。

Info

地址：北海道札幌市中央区南4条西1丁目13番1
MAPCODE：9 493 430*35
電話：011-251-7055
房價：Standard double每房￥6,650 /晚起、Standard Twin每房￥7,600/晚起
網址：https://smile-hotels.com/hotels/show/sapporosusukino
前往方法：地下鉄東豊線「豊水すすきの」駅1番出口，徒 約1分鐘；地下鉄南北線「すすきの」駅3番出口，徒步約4分鐘；東豊線・南北線・東西線「大通」駅35番出口，徒步約5分鐘。

天然温泉「RACEYの湯」，屬炭酸水素塩泉的美肌の湯，賣點是雪見露天風呂。
收費：成人￥1,000/3歲~小學生￥500

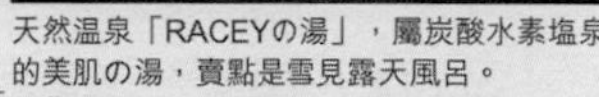

夕張

夕張蜜瓜x滑雪場

Hotel Mount Racey (ホテルマウントレースイ)

位於「蜜瓜の鄉」──夕張的溫泉度假酒店，設施完善，尤以每年夏天6至8月舉辦的「夕張蜜瓜放題」而聞名，￥3,300任食2.5小時頂級蜜瓜，還有蟹腳、烤螺等北海道美食，故每年皆成話題。冬天玩樂更精彩，酒店連接Mount Racey滑雪場，擁有18條不同種類的雪道，由初級到45度斜坡特色雪道俱備。更附設天然溫泉「RACEYの湯」，露天風呂盡賞四季美景，滑完雪夜晚來泡一泡，超舒服！

酒店有天橋連接Mount Racey滑雪場，擁有18條雪道，包括45度斜坡的上級雪道。

115間洋式客房，裝潢簡潔柔和而舒適，部分房間更有滑雪場景觀。

除了一般洋式客房，還有3間和室客房，可體驗傳統溫泉旅館之宿。

特設家庭房，面積廣達750平方呎，擁有獨立臥室，空間寬敞。

每年6至8月推出的「夕張蜜瓜放題」，￥3,300任食2.5小時，還有蟹腳等30多款道地料理。

Info

地址：北海道夕張市末広2-4
MAPCODE：320 776 737*65
電話：0123-52-3456
房價：雙人房一泊一食朝食付每位￥12,000(未連税)/晚起、一泊二食每位￥15,000(未連税)/晚起
網址：https://mountracey-resort.com/
前往方法：JR「札幌」駅前巴士總站8號乘車處，乘搭往レースイリゾート的中央巴士，至終站即達酒店正門，車程約1.5小時，車費￥1,780；JR「新夕張」駅出發，車程約25分鐘。
注意：JR夕張支線的「夕張」駅，已於2019年4月起廢線。
*不同季節，房價或有不同。

大堂休息區空間廣闊，高至天花的白樺木，營造美瑛青池感覺，也充滿北歐風格。

旭川 平住「星野」新副線 MAP: P.271 E3

OMO7 旭川

日本「星野集團」的廉價新副線，專為旅客打造的都市型酒店。2018年開幕，選址旭川市中心，237間客房，其中116間為全新概念雙人房「DANRAN ROOM」，以朋友出遊為靈感，睡床呈破格的L型排列，充分利用小空間之餘，也方便閨蜜談天。OMO更強調友善服務與在地文化體驗，附設高水準餐廳、大浴場Sauna PLATEAU、旅行圖書館等。特設「OMO戰隊」，帶領住客穿梭社區，深度體驗旭川文化。

OMO7前身為旭川格蘭飯店，保留原來的紅磚牆建築，位置就在旭川市役所對面。

大堂商店區，有售本地手信與設計精品，不乏OMO限定。OMO限定版藏人軟曲奇￥1,500

置於大堂的Go-KINJO Map，介紹酒店附近的景點及食店，全是在地人推介。

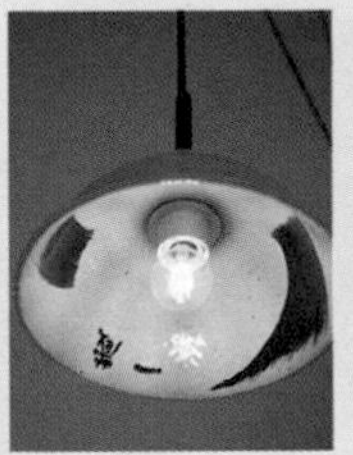
OMO強調在地文化體驗，像沙發區的吊燈，便是以旭川著名的拉麵碗改造。

大堂牆身，裝有一把北海道棕熊水龍頭，打開竟是迎賓飲料蔓越梅汁，超窩心。

取名為Book Tunnel的旅行圖書館，置滿旭川以至北海道相關的旅行和文化書籍。

地庫設有大浴場Sauna PLATEAU，羅馬式古典裝潢，還提供各式身體護理服務。

DANRAN Room：

全新概念雙人房，類似沙發床的睡床以L型排列，方便好朋晚上促膝長談。

面積近200平方呎，床下設有儲物空間，桌上還放有可愛的動物扭蛋。

OMO戰隊：

特設「OMO戰隊」，帶領住客穿梭區內最地道的小店，體驗當地人才知的秘店。

Info

地址： 北海道旭川市6条通9丁目
MAPCODE： 79 374 125*56
電話： 0166-29-2666
房價： DANRAN Room朝食付每位￥7,408/晚起、純住宿每位￥4,445/晚起
網址： https://omo-hotels.com/asahikawa/
前往方法： JR「旭川」駅徒步13分鐘。

戰隊每日都有不同探險路線，有探訪老區小店、菜市場閒逛，甚或居酒屋導覽。

OMO Cafe&Bar：

餐廳OMO Cafe&Bar，白天是精緻Cafe；晚上則變成溫馨小酒館，挑高的空間舒適。

甜品水準尤其高，Strawberry & fresh cream parfait，賣相美極。￥1,000

Cafe&Bar晚上是溫馨小酒館，供應北海道葡萄酒和道產生火腿（￥1,200）。

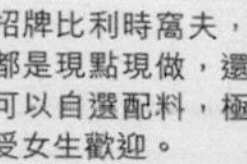

招牌比利時窩夫，都是現點現做，還可以自選配料，極受女生歡迎。

每日的自助早餐乃焦點所在，主打本地新鮮食材與道地餐點，選擇超豐富。

麵包甜點都是Home made，迷你版donut、bagel、鬆餅，旅客可試吃多幾款。

KITCHEN是早餐區，晚上搖身變成小酒吧，提供各式特飲及本地品牌酒精。

旭川 高級價廉酒店

MAP: P.271 E3

9C Hotel Asahikawa
(9C ホテル 旭川)

2018年底開幕，新型態高級價廉酒店，51間客房全為「BUNK BED ROOM」，上下舖睡床善用每寸空間，浴室、洗手間需共用，但沐浴乳、吹風機等備品、自助洗衣、行李寄存等也一應俱全。1樓休息區裝潢cozy，提供各式玩意與旅行資訊，早上還有免費的日式早餐。

內裝以工業風設計，時尚得來也帶點北歐風，1樓休息區更設有暖爐。

早上有免費日式早餐供應，雖然只是簡單的雞蛋伴飯配醃菜，也是本地優質農產，啖啖溫馨。

BUNK BED ROOM，上下舖睡床連住書枱，善用每寸空間，每個床頭都有書燈和充電插位。

酒店座落旭川市中心。

每層都有男女分別的洗手間和淋浴間，女生淋浴間還有門鎖，吹風機、紙杯等用品齊備。

獨立淋浴間面積偖大，有更衣空間，洗髮乳、潤髮乳、沐浴乳都是POLA。

Info

地址：北海道旭川市1条通9丁目92-2
MAPCODE：79 343 415*53
電話：0166-73-3199
房價：BUNK BED Room 1人一房￥2,565/晚起、2人一房每位￥1,924/晚起
網址：https://araihotels.jp/
前往方法：JR「旭川」駅，徒步3分鐘。

富良野

富良野最大滑雪度假村

新富良野プリンスホテル（新富良野王子飯店）

MAP: P.241 A5

富良野最大規模的溫泉滑雪度假村，分為新、舊富良野，舊富良野房價較便宜，但離滑雪場略遠；新富良野則位於滑雪場纜車站旁，可以直接ski in、 ski out。407間客房，附設天然溫泉大浴場「紫彩の湯」、9家特色餐飲，還有大量玩樂設施，包括森林商店街「Ningle Terrace」、英式花園「風のGarden」、高爾夫球場、森林歷險設施、富良野纜車等等數之不盡。

設天然溫泉大浴場「紫彩の湯」，泉水抽取自1,010米地下。

附設大量玩樂設施，包括富良野纜車。來回票價￥1,900

擁有9家特色餐飲，包括森林酒吧Soh's BAR，由編劇家倉本聰監修。

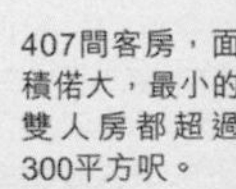

擁有9家特色餐飲，包括森林酒吧Soh's BAR，由編劇家倉本聰監修。

407間客房，面積偌大，最小的雙人房都超過300平方呎。

Info

地址：北海道富良野市中御料
MAPCODE：919 524 797*20
電話：0167-22-1111
房價：Twin Room（朝食付）每位￥9,410/晚起
網址：www.princehotels.co.jp/newfurano/
前往方法：JR富良野線「富良野」駅出發，車程約10分鐘。

富良野

廉價之選

MAP: P.242 A3

富良野プリンスホテル（富良野王子飯店）

舊富良野位置靠近英式花園「風のGarden」，金字塔形的大樓，提供112間客房，雖然房間面積較少，設施也較少，但房價便宜很多。大樓內也有大浴場和餐廳，還可乘坐接駁車往新富良野。

金字塔形的大樓，坐落大片森林青草坪中央，綠意盎然。

房間裝潢柔和舒適、設施完善，注意部分房形沒有電梯可達。

主餐廳擁有落地大玻璃窗，供應西式餐點，景觀一流。

Info

地址：北海道富良野市北の峰町18-6
MAPCODE：450 028 494*25
電話：0167-23-411
房價：Twin Room（朝食付）每位￥6,717/晚起
網址：www.princehotels.co.jp/furano/
前往方法：JR富良野線「富良野」駅出發，車程約10分鐘，車費約￥1,700。

開放感的客房，裝滿簡潔而明亮，面積最小的Double也有160cm闊睡床。

富良野 車站旁精品住宿

MAP: P.242 D2

Furano Natulux Hotel
(富良野ナチュラクスホテル)

富良野駅附近的精品酒店，內裝以黑白色為基調，72間客房均附透明玻璃浴室，2012年加建的別邸，還有兩間apartment式客房，附帶小型廚房及洗衣機。餐廳白天是溫馨Café；晚上變身情調酒吧，還附設男女別浴場，岩盤浴、Spa設施俱全，更是單車友善酒店，曾獲TripAdvisor頒發「Excellence Hall of Fame」獎項。

名字Natulux是Nature+Deluxe，距離富良野駅只2分鐘步程。

附設男女別浴場，提供抽取自富良野地下水的人工溫泉。

浴場雖小巧，但也提供岩盤浴、Spa服務，甚受女生歡迎。

2012年加建的別邸，獨棟平房式設計，門前還種滿薰衣草。

別邸只有兩間客房，apartment式設計，附帶小型廚房及洗衣機。

餐廳落地窗眺望園景，白天是溫馨Café，晚上變身情調酒吧。

餐點主打富良野本地新鮮農產，還有牧場牛乳和自家製麵包。

Info

地址：北海道富良野市朝日町1番35号
MAPCODE：349 032 368*72
電話：0167-22-1777
房價：（朝食付）Semi-double每位￥10,000/晚起、Double每位￥11,000/晚起
網址：www.natulux.com/
前往方法：JR富良野線「富良野」駅，徒步約2分鐘。

歐洲風格建築，就坐落富良野滑雪場對面。

公共休息區「ふらの広場」提供遊資訊，還有自助烤棉花糖，甚至季節小吃。

富良野 親子溫泉滑雪酒店 MAP: P.242 A2

Hotel Naturwald Furano (富良野自然森林酒店)

富良野滑雪場對面的溫泉度假酒店，主打親子家庭客源，附設露天風呂的溫泉大浴場，提供親子房型和兒童遊戲室等。還有大量免費服務，包括24小時自助飲料吧、甜品自助餐，就連面膜、乳液、雪條、尿片、兒童浴衣等都有得自由取用，勝價比極高。

餐廳主打本地新鮮食材，傍晚還有免費甜品自助餐，有朱古力噴泉、蛋糕甜品。

24小時自助飲料吧，有齊冷熱飲，還有果汁雪條任吃。

挑高兩層的大堂，內裝以森林為主題，還有大量貓頭鷹裝飾。

尿片、兒童牙膏牙刷、兒童浴衣等都有得自由取用。

79間客房分佈2至5樓，每層都有主題裝潢，甚至還有榻榻米和室，與親子主題房。

溫泉大浴場「光明石溫泉」，有美肌功效，設有露天風呂和完善梳洗空間。

客房面積170-380平方呎，浴室乾濕分離，洗手盆特別設在走廊位置。

Info

地址：北海道富良野市北の峰町14-46
MAPCODE：450 028 712*43
電話：0167-22-1211
房價：Twim 朝食付每位￥9,736 /晚起、純住宿每位￥6,480 /晚起
網址：http://naturwald-furano.com/
前往方法：JR富良野線「富良野」駅出發，車程約8分鐘。

公共休息區也是寫真Gallery，展出美瑛攝影愛好者作品。

美瑛 抵住的寫真の家

MAP: P.221 E1

Phottage Inn Biei
(フォテージイン美瑛)

美瑛駅附近的時尚Share House，名字由英文Photo及cottage二字組成，專為攝影愛好者打造，附設寫真Gallery。原木內裝富設計感，設施簇新，共有10間獨立客房，浴室、洗手間需共用，房內也沒有冷氣，但有偌大的公共休息區、高速WiFi、免費私人停車場、免費飲料和洗衣機，早上還有免費早餐，勝價比不低。

男女別洗手間共有4個，整潔又簇新，還有洗衣機可用。

單層式平房外觀時尚，附設15個免費私人停車位，自駕一族福音。

客房有齊電視、雪櫃、風扇以至曬衣繩，雖沒冷氣但美瑛夏天晚上也不熱。

提供免費早餐，有美瑛新鮮牛乳和手工麵包。

原木屋內裝佈置溫馨，一室木香，牆身也掛滿老闆的寫真。

簡便廚房有24小時免費飲料和微波爐，車站附近也食店林立。

男女淋浴室各有一間，還有一間特大浸浴室，但需共用，沐浴用品齊全。

Info

地址：北海道上川郡美瑛町大町2-2-21
MAPCODE：389 010 699 22
電話：0166-73-4922
房價：Single￥5,500/晚起、Twim每位￥5,000/晚起
網址：http://inn-biei.jp/
前往方法：JR富良野線「美瑛」駅，徒步5分鐘。

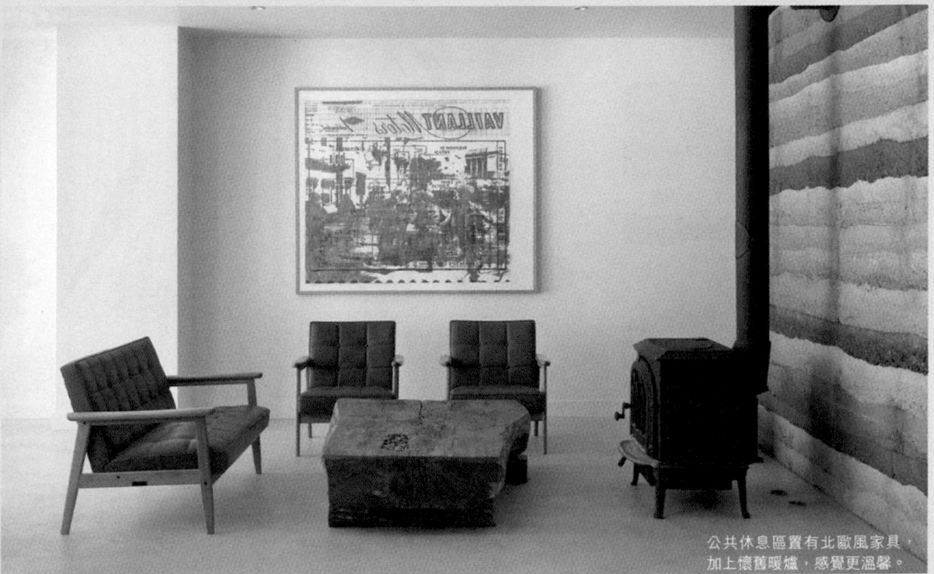
公共休息區置有北歐風家具，加上懷舊暖爐，感覺更溫馨。

帯広 文青之宿

MAP: P.300 C2

HOTEL NUPKA

帯広駅附近，2016年開業的Hip hotel，由一棟具歷史建築改建而成。素白文青風裝潢時尚，提供23間客房，房價￥4,150起，小巧而精致。除了單、雙人房，另有3間Domitory，湊夠8人便可包房。型格Café白天供應手沖咖啡，晚上會變身成小酒館，供應十勝產大麥造的自家精釀啤酒。

樓高5層，由一棟具歷史建築改建，名字Nupka源自愛努語，解作原野。

8人Domitory男女獨立，上下鋪佈局，每個床邊都有讀書燈及插頭。

酒店風格時尚，服務人員都年青活力，不時舉辦節慶活動。

晚上，Café變身小酒館，供應自家精釀啤酒「旅のはじまりのビール」。

客房小巧而精致，附淋浴間，Double room也有160cm闊的睡床。

附設文青風Café，白天有咖啡師駐場供應Hand Drip和精致的西式餐點。

限定早餐每日有不同麵包、沙律、濃湯，以及招牌Onibus coffee。

Info

地址：北海道帯広市西2条10丁目20-3
MAPCODE：124 624 143*50
電話：0155-20-2600
房價：Double朝食付每位￥4,150/晚起、純住宿每位￥3,400/晚起；Domitory ￥2,300/晚起
網址：www.nupka.jp/
前往方法：JR「帯広」駅，徒步約3分鐘。

171間客室，面積偌大，浴室也附有浴缸。

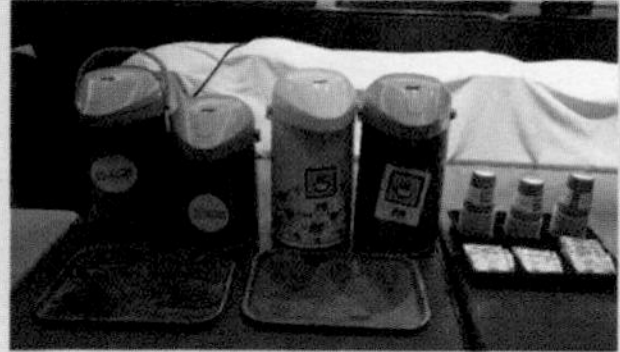
晚上9點後有免費茶泡飯宵夜，還有24小時免費咖啡飲料。

定位為商務酒店，距離帯広駅3分鐘步程。

帯広 貼心商務

MAP: P.300 C2

Grand Hotel Terrace Obihiro
（ホテルグランテラス帯広）

帯広駅附近的抵住之選，共有171間客室，定位為商務酒店，提供大量貼心的免費服務，包括免費茶泡飯宵夜、24小時免費咖啡、漫畫吧、免費按摩椅等等。附設大浴場、餐廳、自助洗衣房和收費停車場，早餐更有帯広名物豚丼。

男女別大浴場開放至凌晨，大堂還有多個品牌的沐浴用品。

商務中心有兩張免費按摩椅，從頭按到腳，舒服到不得了。

漫畫吧有過千本珍藏，還可以拿回房間細看。

Info

地址：北海道帯広市西1条南11-2
MAPCODE：124 624 089*31
電話：0155-27-0109
房價：Semi Double朝食付每位￥4,453 /晚起、純住宿每位￥3,864 /晚起
網址：https://breezbay-group.com/hgt-obihiro/
前往方法：JR「帯広」駅出發，徒步約3分鐘。

客室裝潢簇新，配高速Wi-Fi和浴缸。

釧路 媲美dormy Inn

MAP: P.309 B1

Hotel Crown Hills Kushiro
（ホテル クラウンヒルズ釧路）

釧路駅附近的商務酒店，2019年全新裝修，150間客室裝潢簇新。窩心服務和設施，也媲美dormy Inn，附設男女別大浴場、漫畫休息室，宵夜有免費自助茶泡飯、24小時咖啡等。

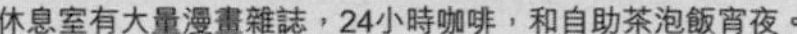
休息室有大量漫畫雜誌，24小時咖啡，和自助茶泡飯宵夜。

Info

地址：北海道釧路市北大通13-1-14
MAPCODE：149 256 345*82
電話：0154-22-0109
房價：朝食付 Twim每位￥4,973/晚起
網址：https://breezbay-group.com/hch-kushiro/
前往方法：JR「釧路」駅，徒步約1分鐘。

溫泉大浴場「河神の湯」，擁有自家源泉，露天風呂被大片寧靜森林包圍。

阿寒湖 隱世溫泉旅館

MAP: P.332 A3

La Vista阿寒川
（カムイの湯ラビスタ阿寒川）

2015年開幕，藏身被稱為阿寒湖「奧座敷」的阿寒川畔。臨川而建，全館64間客室，每間都配備私家檜木風呂，還有阿寒川森林景觀。重點的溫泉大浴場「河神の湯」，泉水源自阿寒川畔的自家源泉，設有露天風呂和3間特色湯屋（貸切風呂）。跟dormy inn隸屬同一集團，故每晚都有免費拉麵宵夜，還有免費小吃和飲料，再加上阿寒川時令盛宴，一級享受。

附設3間特色湯屋（貸切風呂），有檜木、磚砌和陶器3款特色風呂。

座落阿寒湖「奧座敷」的阿寒川畔，四季美景各異。

餐廳主打本地食材，コタン鍋（部落鍋）是晚餐主角，魚湯加上時令海鮮野菜。

景觀客房：

64間客室，和洋式設計俱備，配一室北歐風原木家具，寬敞舒適。

最喜歡每個房間都有一個觀景台，橫排座位面朝四季美景，超療癒。

最大賣點是，每間客室都配備私家檜木風呂，還有阿寒川或森林景觀。

每間房都備有全套手沖咖啡組和豆，給你自己磨豆、手沖，洗滌心靈。

Info

地址：北海道釧路市阿寒町オクルシユベ3-1
MAPCODE：739 317 289*34
電話：0154-67-5566
房價：一泊二食DX Triple每位￥15,000/晚起、Twim每位￥19,000/晚起
網址：www.hotespa.net/resort/hotellist/akangawa/
前往方法：阿寒湖巴士總站設有免費接駁巴士，需預約。JR釧路駅乘車，車程約1時間50分鐘。

溫泉大浴場「もむにの湯」，泉水引自2公里外的大雪山湧駒別川，泉溫40℃，無色無味。

旭岳 大雪山溫泉

La Vista大雪山（フラビスタ大雪山）

隸屬共立 Resort集團，旗下包括著名商務酒店Dormy Inn，LA Vista為溫泉度假酒店，共有7家分店。其中大雪山館，是歐式風格的溫泉山莊，座落北海道最高峰——旭岳山腹，四周被大片原始針葉林包圍。溫泉大浴場「もむにの湯」，溫泉引自2公里外的大雪山湧駒別川，設有露天風呂等4款風呂，以及3間特色湯屋（貸切風呂）。全館85間客室，都可眺望旭岳美景。

浴場設有4款特色風呂，全以原木或石材打造，故一室木香。

餐廳同樣主打本地新鮮食材，早上還有牧場直送牛乳。

3間特色湯屋（貸切風呂），都是免費使用，但先到先得。

85間客室、10款房形，和洋式設計，都可眺望旭岳美景。

歐式風格建築，距離旭岳纜車站只10分鐘步程。

Info

地址：北海道上川郡東川町旭岳溫泉
MAPCODE：796 830 410*11
電話：0166-97-2323
房價：一泊二食和洋室每位￥15,550/晚起、Twim每位￥16,450/晚起
網址：www.hotespa.net/resort/hotellist/daisetsuzan/
前往方法：JR「旭川」駅設有免費接駁巴士，需預約。

其餘温泉旅館推介：

洞爺湖 絶景の湯宿 洞爺湖畔亭
詳細介紹見P.193

第一滝本館
詳細介紹見P.180

望楼NOGUCHI函館
詳細介紹見P.202

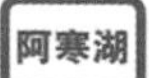

あかん鶴雅別荘 鄙の座
詳細介紹見P.331

川湯溫泉 Hotel Parkway
詳細介紹見P.328-329

Maruzen pension RERA MOSIR
詳細介紹見P.367

稚內

抵住溫泉酒店

MAP: P.344 A3

天然温泉 天北の湯（Dormy Inn Wakkanai）

著名連鎖廉價酒店品牌dormy inn的稚內分店。175間客室，空間寬敞，貫徹一向的窩心設施服務，勝價比特高。像招牌免費宵夜拉麵、免費洗衣俱全，附設天然溫泉大浴場，早餐還有稚內海鮮丼和章魚飯。

客房裝潢以原木為主題，空間寬敞，設施更是完善。

自助早餐選擇豐富，有自助海鮮丼，以及稚內名物章魚飯。

男女別大浴場「天北の湯」，有齊露天、室內風呂，還有桑拿房。

招牌的免費宵夜拉麵「夜鳴きそば」，現點現煮，彈牙麵條配昆布湯一流。

Info

地址： 北海道稚内市中央2-7-13
MAPCODE： 353 876 823*32
電話： 0162-24-5489
房價： 朝食付Twim每位￥9,490/晚起
網址： www.hotespa.net/hotels/wakkanai/
前往方法： JR「稚内」駅，徒 約2分鐘。
画像依頼： 外観、大浴場、客室、朝食、レストラン HATAGO（和洋海鮮バイキング）、無料サービス「夜鳴きそば」

函館

函館駅經濟住宿

Smile Hotel Hakodate（スマイルホテル函館）

函館市中心超抵住酒店，位置就在函館駅對面，往函館朝市、大門横丁等景點都是幾分鐘步程。271間客室，小巧而精緻，基本設施齊全，最重要是房價便宜。

MAP: P.197 E1

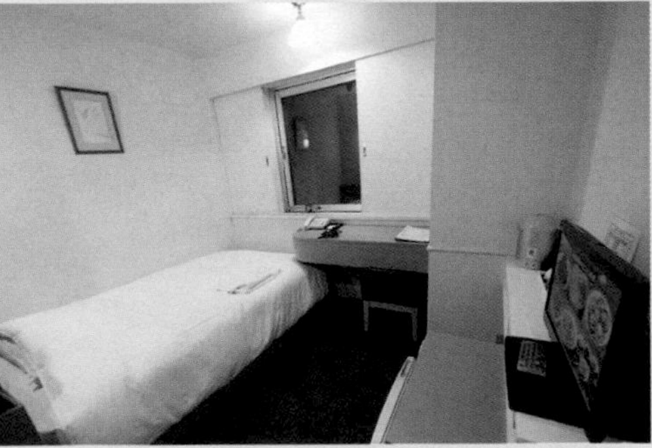
Double room面積也超過130平方呎，裝滿柔和舒適。

附設自助洗衣房。

大堂的商務中心有各式漫畫可看。

浴室附有浴缸，護理用品也齊備。

Info

地址： 北海道函館市若松町20-11
MAPCODE： 86 072 477*87
電話： 0138-27-2700
房價： 朝食付Semi double每位￥4,500/晚起、Twim每位￥6,000/晚起
網址： https://smile-hotels.com/hotels/show/hakodate
前往方法： JR函館本線「函館」駅中央口，徒步約1分鐘。

札幌 さっぽろ/Sapporo

交通 JR「札幌」駅。

北海道首府與玄關，也是北海道的政治、經濟、文化、旅遊和交通中心。明治維新以前還一片荒涼。1869年，日本政治於札幌設立開拓使，街道規劃井然、綠化優美，觀光設施多不勝數，每年冬天舉行的札幌雪祭，更使之成為旅遊重鎮。

札幌観光旅行：www.sapporo.travel/

札幌市內交通

札幌市中心主要靠3條地鐵與1條路面電車連系。

JR札幌駅，是北海道最大的陸路交通樞紐。

市電全線共23個車站，貫穿札幌市區主要街道。

1.札幌市電

札幌市交通局營運的路面電車（有軌電車），前身是1912年啟用的札幌石材馬車鉄道，1927年由民營轉為市營。隨着汽車普及，已廢除了多條路線，現在僅剩1條雙向的「環狀線」。全長8.9公里，途經薄野（すすきの）、狸小路、纜車口等人氣景點，劃一票價￥200。

票價：劃一票價￥200

網址：www.city.sapporo.jp/st/

內環（逆時針）和外環（順時針）車站分開，上車前請留意目的地方向。

跟香港電車一樣，由後門上車、前門付費下車。

2.札幌市営地下鉄

路線圖見P.072

JR主要負責遠距離的跨區交通，市內交通主要靠地下鐵。1972年為札幌冬季奧運而興建，由札幌市交通局經營，總長48公里，目前共有3條路線：黃色的東西線、綠色的南北線，及藍色的東豐線，「大通站」為3線交匯處。單程車費￥200起，旅客可購買「1日乘車券」，周末還有無限次乘車券「DONICHIKA卡」。

車費：單程￥200～370；1日乘車券￥830；DONICHIKA卡￥520

網址：www.city.sapporo.jp/st/

SAPICA為札幌市交通局發行的交通卡，但其實Kitaca、Suica等交通卡一樣適用。

3.巴士

札幌市巴士由中央巴士、JR北海道巴士、JOTETSU巴士3家公司運營，旅客可使用Kitaca、SAPICA、Suica等IC卡支付車費。

札幌巴士路線查詢：

http://ekibus.city.sapporo.jp/

札幌駅旁邊便是札幌駅巴士總站「札幌駅バスターミナル」（BT）。

札幌巴士可使用Kitaca，或Suica（西瓜卡）等IC卡支付車費。

4.的士

首1.6公里起錶￥670，其後每302米￥80，每晚2200-0500需加收深夜附加費20%。

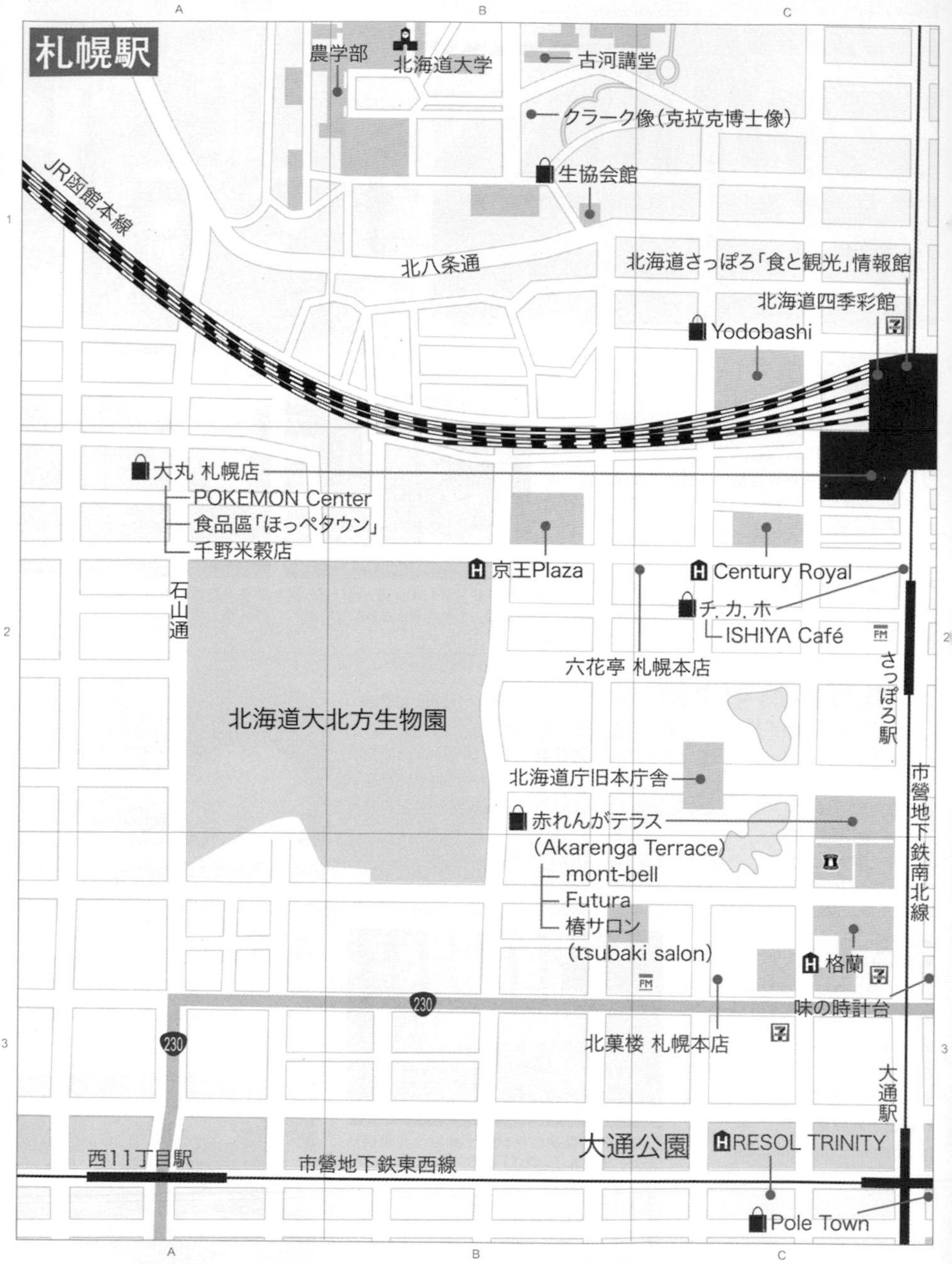

札幌駅

農学部
北海道大学
古河講堂
クラーク像(克拉克博士像)
生協会館
JR函館本線
北八条通
北海道さっぽろ「食と観光」情報館
北海道四季彩館
Yodobashi
大丸 札幌店
POKEMON Center
食品區「ほっぺタウン」
千野米穀店
京王Plaza
Century Royal
チ.カ.ホ
ISHIYA Café
石山通
六花亭 札幌本店
さっぽろ駅
北海道大北方生物園
北海道庁旧本庁舎
市營地下鉄南北線
赤れんがテラス
(Akarenga Terrace)
mont-bell
Futura
椿サロン
(tsubaki salon)
格蘭
味の時計台
230
230
北菓楼 札幌本店
大通駅
大通公園
RESOL TRINITY
西11丁目駅
市營地下鉄東西線
Pole Town

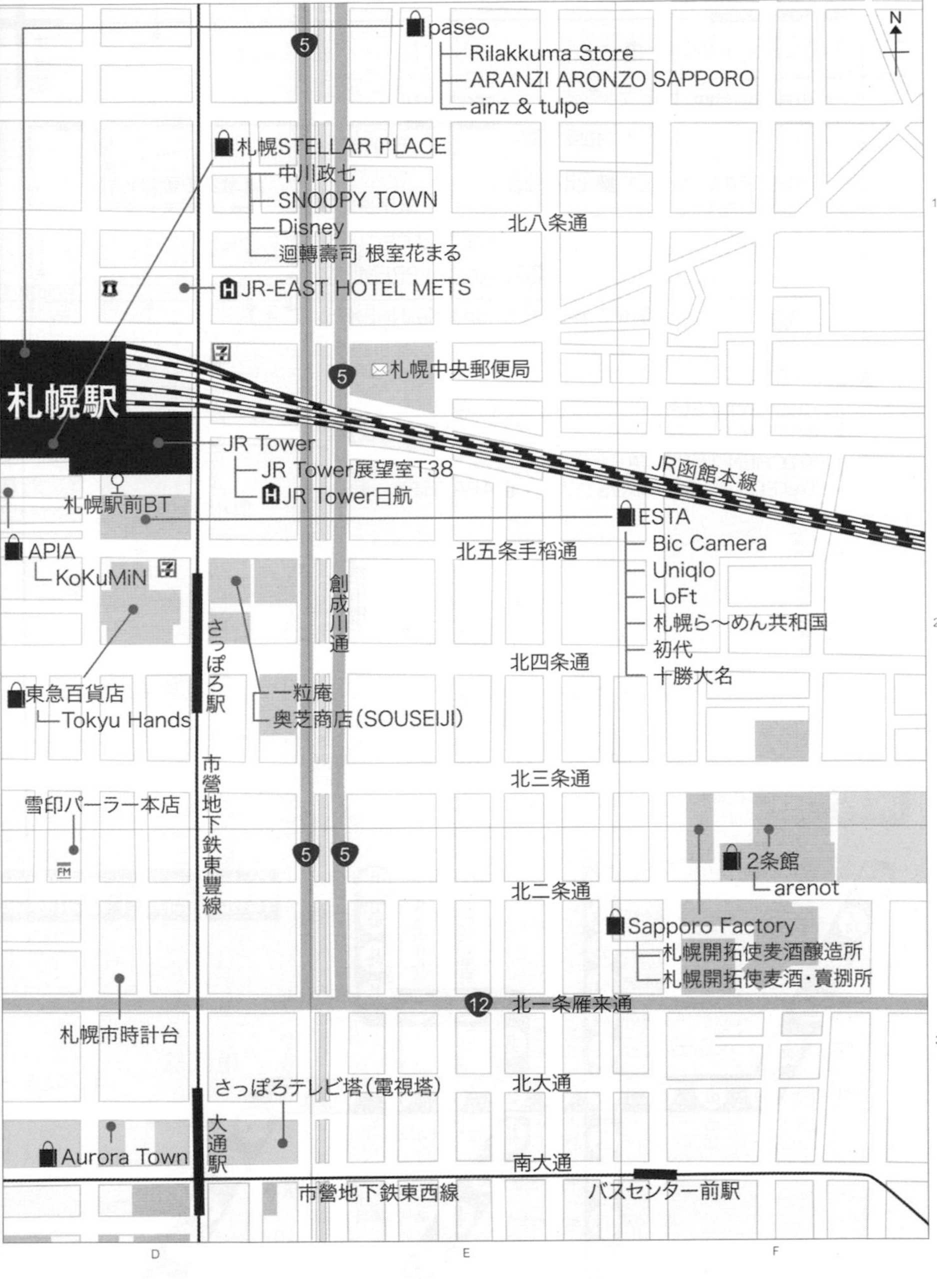
paseo
Rilakkuma Store
ARANZI ARONZO SAPPORO
ainz & tulpe
札幌STELLAR PLACE
中川政七
SNOOPY TOWN
Disney
迴轉壽司 根室花まる
JR-EAST HOTEL METS
北八条通
札幌中央郵便局
札幌駅
JR Tower
JR Tower展望室T38
JR Tower日航
JR函館本線
札幌駅前BT
ESTA
Bic Camera
Uniqlo
LoFt
札幌ら～めん共和国
初代
十勝大名
APIA
KoKuMiN
北五条手稲通
創成川通
さっぽろ駅
北四条通
一粒庵
奥芝商店(SOUSEIJI)
東急百貨店
Tokyu Hands
北三条通
雪印パーラー本店
市營地下鉄東豐線
2条館
arenot
北二条通
Sapporo Factory
札幌開拓使麦酒釀造所
札幌開拓使麦酒・賣捌所
北一条雁来通
札幌市時計台
北大通
さっぽろテレビ塔(電視塔)
大通駅
Aurora Town
南大通
市營地下鉄東西線
バスセンター前駅

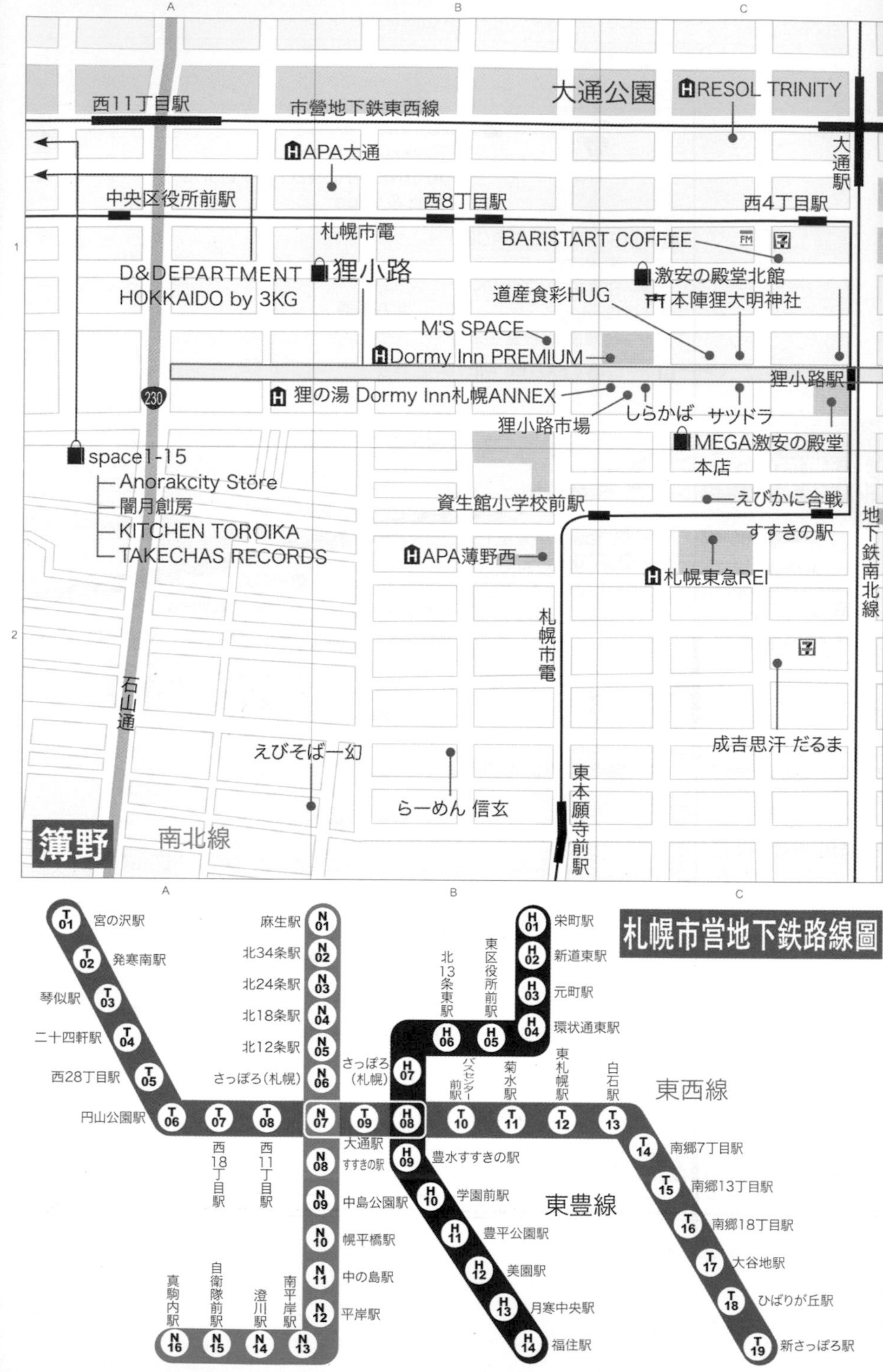
大通公園
RESOL TRINITY
西11丁目駅
市營地下鉄東西線
APA大通
大通駅
中央区役所前駅
西8丁目駅
西4丁目駅
札幌市電
BARISTART COFFEE
D&DEPARTMENT HOKKAIDO by 3KG
狸小路
激安の殿堂北館
道産食彩HUG
本陣狸大明神社
M'S SPACE
Dormy Inn PREMIUM
狸小路駅
230
狸の湯 Dormy Inn札幌ANNEX
しらかば
サツドラ
狸小路市場
MEGA激安の殿堂本店
space1-15
Anorakcity Störe
闇月創房
KITCHEN TOROIKA
TAKECHAS RECORDS
資生館小学校前駅
えびかに合戦
すすきの駅
地下鉄南北線
APA薄野西
札幌東急REI
札幌市電
石山通
成吉思汗 だるま
えびそば一幻
らーめん 信玄
東本願寺前駅
薄野
南北線
札幌市営地下鉄路線圖
T01 宮の沢駅
T02 発寒南駅
T03 琴似駅
T04 二十四軒駅
T05 西28丁目駅
T06 円山公園駅
T07 西18丁目駅
T08 西11丁目駅
T09 大通駅
T10 バスセンター前駅
T11 菊水駅
T12 東札幌駅
T13 白石駅
T14 南郷7丁目駅
T15 南郷13丁目駅
T16 南郷18丁目駅
T17 大谷地駅
T18 ひばりが丘駅
T19 新さっぽろ駅
東西線
N01 麻生駅
N02 北34条駅
N03 北24条駅
N04 北18条駅
N05 北12条駅
N06 さっぽろ(札幌)
N07 大通駅
N08 すすきの駅
N09 中島公園駅
N10 幌平橋駅
N11 中の島駅
N12 平岸駅
N13 南平岸駅
N14 澄川駅
N15 自衛隊前駅
N16 真駒内駅
H01 栄町駅
H02 新道東駅
H03 元町駅
H04 環状通東駅
H05 東区役所前駅
H06 北13条東駅
H07 さっぽろ(札幌)
H08 大通駅
H09 豊水すすきの駅
H10 学園前駅
H11 豊平公園駅
H12 美園駅
H13 月寒中央駅
H14 福住駅
東豊線

D E F

N

北大通
大通駅
さっぽろテレビ塔（電視塔）
Aurora Town
南大通
Pole Town
市營地下鉄東西線
バスセンター前駅
丸井今井
札幌三越
CENTRAL
味の三平
南一条通
ダイコクドラッグ
（大国藥妝店）
札幌PARCO
THE SAPPORO gift shop
PLAZA
DAISO
M's EAST
南二条通
パフェ、珈琲、酒佐藤
スープカレーGARAKU
千歳鶴酒ミュージアム
（千歳鶴酒博物館）
業務スーパー
パフェ&クレープ
HARU HARU
南三条通
すみれ
かに将軍
札幌本店
創成川通
二条市場
海味
はちきょう
月寒通
36
寿司処けいらん
二条食品
小熊商店
二条かに市場
地下鉄東豊線
豊平川
smile hotel premium
札幌すすきの
豊水すすきの駅
36
元祖さっぽろラーメン
横丁
ひぐま
白樺山荘

D E F

1
2

札幌駅
薄野
札幌近郊
新千歳

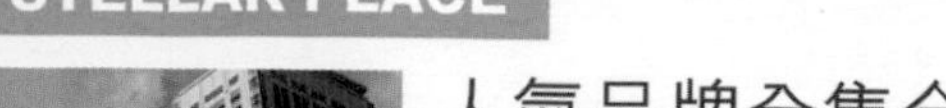

JR Tower內最大購物場，分為EAST和CENTER兩部分。

人氣品牌全集合

札幌STELLAR PLACE

跟札幌駅相連的JR Tower，集合複合式商廈、展望室、酒店和5個購物商場。其中STELLAR PLACE為Tower內最大購物場，分為EAST和CENTER兩部分，網羅超過200家商店，不少都是首次登陸北海道。CENTER集合人氣服裝品牌；EAST則主打生活雜貨；6樓餐飲街還有20多家人氣食店。

MAP: P.071 D2

STELLAR PLACE跟札幌駅相連，入口大堂置滿藝術雕塑，乃等人勝地。

CENTER的1-5樓集合最人氣的服裝品牌，男女裝俱全。

EAST5-6樓還有三省堂書店和無印良品分店。

Info

地址：札幌市中央区北5条西2丁目5
MAPCODE：9 522 772*45
電話：011-209-5100
營業時間：1000-2100（餐飲1100-2300）
網址：www.stellarplace.net/
前往方法：JR「札幌」駅南口直達。

勝價比超高

迴轉壽司 根室花まる

北海道迴轉壽司店，向以品質和勝價比超高而聞名，東京分店天天大排長龍。札幌店海產全部本地新鮮直送，比東京更便宜、更新鮮，必吃！

每逢飯市例必大排長龍，來晚了，很多是日推介也會售完。

真いわし（沙丁魚），根室直送，乃日本人的至愛。￥453

特大ボタンエビ（特大牡丹蝦），原隻連蝦頭上碟，彈牙非常。￥291

ホタテ（帆立貝），根室直送，肉厚鮮甜到不得了。￥453

真鯛，厚厚一片，肉質彈牙香甜。￥248

Info

地址：札幌STELLAR PLACE 6/F STELLAR DINING
營業時間：1100-2300（Last Order 2215）
網址：www.sushi-hanamaru.com/
消費：約￥1,500/位

有故事的雜貨
中川政七

1716年創業的奈良織物老店、跨界經營的人氣生活雜貨，引進日本職人傳統工藝，與現代設計結合，創出有故事的雜貨。

店內以紳士、淑女、職人等劃分為不同區域，每件商品都有故事。

「中川政七」鐵罐飴，由福島職人直火手工製作。￥756

Info

地址：札幌STELLAR PLACE 3/F
網址：www.yu-nakagawa.co.jp/

史努比專門店
SNOOPY TOWN

CENTER 5樓集合多家卡通角色專門店，包括史努比專門店，多得東京的史努比博物館，令SNOOPY熱潮再現。店內網羅一眾日版精品與生活雜貨。

店內網羅一眾日版SNOOPY精品。

SNOOPY陶瓷錢罌。￥1,980

Info

地址：札幌STELLAR PLACE 5/F
網址：http://town.snoopy.co.jp/

Tsum Tsum豆袋公仔，季季都有新款式。￥900

札幌最大
Disney Store

札幌最大迪士尼專門店之一，集合Disney最當時得令的卡通人物。近來尤其主攻年輕女生市場，故有很多可愛飾品系列。

集合Disney最當時得令的卡通人物。

Info

地址：札幌STELLAR PLACE 5/F
網址：https://store.disney.co.jp

paseo

女生主場
paseo

MAP: P.071 D1

同樣跟札幌駅相連，集合超過200家商店，尤以女性流行服飾品牌最強。分為WEST、EAST和CENTER共3區，各有主打，像EAST主攻少淑女時尚；CENTER集合生活雜貨；WEST則主打餐飲。

EAST主攻少淑女時尚，網羅多家人氣服飾及藥妝店，包括《Popteen》名模松岡里枝主理的女牌「Ank Rouge」。

Info

地址：札幌市北区北6条西2丁目
MAPCODE：9 522 864*68
電話：011-213-5645
營業時間：1000-2100（餐飲1100-2200）
網址：www.e-paseode.com/
前往方法：JR「札幌」駅直達。

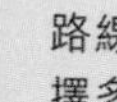

地區限定版

MAP: P.071 D1

Rilakkuma Store

北海道首家鬆馳熊專門店，有齊鬆馳熊的所有精品和雜貨之外，還有售其他地區的限定版，像JR東日本的電車熊等等。

北海道店面積偌大，尤其多毛公仔。

JR東日本x Rilakkuma限定電車熊。¥2,200

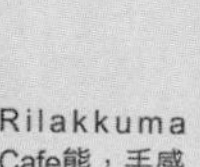

Rilakkuma Cafe熊，手感滑溜好好抱。¥2,200

一如以往，每家分店都有巨型Rilakkuma模型給你打卡。

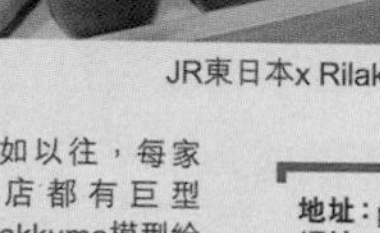
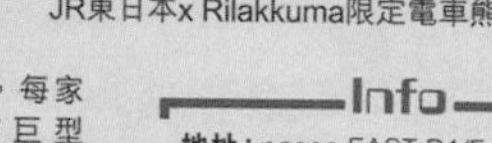
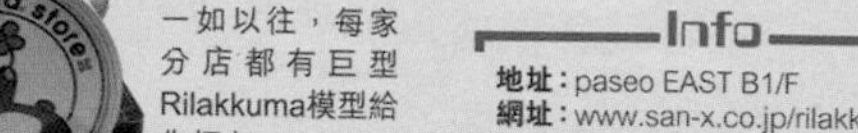

Info

地址： paseo EAST B1/F
網址： www.san-x.co.jp/rilakkuma/

大阪樣衰家族

ARANZI ARONZO SAPPORO

由齋藤絹代及余村洋子兩姊妹，於大阪成立的原創角色，以樣衰造型搞笑而成名。家族成員包括熊貓、河童、兔姐妹等，以布偶公仔配合實景拍攝的相集深入民心，paseo店乃北海道唯一分店。

每家分店都有店長，札幌店是黑熊和兔姐妹。

熊貓等角色布隅。各¥1,900

河童和熊貓小餐盒¥1,070。

Aranzi Aronzo相集，還有布偶製作書。各¥1,200

Info

地址： paseo EAST B1/F
網址： www.aranziaronzo.com

多元藥妝店

ainz & tulpe

退稅

北海道道地藥局開設的美妝店，分店已遍布全日本。走新派路線，着重彩妝保養類，品牌選擇多，還有許多獨家化妝品牌，像自家品牌LIPS and HIPS、AYURA等。

分類清晰，價格便宜，跟@cosmo一樣設有熱賣排行榜。

比一般藥妝店着重彩妝，設有Color con專區。

LuLuLun化粧水保濕面膜。¥300/7片裝

MISSHA的Magic Cushion。¥1,000

Info

地址： paseo EAST 1/F
網址： http://ainz-tulpe.ainj.co.jp/

展望室離地160米，從6樓乘搭專用電梯直達，乃北海道內第一高的展望台。

北海道第一高

MAP: P.071 D2

JR Tower展望室T38（JRタワー展望室T38）

座落JR Tower38樓頂層、離地160米的展望室，乃北海道內第一高的展望台。居高臨下，360度札幌市中心美景一覽無遺，遠至石狩灣、夕張岳也清楚可見。更附設空中Café、紀念品店，還有著名建築師小林純子打造的「眺望洗手間」。

黃昏時，還可在160米高空，一睹札幌的夕陽美景。

360度札幌市中心美景盡收眼底，天氣好時還能看到夕張岳、蘆別岳。

T Shop

展望室設有T Shop，有售T38的官方限定精品。圖案汗巾￥1,296

初雪造型肥皂紙，北海道限定，乃人氣商品。￥1,080

T Cafe

展望室附設景觀Café，除了咖啡小吃，還有多款酒精和佐酒小吃供應。

點一杯道地Sapporo啤酒，邊賞札幌美景、邊大啖啤酒，最高享受。￥520

「眺望トイレ」（展望洗手間），由名建築師小林純子打造，美景只限男廁和障礙廁獨有。

Info

地址： 札幌市中央区北5条西2丁目5 JR Tower EAST 6/F
MAPCODE： 9 522 772*45
電話： 011-209-5500
開放時間： 1000-2300
入場費： 成人￥720、中高校生￥500、小学生￥300
網址： www.jr-tower.com/t38
前往方法： JR「札幌」駅南口，售票處位於STELLAR PLACE 6/F。

座落JR札幌駅旁邊，連地庫樓高13層，名字源自西班牙語，意思是休息站。

男女老幼都好逛

ESTA（エスタ）

MAP: P.071 D2

連地庫樓高13層，定位為男女老幼都適合，為市內最好逛。網羅UNIQLO、GU、LoFt、ABC-MART等一眾旅客至愛，焦點包括10樓的拉麵街「札幌拉麵共和國」、佔地4層的Bic Camera、地庫大食品街、namco遊樂場、￥100店Can Do等等。

Info

地址：札幌市中央区北5条西2丁目
MAPCODE：9 522 743*81
電話：011-213-2111
營業時間：1000-2100（餐飲1100-2200）
網址：www.sapporo-esta.jp/
前往方法：JR「札幌」駅直達。

10樓可找到北海道另一人氣迴轉壽司「四季彩亭」，每碟￥120-190。

8樓有超大間的ABC-MART Grand Stage。

北海道名店列陣

札幌ら～めん共和国（札幌拉麵共和國）

10樓的拉麵主題街乃全館焦頭，昭和風懷舊裝潢，集合8家北海道最具代表性的拉麵名店，包括札幌拉麵代表白樺山莊、旭川拉麵代表梅光軒、函館拉麵代表あじさい等等，一次過便可吃盡全北海道。

以昭和時代（1950至60年代）為背景設計的主題街景，瀰漫懷舊氛圍。

8家麵店以開放式佈局，置滿各式打卡位，包括這拉麵神鳥居。

場內麵店不時更換，不夠受歡迎的，絕不能留低。

中央置有一台SL鳴門卷號蒸汽火車頭，乃打卡位。

初代

源自小樽的名店「初代」，乃長駐拉麵街的人氣店，湯頭以雞骨和蔬菜熬煮，提供味噌、醬油和鹽3款選擇。

招牌「超絕焼豚盛り」，湯頭味道醇厚濃郁，厚叉燒加上半熟蛋，超美味。新味噌￥1,280

Info

地址：ESTA 10/F
網址：www.sapporo-esta.jp/ramen

附設MoMA Store

LoFt

退稅

6樓有幾乎佔據一整層的生活雜貨連鎖店LoFt，主打最新化妝品、文房具、袋和生活用品，面積雖不算大，但精選，還附設專售著名藝術家精品的MoMA Design Store。

Info

地址：ESTA 6/F
網址：www.loft.co.jp/

主打最新化妝品與生活專題，面積雖不算大但精選。

MoMA限定奈良美智、草間彌生滑板￥28,080

附設現代藝術博物館專門店MoMA Design Store，專售著名藝術家精品。

袋部面積不小，還有PORTER和HOLSTON + HAVES專櫃。

首設親子試身室

UNIQLO

退稅

5樓有幾乎佔據一整層的UNIQLO，主打當季人氣服飾，包括大型的UT專區和童裝部，還有全國首設的兒童試身室，媽咪福音！

開放式設計，招牌走馬燈廚窗，內裝時尚好逛。

特大UT專區，很多香港或國內已短市的款式仍然有貨。

2019年限定Pokemon x UNIQLO UT Tee，特價￥1,500。

3樓還有UNIQLO廉價副線「GU」，同樣男女童裝俱備。

Info

地址：ESTA 5/F
網址：www.uniqlo.com/jp/

全國手信總匯

大食品街

佔據一整層的食品街，集合超過70個北海道，以至日本各地人氣手信食品，包括六花亭、北菓樓、柳月、千秋庵等北海道名店，還有生鮮食品超市。

Info

地址：ESTA B1/F

食品街必吃！全國唯一「白い恋人x十勝大名」鯛魚燒，十勝紅香甜綿密，好吃。たいやき（紅豆）￥151

morimoto

源自千歲市的洋菓子店「morimoto」（森本），招牌合桃炸包「くるみクルミ」，煙韌好吃。￥250/100g

4層家電藥妝
BIC CAMERA
退稅

佔據ESTA 1至4樓，從相機、家電、玩具、文具、電玩、酒舖，到旅客至愛的藥妝、零食菓子與日用品通通有齊，還附有旅客退稅專區。

新設2020東京奧運官方精品專區，位置就在1樓電梯口。

2樓有旅客至愛的藥妝店，RAKOOL溫感止痛貼，特價￥500。

Tips
加入BIC CAMERA facebook粉絲專頁，可下載折扣coupon。

話題冷氣外套，腰背裝有兩個強力風扇，有效散熱。￥12,800

3樓設有偌大的文房用品部，最新文具有齊，玩具部則在4樓。

TOMY出品昭和風迷你風扇，用USB充電。￥2,780

Info
地址： ESTA 1-4/F
網址： www.biccamera.co.jp/

手信專門店
MAP: P.070 C1
北海道四季彩館
退稅

日本JR所屬便利店kiosk 開設的手信店，分店都開設在旅遊熱點的JR駅內，其中札幌駅分店面積偌大，網羅北海道各式人氣手信菓子，並附設便利店，最重要是營業到晚上1000，並提供退稅。

散裝菓子，最受本地旅客歡迎。

Calbee即食黃金薯仔，微波爐叮2分鐘，超濃郁牛油味，口感綿密。￥194

「コロコロ」薯仔米菓，米菓老店HORI人氣商品，8種口味，用道產薯仔和糯米製成，混合昆布乾等配料。￥230/杯

「花畑牧場」生焦糖牛奶糖，濃郁焦糖味在口中慢慢融化，有多款口味。￥780/盒

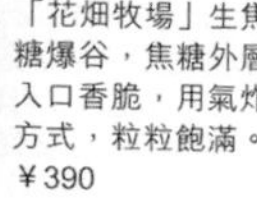

「花畑牧場」生焦糖爆谷，焦糖外層入口香脆，用氣炸方式，粒粒飽滿。￥390

Info
地址： 札幌市北区北6条西3丁目JR札幌駅構內
MAPCODE： 9 522 850*55
電話： 011-261-8655
營業時間： 0700-2200
網址： www.hkiosk.co.jp/
前往方法： JR「札幌」駅內。

附設大型道產廣場，網羅北海道各地的特產手信，還提供退稅。

道の特產總匯 MAP: P.070 C1

退稅

北海道さっぽろ「食と観光」情報館

北海道最大觀光中心，除提供各項旅遊資訊，還附設大型的道產廣場，網羅2,000件特產手信，一次過便可買齊全北海道的人氣菓子和食品；還有CAFÉ「NORTE SAPPORO」，專售道產食材炮製的餐飲小吃，包括招牌牛乳雪糕、飯糰等，還有提供退稅。

情報館位於札幌駅北出口附近，內有ATM、外幣兌換、Locker等設施。

「札幌農學校」北海道牛乳曲奇，北海道大學出品，連續3年獲世界食品品質評鑑金獎。¥500/12塊

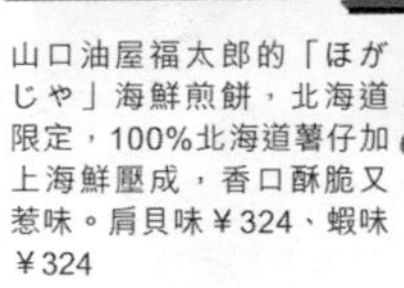

山口油屋福太郎的「ほがじゃ」海鮮煎餅，北海道限定，100%北海道薯仔加上海鮮壓成，香口酥脆又惹味。肩貝味¥324、蝦味¥324

廣場有本地新鮮農產蔬果，甚至冰鮮海產和熟食。

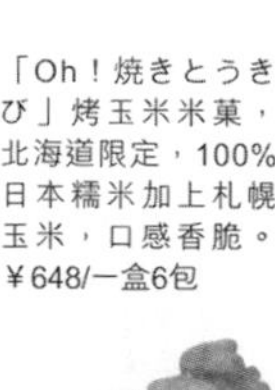

「Oh！焼きとうきび」烤玉米米菓，北海道限定，100%日本糯米加上札幌玉米，口感香脆。¥648/一盒6包

利尻島昆布拉麵（塩味），日本藝能界話題即食麵，用利尻島產昆布製成的麵條，湯頭淡雅。¥250

北海道チヨび朱古力粟米，粒粒粟米都注滿朱古力，好吃。¥331

Info

地址： 札幌市北区北6条西4丁目JR札幌駅構內
MAPCODE： 9 522 850*55
電話： 011-213-5088
開放時間： 0830-2000
網址： www.pref.hokkaido.lg.jp/kz/kkd/jouhoukan.htm
前往方法： JR「札幌」駅內。

連地庫樓高9層。

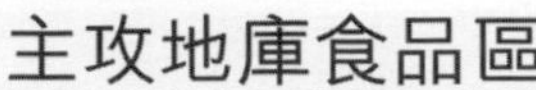

主攻地庫食品區

MAP: P.070 C2

大丸 札幌店

連地庫樓高9層，定位較高級，主打時尚服裝品牌和名店，焦點包括8樓的POKEMON Center，以及地庫的食品區，集合北海道特產水果、食品與菓子手信，很多都是大丸獨有，8樓還有餐飲街。

特設Customers'corner，提供退稅、外幣兌換，還有雨傘、購物袋借用。

3樓有源自大阪的生活雜貨店「Afternoon Tea」，還附設Café。

Info

地址：札幌市中央区北5条西4丁目7番地
MAPCODE：9 522 731*37
電話：011-828-1111
營業時間：1000-2000（餐飲1100-2200）
網址：www.daimaru.co.jp.t.md.hp.transer.com/sapporo/
前往方法：JR「札幌」駅直達。

寵物小精靈美妝

POKEMON Center

2016年開幕，札幌最大POKEMON專門店，提供超過2,000件《寵物小精靈》精品，尤其主打最新的美妝系列和菓子，還有大量拍照位，擺明搶攻女生市場。

跟其他分店一樣，店內設置大量拍照位，包括入口的巨型比卡超。

POKEMON面膜，有比卡超、伊貝等多款，最重要是Make in Japan。￥430

新推出的美妝系列，有POKEMON Lip Gloss，還有果香味。￥500

中央專櫃集合POKEMON各式聯乘系列，包括服飾。

Info

地址：大丸 札幌店 8/F
網址：www.pokemon.co.jp/

道產米專家

千野米穀店

北海道米商，搜羅本地及全國各區的優質米，7成以上都來自契約農家栽培，保證安全、無毒、純自然。特別提供450g小包裝，送禮自用當手信一流。

令和元年紀念米，為無洗米，不含農藥。￥888

每款米都詳列口感特色，店員會教你煮法，現場還有提供試吃。

きらら397，旭川出產，米粒飽滿富濃郁米香，甜度高，適合做丼飯。￥637/450g

ゆめぴりか無洗米，碾米時已去除雜質和米糠，不用洗便可直接煮。￥669/450g

Info

地址：大丸 札幌店 B1/F
網址：www.chino-grain.co.jp/

源自小樽的乳酪蛋糕王「LeTAO」，還有提供試吃。

掃貨戰場

食品區「ほっぺタウン」

佔據地庫整層的食品區，搜羅70、80個北海道與日本各地的手信、熟食與菓子名店，包括道產乳酪蛋糕王「LeTAO」、朱古力殿堂「ROYCE'」等，還有高級水果超市，乃本地主婦的掃貨熱點。

東京醬汁名店「茅乃舍」，筆者每次都會買湯包和沙律汁。

每日傍晚超市都有特價，壽司、便當半價，成為本地主婦的戰場。¥1,380（5折）

富良野直送，當造蜜瓜。¥3,240起

Info

地址：大丸 札幌店 B1/F

舊酒廠購物城

Sapporo Factory

MAP: P.071 F2;F3

Sapporo Factory

1993年開幕的大型購物中心，原址為明治9年（1876年）設立、日本首個啤酒工廠「開拓使麦酒造所」，即今日的札幌啤酒。由7棟新舊建築組成，集合160個人氣品牌和各式餐飲。昔日的紅磚建築都保留下來，包括地標的煙囪，並附設見學館，雖然展品不多，勝在免費入場。還有酒吧「賣捌所」，可一嚐復刻版的元祖札幌啤酒「開拓使麦酒」。

園區由7棟新舊建築組成，百年紅磚建築，外牆佈滿翠綠的藤蔓。

Tips

注意，札幌駅以東還有一所「札幌啤酒博物館」，位於札幌啤酒園內，兩者相距18分鐘步程，請勿去錯。

「煙突広場」，特別保留了昔日酒廠的長煙囪，以及紅磚釀造所。

中庭廣場「ATRIUM」，築有巨型弧形玻璃天幕，主打餐飲設施，設有Food court。

札幌開拓使麦酒 造所見学館

附設見學館雖然面積比「札幌啤酒博物館」小，展品也不多，勝在免費入場。

館內展出昔日的釀酒工具，包括3座閃閃發亮的巨型銅釜（蒸餾器）。

Info

地址：札幌市中央区北2条東4丁目
MAPCODE：9 523 448*01
電話：011-207-5000
營業時間：商店1000-2000；餐飲1100-2200
網址：http://sapporofactory.jp/
前往方法：地下鉄東西線「バスセンター前」駅，徒步約3分鐘。

必飲元祖啤酒

札幌開拓使麦酒・賣捌所

煙突広場設有酒吧「賣捌所」，專售自家啤酒，包括北海道限定的Sapporo Classic，以及復刻版的元祖札幌啤酒「開拓使麦酒」，最重要是價格便宜。

英式酒館懷舊裝潢，牆身掛滿札幌啤酒昔日的廣告海報，還有露天座位。

每日約有6款啤酒供應，定價便宜。

開拓使麦酒，復刻版的元祖札幌啤酒，氣泡綿密，順喉富麥香。￥250

酒吧仿照昔日賣酒場設計，店面特意設有小小售賣窗「販賣口」。

Info

營業時間： 1100-2000

源自東京的家具雜貨店，商品都充滿北歐風格，並強調好設計。

北歐風生活雜貨

arenot

源自東京的北歐風家具雜貨店，主打好設計的日本或海外生活雜貨，函蓋小型家具、廚具、日用品、露營用品，以至服飾和護理用品。

葛飾北齋浮世繪圖案護照套，有富士山和神奈川衝浪裏兩款。￥900

瑞典著名陶藝家Lisa Larson的Fantastiska Grafica系列專區，文青至愛。

日本達摩（DARUMA），生日祝福圖案，記得許願先畫左眼。一對￥2,000

Info

地址： Sapporo Factory 2条館 2/F
網址： www.arenot.com/

戶外品牌集合

2条館

集合46個人氣潮牌店，尤以山系和戶外運動品牌最多，包括mont • bell、Haglofs、好日山荘、MAMMUT、Columbia、LOGOS，連潮人熱捧的THE NORTH FACE紫標專門店、SORA都有齊。

1樓入口有露營專門店「A&F COUNTRY」，Gore tex外套￥29,000七折。

2条館連地庫樓高5層，清水泥內裝時尚，網羅一眾人氣山系潮牌。

Info

地址： Sapporo Factory 2条館

3樓有日本著名戶外運動專門店「好日山荘」，集合一切戶外服裝與用品。

1樓有面積偌大的THE NORTH FACE，還要是日本限定的紫標專門店。

札幌地下街：

MAP: P071 D2

札幌的地下街從JR札幌駅一直延伸至薄野，全長2公里多，由多條地下街組成，是日本直線距離最長的地下街。

APIA地下街中央設有玻璃帷幕的「太陽廣場」。

掃貨地下街

APIA

JR札幌駅與地下鉄南北線之間的地下街，以圓錐玻璃帷幕的「太陽廣場」為核心，分成WEST跟CENTER兩區：WEST以餐廳為主，並可直通大丸百貨；CENTER則集合70多家人氣雜貨、服飾品牌店，為重點掃貨區。

Info

地址：札幌市中央区北5条西3・4丁目
MAPCODE：9 522 672*14
電話：011-209-3500
營業時間：1000-2100（餐飲1100-2130）
網址：www.apiadome.com/
前往方法：地下鉄南北線「札幌」駅2番出口連接。

KoKuMiN主打日系化妝品牌，售價比百貨公司更便宜。

廉價藥妝

退稅

KoKuMiN

日本3大藥妝店之一，全國分店超過200家，主打美容化妝品，KOSE、Kanebo等品牌，售價比百貨公司更便宜，旅客還有特別折扣優惠。

SK-II春季限量版神仙水，特價¥15,400。

休足時間。18片裝¥499

Info

網址：www.kokumin.co.jp/

活動地下街

MAP: P.070 C2

チ·カ·ホ

2011年開設，連結地下鉄札幌駅至大通駅之間的地下通道，可通往札幌道廳、札幌時計台等。集合便利店、速食店、咖啡店、藥妝店等，包括白い恋人同門的ISHIYA Cafe，經常有特展等活動舉行。

Info

地址：北海道札幌市中央区北2条西3丁目～北3条西3丁目1
電話：011-211-6406
網址：www.sapporo-chikamichi.jp/
前往方法：地下鉄南北線・JR線「さっぽろ（札幌）」、「大通」駅連接。

連接札幌駅至大通駅之間的地下通道，沿途置有藝術雕塑和休息座椅。

白い恋人Cafe

ISHIYA Café

北海道名物「白い恋人」母公司「石屋製菓」開設的Cafe，英式古典懷舊裝潢，主打各式使用道產生牛乳製作的甜品，招牌包括鬆餅及白い恋人雪糕。

英式古典漢，環境寧靜舒適，甜品以外也供應西式餐點。

Info

網址：www.ishiya.co.jp/cafe/
消費：約¥1,200/位

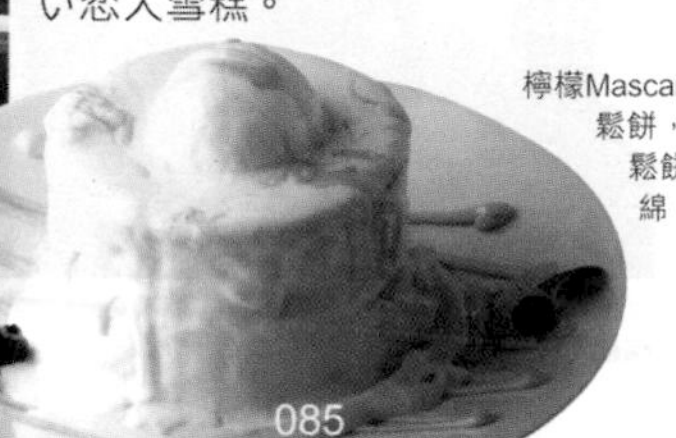

檸檬Mascarpone芝士鬆餅，足3cm厚鬆餅，香濃軟綿。¥1,296

招牌白い恋人雪糕，軟滑濃香，有白、黑朱古力及混合選擇。¥300

部分窗戶特別做成向外傾斜，取名「怖窓」，近觀的確會腿軟。

塔高147.2公尺，繼JR Tower後北海道第2高建築物，跟東京鐵塔一樣，由建築師內藤多仲設計。

最佳觀景台

MAP: P.071 D3

さっぽろテレビ塔（札幌電視塔）

1956年落成，矗立札幌市中央的地標，塔高147.2公尺，原為NHK電視的訊號站，現在是觀光塔。塔內附設手信店、餐飲街、神社等，重點是離地90米的展望台，可360度俯瞰整個札幌市中心美景，也是拍攝大通公園全景的最佳位置，天氣好時還可看到近郊的藻岩山。

展望台離地90米，可整個大通公園，天氣好還可看到藻岩山。

不止精品，展望台還有電視爸爸神社，保佑學業、就職、戀愛成就。

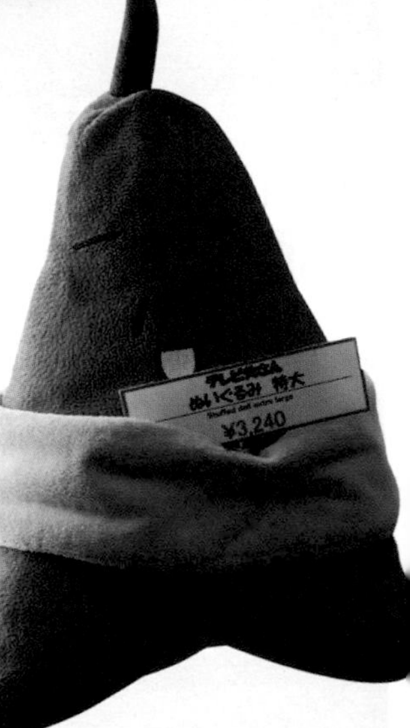

札幌電視塔吉祥物「テレビ父さん」（電視爸爸），展望台有售官方精品。公仔￥3,240

3樓有電視爸爸主題觀景Café，枱櫈都印滿繽紛圖案。

每逢夏季限定的自由落體「電視塔Dive」，旅客可從離地27米一躍而下。收費￥1,200

Info

地址： 札幌市中央区大通西1丁目
MAPCODE： 9 523 036*63
電話： 011-241-1131
開放時間： 0900-2200
休息： 4月10日、11月6日、1月1日
參觀費：
成人￥720、高校生￥600、中学生￥400、小学生￥300、3歲以上￥100；
昼‧夜券成人￥1,100、高校生￥800、中学生￥600、小学生￥400；
時計台‧電視塔共通入場券￥800
網址： www.tv-tower.co.jp/
前往方法： 地下鉄南北線‧東西線‧東豐線「大通」駅，徒步約5分鐘。

兩層高木造建築，紅屋頂配白糖壁，以開拓時期流行於美國的風格建築。

塔頂時鐘由美國E. Howard and Co.製作，直徑1.6公尺，逢整點報時。

札幌地標

MAP: P.071 D3

札幌市時計台

札幌市發展的標誌，日文「時計台」即是鐘樓，1878年落成，原是北海道大學前身札幌農校的「演武場」（練武場），作為農校學生的軍訓與體育課場地。是北海道現存少數美式建築，時計是1881年從美國購入，已被指定為日本國家重要文化財。曾被日本人選為「三大失望名勝」之一，2018年重修完成，時計逢整點鳴響，札幌電視台也會使用此鐘聲報時。

館內展出與時計台同型號的時鐘部件，都從製造商HOWARD運來。

建築前有拍攝用高台，不過角度反而不夠好。

禮堂內置有首任教導主任克拉克博士銅像，掛着的「演武場」牌匾為仿製品。

北海道建築常見紅星標記，其實是19世紀使用的開拓使旗，象徵北極星。

1樓展廳介紹札幌開拓歷史，還有收錄世界各地時計台的鐘聲。

2樓禮堂為昔日札幌農校的練武場，也是舉行入學儀式的地方。

Info

地址：札幌市中央区北1条西2丁目
MAPCODE：9 522 206*05
電話：011-231-0838
開放時間：0845-1710
休息：1月1日～3日
參觀費：成人￥200、高校生以下免費
網址：http://sapporoshi-tokeidai.jp/
前往方法：地下鉄南北線・東西線・東豊線「大通」駅，徒步約5分鐘或地下鉄南北線・東豊線・JR線「さっぽろ（札幌）」駅南口，徒步約10分鐘。

文青小店大廈

MAP: P.072 A1

space1-15

一棟30、40年歷史的公寓大廈，原本有個浪漫的法文名字Château de rêves，意思是「夢想的城堡」。最初是肥皂工場，現在聚集20多間文創小店、Cafe和工作室，很多都只在周末營業，進入前需按門鈴，待店主開門才能內進，極有探險Feel。

樓高8層的尋常公寓，竟藏着20多間文創小店，成為當地文青的聚腳地。

進入前需先按門鈴，待店主開門才能內進，記得不要按錯號碼。

Info

地址：札幌市中央区南1条西15丁目1-319 シャトー・ル・レエーヴ
MAPCODE：9 490 438*80
營業時間：（各店不同）逢周四至日約1100-1800
網址：www.space1-15.com
前往方法：市電「西15丁目」駅，徒步約2分鐘；地下鉄東西線「西18丁目」駅，徒步約5分鐘。

職人銅製飾品

月創房

1996年成立，店主逸見茂樹自家手作的黃銅飾品，作品都以北海道常見的動植物為題材，不乏北極熊、貓頭鷹、企鵝、小鳥等可愛小動物，風格浪漫清新，跟space1-15的精神相近。

飾品有襟針、頸鍊、手鍊、匙扣等款式。

闇月於2009年開店，是首批進駐space1-15的手作單位。

除了黃銅飾品，還有逸見太太的布藝飾物發售。

企鵝系列飾品，都是北海道常見的小動物。¥3,300-3,456

Info

地址：space1-15 2/F 203
營業時間：逢周四至日1000-1900
休息：周一至三
網址：www.diana.dti.ne.jp/craft.yamitsuki/

中古唱片行

TAKECHAS RECORDS

清水泥地配原木舊層架，陽光從窗口輕輕滲入，照亮一室品味。

古董黑膠唱片店，店主TAKECHAS本身代理各式黑膠唱盤，加上愛音樂，於是開店將2萬張珍藏黑膠公諸同好。由日本70、80年偶像，到THE BEATLES、QUEEN都齊備。

各式唱片分門別類，每張都貼有老闆的細心介紹。THE BEATLES《I feel fine》¥22,800

店主TAKECHAS本身代理黑膠唱盤，故店內店外都放滿不同型號。

店主熱愛音樂，揀好的可試聽，店主也可細心為你推介。

Info

地址：space1-15 5/F 501
營業時間：逢周四至一1300-1900
休息：周二至三
網址：http://takechas.com/

人氣輕食堂

KITCHEN TOROIKA

大廈內最人氣Cafe，由一位女生一人主理，拼貼舊木地板配二手教室學生櫈，加上開放式廚房，小巧如溫暖的家。供應以本地食材炮製的創作料理，尤以自家手工麵包、甜點最受歡迎，同場兼售手工曲奇。

ポテトとベーコンのミートチーズ焼き（烤芝士薯仔煙肉），北海道薯仔焗至軟腍，熱辣辣芝味香濃。¥680

拼貼舊木地板，配二手的教室學生櫈，加上昏黃燈光，感覺溫暖。

店內有售店主自家手作的麵包曲奇，包裝都很文青風。

フレンチコーヒー（法式咖啡），香味特強，味道醇和。¥480

自家手工麵包條，使用發酵牛油製，香脆非常。¥190

Info

地址：space1-15 4/F 401
營業時間：逢周四至一1200-2000（周一1200-1800）
休息：周二至三
網址：http://toroika401.blogspot.com/p/info.html
消費：約¥1,100/位

英國懷舊雜貨

Anorakcity Störe

大廈內的人氣店，專售老闆搜羅自歐洲的懷舊雜貨，尤以英國舊物最多，由英國保齡球會襟章、航空公司精品、郵差袋，到盟軍軍服都應有盡有，看得人花多眼亂。

主打英國Vintage雜貨，包括古着、舊文具、古董餐具等等。

英國全國各地保齡球會的襟章，設計古典。¥1,380

店內有售多款英國皇家軍服，有齊海陸空三軍。空軍外套¥7,900起

British Airways（英航）絕版旅行袋。¥13,800

40年代英國貼紙系列。¥650

Info

地址：space1-15 2/F 201
營業時間：每月不定1300-1800
網址：http://anorakcity.ocnk.net/

1 樓呈Studio flat佈局，精選日本47縣特產，還有二手設計家具。

札幌D&DEPARTMENT位置就在space1-15附近，佔地兩層。

附設迷你曬相店，還有古董菲林相機發售，文青大愛。

47縣設計集合

MAP: P.072 A1

D&DEPARTMENT HOKKAIDO by 3KG

由設計師長岡賢明創立的「D&DEPARTMENT」（D&D），以「永續設計」為理念，集結日本各地設計師，專把二手商品或在地工藝重新包裝出售，不僅推出雜誌《d design travel》，還於各地開設概念店「d47」，每間都會融合在地文化。札幌店為第一家「d47」，佔地兩層，精選日本47縣特產，還附設展覽空間。

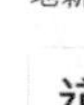

2樓一分為二，一邊是童玩店；一邊是展覽空間，介紹本地新晉藝術家。

《d Design》每期挑選一個日本縣府，深入介紹文化與產品。

北海道名產天然薄荷油（ハッカ油），可以提神、除臭、防蚊蟲。¥1,080起

Info

地址： 札幌市中央区大通西17丁目1-7
電話： 011-303-3333
營業時間： 1100-1900
休息： 逢周日至一
網址： www.d-department.com/jp/shop/hokkaido/
前往方法： 地下鉄東西線「西18丁目」駅，徒步約3分鐘。

道產便利店

Seicomart（セイコーマート）

北海道地元便利店，1971年於札幌開設，擊敗7-11、全家和Lawson，成為全日本「顧客滿意度」最高的便利店。以「道產」和平價為賣點，主打北海道限定的小吃、零食和特產。因應當地天氣寒冷，供應的熱食選擇眾多，更自設食品工廠，餐點都是自家製，飯糰、麵包甚至是店內現造，最重要是價格便宜。

以橙色招牌為記，是北海道居民御用的連鎖便利店。

旅遊熱點分店都設有「道產」專區，網羅北海道特產手信。

山Wasabi鹽味杯麵，Seicomart限定發售。¥118

炭燒多春魚乾，鹹香惹味佐酒佳品，好吃到爆！¥165

Info

網址： www.seicomart.co.jp/

建築原為1926年設立的北海道廳立圖書館的別館。

由安藤忠雄改造的札幌本店，招牌清水泥配紅磚牆，陽光灑落一室優雅。

安藤忠雄打造

MAP: P.070 C3

北菓楼 札幌本店

退稅

北海道3大手信品牌，1991年創立，建築物前身為舊北海道廳立圖書館，已有90年歷史。2016年由安藤忠雄改造，以「Salon」為主題，1樓為賣店，挑高的樓底，招牌清水泥配紅磚牆，優雅時尚，還有本館限定泡芙「夢句路輪賛」和多款菓子。2樓咖啡廳則一室素白，高至天花的書架最搶眼，必吃招牌蛋糕套餐。

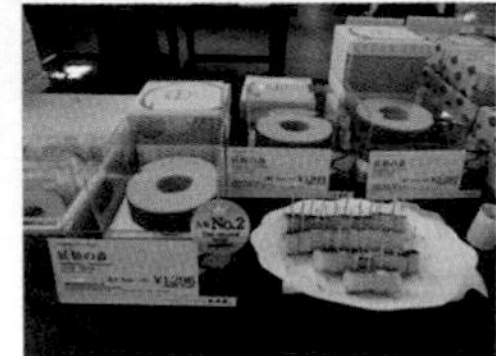

成名作年輪蛋糕「妖精の森」，蛋味香濃。¥1,290

2樓咖啡廳一室素白，高至天花的書架藏書6,000本，還有純白鋼琴相襯。

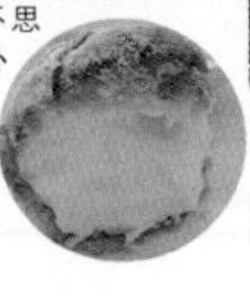

招牌蛋糕套餐，戚風蛋糕、雪糕連1款自選甜點和飲料，人氣之選「夢不思議」泡芙，外脆內綿密。¥900

1樓入口有外賣部，有札幌本店限定的牛乳雪糕，那鍋夫甜筒尤其香脆。¥360

札幌本店限定「夢句路輪賛」，結合牛角包的泡芙，每日限量供應。¥180/個

招牌米菓「北海道開拓おかき」，有魷魚、海苔等口味。¥440

本店限定商品「北海道廳立圖書館」，朱古力夾心曲奇，口感香脆且濃郁。¥1,080

Info

地址： 札幌市中央区北1条西5丁目1-2
MAPCODE： 9 522 098*41
電話： 0800-500-0318
營業時間： Shop1000-1800；Cafe 1000-1700（Last order 1630）
網址： www.kitakaro.com
前往方法： JR「札幌」駅徒步約10分鐘。

北海道手信王 MAP: P.070 C2

六花亭 札幌本店

退稅

北海道3大手信品牌，1933年於帯広成立，前身為千秋庵，為日本第一間白朱古力創始店，開創白朱古力熱潮。招牌「蘭姆葡萄奶油夾心餅」（マルセイバターサンド），已取代白い恋人，成為北海道必買手信。只在北海道設有分店，札幌本店樓高10層，1樓手信店、2樓喫茶室，5樓還有免費入場的Gallery「柏」。

招牌「蘭姆葡萄奶油夾心餅」，鬆軟曲奇夾住白朱古力、葡萄乾和奶油餡，口感柔軟濕潤，還帶淡淡酒香。￥1,300/10件

十勝丸成焦糖牛奶糖，十勝鮮奶油、朗姆酒和白蘭地，夾住原粒杏仁，入口香脆不過甜。￥530/18粒

2015年開幕的札幌本店樓高10層，附設賣場、喫茶室和展覽室。

雪隆隆雪糕，雪糕滑嫩，牛乳味濃郁，配香脆的朱古力曲奇一流。￥320

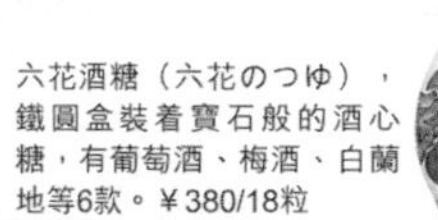

六花酒糖（六花のつゆ），鐵圓盒裝着寶石般的酒心糖，有葡萄酒、梅酒、白蘭地等6款。￥380/18粒

Info

地址：札幌市中央区北4条西6丁目3-3
MAPCODE：9 522 540*11
電話：011-261-6666
營業時間：1000-1900（喫茶室1030-1800）
網址：www.rokkatei.co.jp/
前往方法：JR「札幌」駅徒步約6分鐘。

限定天皇雪糕 MAP: P.071 D3

雪印パーラー（雪印Parlor）本店

源自北海道的「雪印」牛乳無人不識，1925年創業，札幌本店附設喫茶店，供應自家雪糕和咖啡，招牌雲呢拿雪糕「Snow Royal Special」，是昭和43年（1963年），特別為到訪北海道的裕仁天皇而打造，沒有使用雞蛋，乳脂肪高達15.6%，乳脂濃度是3.8牛乳的4倍，濃郁非常。

I Can Tips
喫茶店消費送食品店coupon。

食品店有售杯裝Snow Royal雪糕，可以買回酒店慢慢歎。￥355

天皇御膳「Snow Royal Special」（雲呢拿雪糕），口感柔滑香濃，當然卡路里也不低。配大雪山的天然雪水沖泡的黑咖啡，更一流。連咖啡￥1,190

本店一分為二，一邊是食品店、一邊是喫茶店。

店內有很多本店限定的手信菓子。雪印即食牛肉咖哩￥570、年輪蛋糕￥864

Info

地址：北海道札幌市中央区北2条西3-1-31
MAPCODE：9 522 323*83
電話：050-5596-8107
營業時間：1000-2100
網址：www.snowbrand-p.co.jp/
消費：約￥1,000/位
前往方法：JR「札幌」駅徒步約10分鐘。

《米芝蓮》元氣拉麵

MAP: P.071 D2

一粒庵

藏身商業大樓地庫的小麵店，曾奪《米芝蓮》一星殊榮，標榜使用北海道本地食材製作。招牌「元氣味噌拉麵」（元気のでるみそラーメン），自家手擀麵條以100%道產小麥製作，煙韌彈牙。湯頭以豬骨和豬肉熬煮，再加入5年以上熟成米麴味噌，配料除了叉燒，還鋪滿炒滑蛋、蒜香肉碎和水菜，剛柔並重，充滿個性。

安心の手作り水ギョーザ（湯水餃），更能吃出餃皮的小麥味道，配日高昆布豚肉湯。¥500/6隻

店面低調，只有十數個座位，採食券點餐形式。

店子藏身商業大樓的地下食街，是附近上班族的聚腳地。

招牌「元氣味噌拉麵」，湯頭濃郁中見清爽，麵質彈牙，三層肉叉燒軟滑，好吃。¥900

安心の手作り焼ギヨーザ（煎水餃），道產小麥做的餃皮煙韌，那羽狀餃邊更香脆。¥500/6隻（1700-2100限定）

Info

地址：札幌市中央区北四条西1-1 ホクレンビル B1/F
MAPCODE：9 522 658*43
電話：011-219-3199
營業時間：1130-1500、1700-2100
休息：周日不定休
網址：www.ichiryuan.com/
消費：約¥900/位起
前往方法：JR「札幌」駅徒步約5分鐘。

湯咖喱新貴

MAP: P.071 D2

奧芝商店（SOUSEIJI）前創成寺

札幌湯咖喱新貴，一粒庵附近的創成寺店，天天都大排長龍。湯頭以番茄為基調，有雞肉、蠔和蝦3種選擇，尤以蝦湯最受歡迎，以大量蝦頭和貝類熬煮，味道鮮甜濃郁得厲害。點菜方法：先選湯頭再點主菜，有豬、牛、雞、海鮮甚或全野菜等選擇，之後選擇辣度，有1至5級選擇，最後再選擇飯的份量。

宗谷黒牛おくしバーグのスープカリー（宗谷黑牛漢堡湯咖喱），用100%宗谷黑牛肉製漢堡，肉汁四溢，牛味濃郁。¥1,680

奧芝就在一粒庵隔幾個舖位，飯市人龍比一粒庵更長。

Info

地址：札幌市中央区北4条西1丁目 ホクレンビル B1/F
MAPCODE：9 522 658*43
電話：011-207-0266
營業時間：1100-2200
網址：https://okushiba.com/
消費：約¥1,500/位起
前往方法：JR「札幌」駅徒步約5分鐘。

牛油海鮮拉麵

MAP: P.070 C3

味の時計台 駅前店

札幌拉麵的代表老店，1974年在大通公園誕生，湯頭有味噌、鹽和醬油選擇，都以羅臼海洋深層海水，加上豬骨、雞殼和道產蔬菜熬煮而成。招牌「鄂霍次克海鮮帆立貝拉麵」（ホタテバターコーンラーメン），香煎帆立貝加上厚叉燒，焦點是添加牛油和甜粟米，油香混入湯頭令味道更濃厚，還有助寒冬保溫。

味の時計台在札幌有多家分店，駅前店位於地庫。

「鄂霍次克海鮮帆立貝拉麵」，麵質爽彈帶嚼勁，吸滿鹹香惹的湯頭，牛油和甜粟米更是絕配。¥1,598

Info

地址：札幌市中央区北1条西3丁目1（敷島北1条ビルB1/F）
MAPCODE：9 522 170*26
電話：011-232-8171
營業時間：1100-0100
網址：www.ajino-tokeidai.co.jp/
消費：約¥1,100/位起
前往方法：JR「札幌」駅徒步約10分鐘。

不夜の城

薄野 すすきの

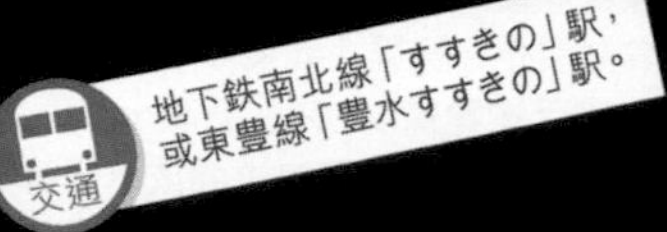

札幌市的真正心臟地帶，距離札幌駅約20分鐘步程。與東京新宿的歌舞伎町及九州福岡的中洲，被譽為「日本三大紅燈區」。各式賣場、人氣食店、酒店和娛樂設施匯聚，旅客必到的狸小路、二条市場、拉麵橫丁等正位於這裏。從早到晚車水馬龍、人聲鼎沸，愈夜愈熱鬧，被稱為「不夜城」的夜の街。

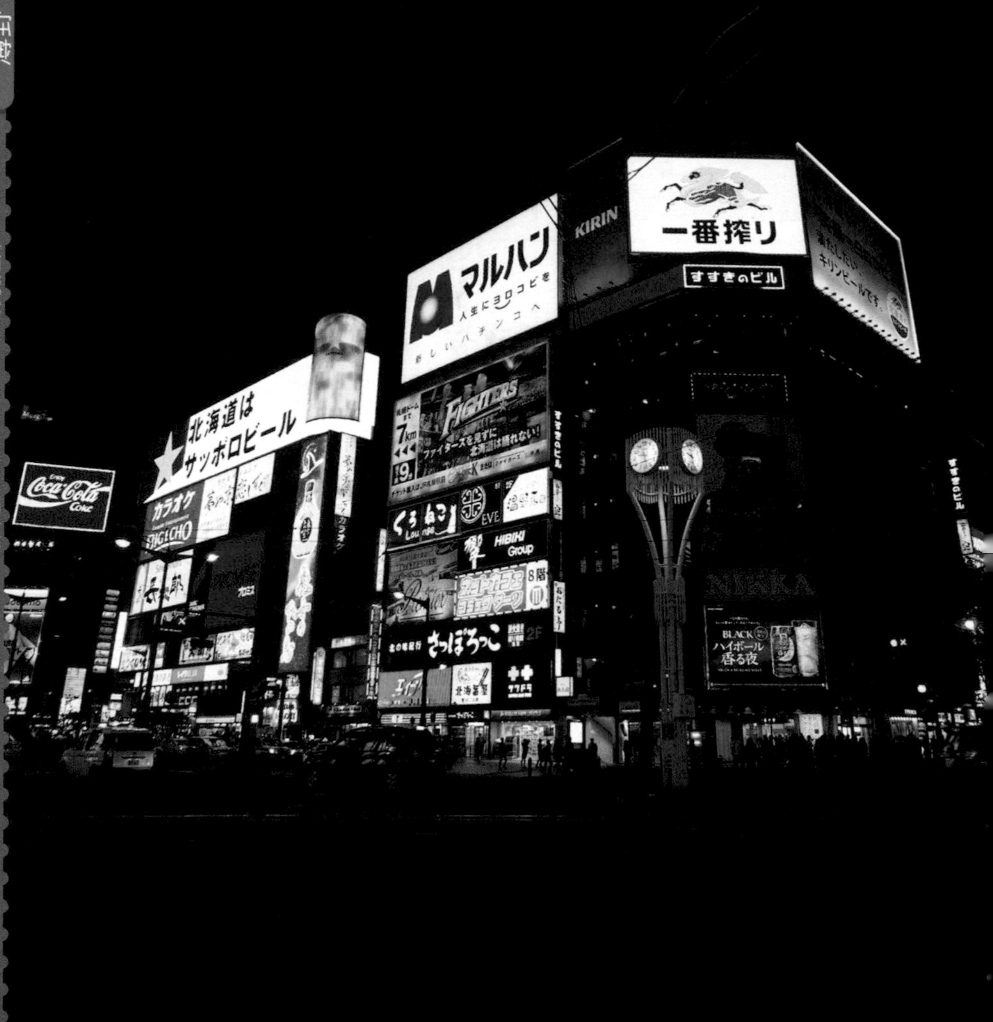

潮牌全集合

MAP: P.073 D1

札幌PARCO

薄野地標購物場，連地庫樓高10層，一網打盡140個人氣品氣商店，尤以男裝潮牌最齊備，COMME des GAR ONS、ZUCCa、BAO BAO ISSEY MIYAKE、BEAMS LIGHTS、niko and…、無印良品等等，還有8樓食街和地庫小吃街Foodies Market。

連地庫樓高10層，集合日本人氣服裝潮牌，以及話題食店。

1樓有齊COMME des GAR ONS、BLACK、MULTIPLE、tricot和HOMME系列。

B1/F有著名街頭潮牌店 Limited by UNION，可找到KAWS等聯名別注。

Info

地址：北海道札幌市中央区南1条西3-3
MAPCODE：9 492 684*34
電話：011-214-2111
營業時間：1000-2000(8F餐飯1100-2245)
網址：https://sapporo.parco.jp/
前往方法：地下鉄「大通」駅直達；市電「西4丁目」駅，徒步約1分鐘。

本土食品手信

GIFTSHOP THE SAPPORO

一店集合北海道精選手信與食品，除了常見的ROYCE'和白い恋人，特設道產即食麵和即食咖喱專櫃，還有少見的手作食物品牌，都強調天然與本土。

集合北海道精選手信與食品，有很多坊間少見的選擇。

源自美瑛的自家手工烘焙大豆咖啡，入口多一份豆香。￥594

即食麵專櫃，由旭川醬油拉麵，到利尻昆布拉麵等地區名選俱全。

特設道產即食咖喱專櫃，有齊札幌湯咖哩GARAKU等名店。

Info

地址：札幌PARCO B2/F

少女版LoFt

PLAZA

日本知名連鎖生活雜貨店，主攻年輕女生族群，從服飾、玩具精品、零食，到人氣美妝都應有盡有，件件kawaii，還有獨家限定，堪稱迷你版的LoFt。

STARBUCKS冰加啡（￥591/5包），連專用環保杯（￥861）。

瑞典品牌仿布鞋款水boot，防水又防滑。￥3,132

主攻年輕女生族群，商品件件kawaii，極受日本高中生歡迎。

Snoopy手提小風扇，USB充電。￥2,700

Info

地址：札幌PARCO B1/F
網址：www.plazastyle.com/

札幌人の廚房
二条市場

北海道「三大市場」之一，始建於明治時代初期，來自石狩浜的漁夫，沿住石狩川來到札幌擺賣漁穫而形成，被譽為「札幌人の廚房」。規模不算大，約有50個店家聚集，超過一半為海鮮攤，也有大量廉價海鮮食堂。其餘新鮮蔬果、特產亦應有盡有，定價比一般超市或土產店便宜，買完還可以幫你打包上機。

MAP: P.073 E1

道產生海膽，即買即吃，售價￥2,900起。

超過一半為海鮮攤，但其實蔬果、手信也不少，定價比超市便宜。

座落狸小路商店街入口，約有50個海鮮店攤聚集，巷弄還有大量廉價食堂。

Info

地址： 札幌市中央区南3条東1丁目～東2丁目
MAPCODE： 9 493 642*70
電話： 011-222-5308
營業時間： 0700-1800（食店0600-2100）
網址： http://nijomarket.com/
前往方法： 地下鉄東西線「バスセンター前」駅，徒步3分鐘；「大通」駅，徒步15分鐘。

「壽司五膳」（寿司五膳），3款海鮮丼好吃不在話，那3件手握壽司還要份量超大，鮮甜味美，勝價比一流。￥

二条名物五膳套餐
寿司処けいらん

二条市場最人氣的海鮮丼食堂，藏身海鮮攤內，由水產店「近藤昇商店」直營，故格外新鮮便宜。招牌「壽司五膳」（寿司五膳），全套包括迷你海膽丼、魚子丼、帆立貝丼和蟹腳湯，連吞拿、三文和蟹腳3件手握壽司，一次滿足5個願望，已成二条名物。

近藤昇本身是海鮮加工食品商，店內有售水果和元貝乾等乾貨。

海鮮丼食堂藏身海鮮攤內，一不小心便會錯過。

傳統食堂格局，除了3款五膳，還有各式海鮮丼。

Info

地址： 札幌市中央区南三条東２丁目９
營業時間： 0800-1630
消費： 約￥1,800/位起

烤海膽，半溶海膽如雪糕般入口即化，鮮甜味香還帶焦香。￥1,000

店前設有烤爐，生猛海膽、帆立貝即席磯燒，吱吱作響、香氣四溢。

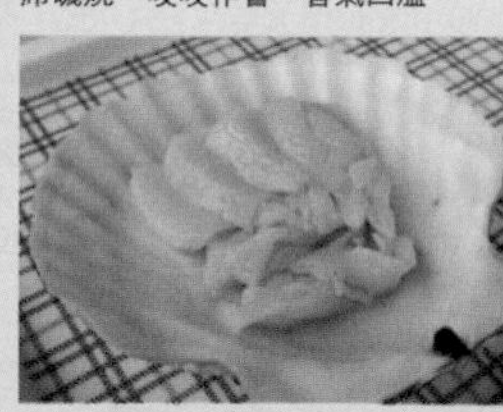

帆立貝可刺身或磯燒，生吃格外鮮甜，還有海水味。￥450

必吃磯燒海膽
二条食品

原為市場的海鮮攤，附設食堂，旅客買完可以就地切成刺身，或在店前磯燒，招牌烤海膽，原隻連殼磯燒，香氣四溢之餘，烤至表面微焦，海膽肉呈半溶狀態，入口即化，鮮甜味溢滿口腔，比生海膽味道更佳。

Info

地址： 札幌市中央区南3条東2丁目
營業時間： 0700-1700

福原愛推薦

小熊商店

2018年新開的海鮮丼食堂，因日本乒乓球女將福原愛夫婦到訪而聞名。招牌「海鮮船特盛蓋飯」（北前舟盛りセツト），每日精選8款時令刺身，還有提供握壽司體驗（¥4,500）。

海鮮船特盛蓋飯（北前舟盛りセツト），8款時令刺身連2人份白飯。¥2,980/2人

Info

營業時間：0730-1600
休息：逢周二
網址：https://oguma-shoten.com/
消費：約¥800/位起

漁港直送毛蟹¥4,800起、花咲蟹¥3,800起。

螃蟹大王

二条かに市場

二条市場的螃蟹專門店，集齊北海道四大名蟹：松葉蟹（長腳蟹）、鱈場蟹、毛蟹和花咲蟹，買完還可以幫你用保溫箱打包上機。店旁附設食堂，蟹丼¥2,800！

北海道最老商店街

狸小路

MAP: P.072 A1;B1;C1
MAP: P.073 D1

始建於明治6年（1873年），北海道最古老商店街。以創成川為起點，全長900米，東西向拱廊街道，集合200家商店，手信、藥妝、服飾、餐飲、小吃店鱗次櫛比，從早到晚摩肩接踵，展現札幌的繁華。

狸小路從東到西分成7區：1～7丁目，沿路築有玻璃拱廊，無懼風吹雪雨。

每逢假日及晚上，都有街頭藝人表演，氣氛熱鬧。

「狸小路」名字源自昔日常有流鶯招客，誘惑形象被比喻成狐狸。

5丁目的「本陣狸大明神社」為狸小路守護神，每年夏天會舉行大祭。

Info

地址：札幌市中央区南2・3条西1～7丁目
MAPCODE：9 492 536*46
電話：011-241-5125
網址：www.tanukikoji.or.jp
前往方法：地下鉄南北線・東西線・東豊線「大通」駅，徒歩約5分鐘；南北線「すすきの」駅，徒歩約3分鐘。

本地農產市場

道產食彩HUG

由農產直銷市場「HUG Mart」，與餐飲街「狸小路横丁」組成。前者搜羅北海道各地100個農家，由新鮮蔬果，到加工食品、無添加醬料俱備，全部產地直送，新鮮便宜又優質，連本地主婦也會來買菜；後者則集合7家小店，都使用本地時令食材，炮製道地風味。

MAP: P.072 C1

搜羅北海道各地100個農家的優質農產，還有加工食品和餐飲街。

新鮮道產男爵薯，一大袋只售￥270。

農產搜羅自北海道各地農家，每天新鮮直送，故來晚了便售罄。

蔬菜都是特別栽培，無毒安全，每件都貼有農夫介紹。

夕張小野農園直送蜜瓜。￥1,800

餐飲街「狸小路横丁」，內有7家屋台風的小店，主打本地食材小菜。

Info

地址： 札幌市中央区南2条西5丁目（狸小路5丁目）札幌フラザ2 • 5ビル1階
電話： 011-242-8989
營業時間： HUG Mart 1000-1900；HUG EAT 1100-2200
網址： www.s-hug.jp/
前往方法： 地下鉄南北線「すすきの」駅，徒歩約4分鐘。

手信免税9折

退税

しらかば（白樺）

狸小路著名的便宜手信店，規模雖不大，也有點旅行團特約店格局，但六花亭、白い恋人等人氣菓子全部有齊，最重要是打9折，還提供免税。

MAP: P.072 C1

六花亭朱古力草莓。￥630

手信提供免税，還有中國語店員駐店。

ROYCE'朱古力薯片。￥778

各式白い恋人朱古力曲奇，曾是北海道必買手機No.1。

Info

地址： 札幌市中央区南3条西6丁目
電話： 011-222-7888
營業時間： 1100-2000
前往方法： 地下鉄南北線「すすきの」駅，徒歩約5分鐘。

打卡忌廉雪糕

MAP: P.073 D1

パフェ&クレープHARU HARU 狸小路店

狸小路的打卡店，主打北海道忌廉的Crepe（可麗餅）店。招牌「生クリームパラダイス」（Raw cream paradise），鮮忌廉、軟雪糕層層相間，入口輕盈軟滑，奶味超濃，加上震撼賣相，即成IG名店。不過杯杯都份量十足，強烈建議大家share！

除了牛乳雪糕，還有朱古力mixed，一樣香濃。¥600

生クリームパラダイス（Raw cream paradise＋），忌廉口感輕盈，沒油膩感，雪糕也軟滑濃郁，真心好吃。¥500

不止忌廉推崇，日本各地電視台都有介紹。

Info

地址：札幌市中央区南2条西1-5-6
營業時間：1100-1900
休息：逢周三
網址：https://twitter.com/haruharutanuk
前往方法：地下鉄南北線「すすきの」駅，徒步約6分鐘。

人氣美妝品牌：資生堂、高絲、雪肌精全部有齊。

OL至愛蒸氣眼罩。¥980/12片

道地藥妝王

退稅

サツドラ（SATSUDORA/札幌藥粧）

札幌本地連鎖藥妝店，分店遍布全北海道。人氣品牌全部集齊，還有許多獨家北海道品牌，像網上大熱的「20年牛奶泡洗面乳」、馬油保濕「白雪美精」等等。常備中、英文店員，店內甚至提供免費Wi-Fi、飲用水和充電服務。

MAP: P.072 C1

LuLuLun北海道限定薰衣草保濕面膜。¥1,600

旅客熱選FX NEO眼藥水。¥298

Info

地址：札幌市中央区南3条西5丁目14番地
電話：011-252-5060
營業時間：1000-0000
網址：https://satudora.jp/
前往方法：地下鉄南北線「すすきの」駅，徒步約3分鐘。

免費試酒

MAP: P.073 F1

千歳鶴酒ミュージアム（千歳鶴酒博物館）

明治5年（1872年）創立，前身為柴田酒造店，乃札幌第一家兼唯一清酒釀造商。利用札幌南部純淨的地下水，釀出酒韻味豐潤的千歲鶴。館內展出少量釀酒工具，真正焦是提供大量試飲，旅客可逐一品嚐吟釀、純米、本釀造等，以致釀造所用的原水，同場還有售酒莊或季節限定。

館內提供近30款清酒試飲，酒量淺的小心喝醉。

Info

地址：札幌市中央区南3条東5丁目1番地
MAPCODE：9 494 723*75
電話：011-221-7570
開放時間：1000-1800
網址：www.nipponseishu.co.jp/museum/
前往方法：地下鉄東西線「バスセンター前」駅，徒步約5分鐘。

千歳鶴是目前札幌唯一清酒釀造商，特點是味道豐潤。

旅客可一嚐釀酒用的純淨原水，採自札幌南部地下，味道甘甜清涼。

位於酒廠旁邊的博物館，以札幌軟石打做，重現大正時代的建築風格。

激安の殿堂 MAP: P.072 C1

退稅

MEGAドン・キホーテ 狸小路本店/北館

無需多介紹，暱稱「Donki」的日本連鎖雜貨店，其實官方譯名叫「唐吉訶德」，以貨品包羅萬有、兼價格便宜而聞名。狸小路本店和對面的北館，網羅一眾人氣手信、食品與新奇雜貨，最重要是24小時營業。

狸小路本店2018年搬了新址，佔據地庫2層至3樓，商品更多更便宜。

夕張吉祥物哈密瓜熊（メロン熊），暴走造型反而可愛！¥1,980

北海道產米，由契約農家栽培，優質安全，5kg只售¥1,850。

地庫有大型超市，道產生鮮蔬果、海鮮、熟食齊備。鮮粟米¥98/支

北海道限定名店杯麵，彩未、すみれ等全部有齊。¥198-218

Info

地址： 本店札幌市中央區南3條西4-12-1
MAPCODE： 9 492 472*34
北館札幌市中央區南2条西4-2-11
MAPCODE： 9 492 561*60
電話： 011-207-8011
營業時間： 24小時
網址： www.donki-global.com
前往方法： 地下鉄南北線「すすきの」駅，徒步約4分鐘。

平過￥100店 MAP: P.073 D1

業務スーパー すすきの狸小路店

專為餐飲業商戶而設的連鎖超市，主打食品、乾貨與餐飲業常用雜貨，故很多都是大包裝。由於自設食品工廠生產，故定價超便宜，隨時平過￥100店，連本地家庭主婦都經常來掃貨。

薄野店就在狸小路，面積雖不大，但還營業至晚上10時。

各式Calbee薯片零食，全部￥78/包！

爆弾価格
國産業務用米
10kg
2550円
2754.00

國產業務用米，10kg只售￥2,550！

道產礦泉水，2公升只售￥57。

原條昆布乾，超過2呎長，只售￥1,230！

Info

地址： 札幌市中央区南2条西2丁目
MAPCODE： 9 493 601*86
電話： 011-223-3360
營業時間： 0900-2200
網址： www.gyomusuper.jp
前往方法： 地下鉄南北線「すすきの」駅，徒步約6分鐘。

5層￥100店

MAP: P.073 D1

DAISO 札幌中央店

不知何時開始，Daiso已成旅日必逛掃貨點，皆因￥100件價格更便宜，質素更比香港更高、選擇也更多。薄野店樓高5層，由家品雜貨、文具玩具，到零食、美妝應有盡有，不乏季節限定，或跟其他品牌聯乘，還有特大食品部，小心買爆行李箱！

樓高5層，乃札幌市中心最大分店。

1樓設有特大食品部，單是薯片都有一整條走廊選擇。

Daiso自家藥用美白乳，日本美容達人、網站經常推介。

就連維他命保健品也有，必掃港女至愛膠原蛋白。

特設「療癒」專區，自家設計的咕啞、攬枕都很Kawaii。

Info

地址：札幌市中央区南２条西２丁目
電話：011-221-5273
營業時間：1000-2100
網址：www.daiso-sangyo.co.jp
前往方法：地下鉄南北線「すすきの」駅，徒步約6分鐘。

廉價藥妝大王

退稅

ダイコクドラッグ（大国藥妝店）札幌南2条店

日本著名廉價藥妝店，全國分店超過100家，很多時藥妝和零食都比松本清便宜，並提供退稅服務。南2条為札幌市中心最大分店，附設偌大零食部，以及￥100店，每月10及25日更有全店95折（￥100店貨品除外）。

MAP: P.073 D1

札幌市中心最大分店，愈夜愈旺。

加大版KING合味道杯麵，特價￥200。

KINCHO驅蟲、防塵蟎、消臭布，只售￥498。

附設偌大零食部，各式軟糖￥88起。

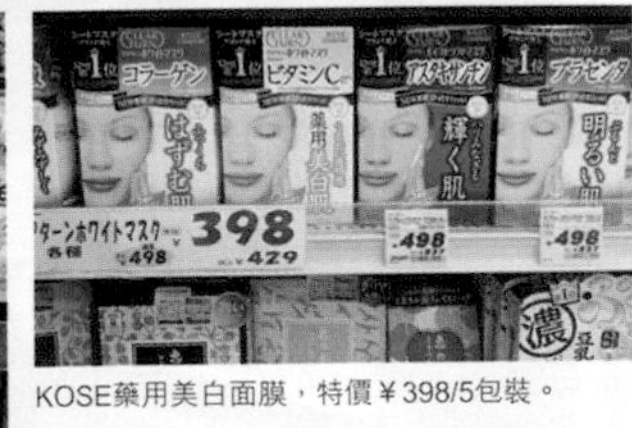

KOSE藥用美白面膜，特價￥398/5包裝。

Info

地址：北海道札幌市中央区南2条西1丁目5
MAPCODE：9 493 607*06
電話：011-218-6615
營業時間：1000-2230
網址：https://daikokudrug.com/
前往方法：地下鉄南北線「すすきの」駅，徒步約7分鐘。

4層文具百貨 MAP: P.073 D1

退税

CENTRAL（大丸藤井セントラル）

北海道最大規模文具專門店，創辦人藤井専蔵於明治26年（2019年）創立，最初靠販售紙章起家。佔地4層，7樓還有自家Gallery，網羅20萬件文房用品，由設計文具、專業畫具、日記簿，到紙製工藝雜貨都應有盡有，儼如文具百貨店，文青必遊。

特別為「令和」元年推出的紀念文具系列。File ¥324

京都畫具老店「上羽絵惣」，推出的話題「胡粉指甲油」，不含化學成分。¥1,300

迷你架卡最抵買，不同季節都有特定設計，張張Kawaii。¥200/張

不止文房用品，還有各式日本傳統工藝，夏天便有風鈴、紙扇專櫃。

佔地4層，7樓還有自家Gallery，乃北海道最大文具專門店。

Info

地址： 札幌市中央区南1条西3丁目2 大丸藤井セントラル1-4/F
MAPCODE： 9 492 745*64
電話： 011-231-1131
營業時間： 1000-1900
網址： www.daimarufujii.co.jp/central/
前往方法： 地下鉄南北線「すすきの」駅，徒步約5分鐘。

札幌第一烤羊肉 MAP: P.072 C2

成吉思汗 だるま

「成吉思汗」即烤羊肉，乃北海道著名鄉土料理，1954年開業的「だるま」（達摩），正是札幌無人不識的超級名店，於薄野擁有5家分店，每家都大排長龍。好吃秘密源自羊肉每天新鮮入貨，人手剁軟，羊味濃郁非常。還沿用傳統炭爐來烤，風味超佳，即使店面狹窄，食客擠得肩並肩，依然吃得一片歡騰！

肉有普通羊肉成吉思汗¥850，還有每晚限定的上肉，肉質彈牙。¥1,150

晚上2100依然大排長龍。

吃法：先烤羊脂流出羊油，洋蔥、大蔥放盤邊，肉片放盤頂，肉汁自然流到盤邊，吃時蘸秘製醬汁，羊味濃郁嫩滑，洋蔥更是爽甜。

本店面積狹窄，凹字形吧枱食客擠得肩並肩，但氣氛反而更熱鬧。

Info

地址： 北海道札幌市中央区南五条西4
MAPCODE： 9 492 167*43
電話： 011-552-6013
營業時間： 1700-0300
網址： http://best.miru-kuru.com/daruma/
消費： 約¥2,000/位起
前往方法： 地下鉄南北線「すすきの」駅，徒步1分鐘。

札幌長龍湯咖喱

MAP: P.073 D1

スープカレーGARAKU

源自札幌的「湯咖喱」乃北海道名物，1995年開業的GARAKU正是札幌第一名店，晚晚都大排長龍。湯頭以豬骨和雞骨熬煮，再加入21種辛香料和炒香的蔬菜，味道鮮甜清爽而香辣，配北海道產地直送的五穀米飯，更是愈吃愈開胃。

點餐方法：先選主菜，有豬、雞、菜5款選擇，再揀辣度（有1至40級）和飯量，飯面還可加芝士、溫泉蛋等配菜。

另一名物「炙芝士飯」，牛油飯加上火炙芝士，啖啖拉絲啖啖香濃。¥110

從早到晚都大排長龍，請避開飯市時間。

本店位於地庫，原木裝潢時尚，還有解辣的Lassi供應。

招牌やわらかチキンレッグと野菜（嫩雞腿蔬菜），雞腿肉嫩滑相常，湯頭鮮甜富香料味，連蔬菜也件件清甜。¥1,150

Info

地址：札幌市中央区南２条西２丁目６-１ おくむらビルB1/F 北側入口
MAPCODE：9 493 601*75
電話：011-233-5568
營業時間：1130-1530、1700-2330
網址：www.s-garaku.com/
消費：約¥1,150/位起
前往方法：地下鉄南北線「すすきの」駅，徒步約6分鐘。

打卡夜之芭菲

MAP: P.073 D1

パフェ、珈琲、酒 佐藤

招牌「塩キャラメルとピスタチオ」（鹽焦糖開心果雪糕），面層草莓慕斯、中層忌廉、底層還有蘋果果凍，兩款雪糕香濃富層次，口感味道複雜，好吃得筆者要第2晚再來。¥1,150

札幌近年掀起一股夜之芭菲熱潮，稱為「締めパフエ」(Shime Parfait)，薄野一帶開滿只在晚間營業的芭菲店，還有咖啡和酒供應，當地人晚飯後必跟友好吃一杯，就跟香港人吃糖水一樣。2016年開業的「佐藤」，藏身後巷，卻是薄野的排隊打卡店。

店子藏身後巷，晚上9點已大排長龍，男生也不少。

イタリアンロースト珈琲(意式咖啡)，現點現磨，味道醇香。¥550

原木地台配水泥吧枱，裝潢有型。

Info

地址：札幌市中央区南2条西1-6-1 第3広和ビル 1/F
MAPCODE：9 493 576*43
電話：011-233-3007
營業時間：1800-0000（周五1800-0200、周六1300-0200、周日1300-0000）
網址：www.pf-sato.com/
消費：約¥1,150/位起
前往方法：地下鉄南北線「すすきの」駅，徒步7分鐘。

¥7,000蟹放題
えびかに合戦

來到北海道，除了海膽，蟹宴也是必食。「合戦」開業近30年，以「北海道3大名蟹」放題而聞名。放題有多款套餐選擇，推介¥7,000的套餐，可90分鐘任食帝皇蟹腳、毛蟹和松葉蟹，還有天婦羅、壽司和蒸碗蒸等8道菜。帝皇和松葉蟹都由道東鄂霍次克海直送，據説曾有食客創下40碟紀錄！

MAP: P.072 C2

放題必須預約，顧客需吃完所有蟹才可追加。¥7,000コース另有不包含天婦羅等小菜。

¥7,000コース（全8品），第一輪上枱即有2大隻帝皇蟹腳、半邊松葉蟹以及整隻毛蟹，size超巨型，必需雙手並用，前兩樣者肉質彈牙鮮甜；毛蟹則爆膏肥美。

エビ天麩羅（炸蝦天婦羅），炸得香口酥脆，佐酒一流。單點¥400

カ二雜炊（蟹粥鍋），原砂鍋上枱熱呼呼，味道鮮甜。單點¥500

本店位於大樓12樓，晚上有薄野夜景相伴。

Info

地址：札幌市中央区南4条西5　F-45ビル12/F
MAPCODE：9 492 345*18
電話：011-210-0411
營業時間：1600-0000
網址：www.ebikani.co.jp/
消費：約¥4,500/位起
前往方法：地下鉄南北線「すすきの」駅，徒步3分鐘。

牛奶主題咖啡
BARISTART COFFEE

MAP: P.072 C1

札幌人氣Café，但牛奶才是重點。豆子選用北海道的「德光珈琲」，以及東京的「THE COFFEE HANGAR」，重點是提供3種北海道牛乳選擇，包括函館Holstein、十勝Jersey、美瑛Jersey，奶味濃香滑順，加上裝潢有型，即成打卡店。

Latte配十勝Jersey（¥680），低溫殺菌牛乳甜度高，濃郁香滑；佐以手工Bacdonuts（¥350），一流。

店面設計溫暖時尚，屋形原木外框，配整齊啡色磚牆。

內外裝潢皆有型，原來店店主本身也是札幌A.P.C.老闆。

Info

地址：札幌市中央区南1条西4丁目8
電話：011-215-1775
營業時間：0900-1900
網址：www.baristartcoffee.com/
前往方法：地下鉄南北線「すすきの」駅，徒步約3分鐘。

滿瀉魚子飯

MAP: P.073 D1

海味はちきょう 本店

北海道人愛酒，海鮮居酒屋林立，海味乃薄野人氣店。店主小林先生，首創「つっこ飯」，簡單來講就是滿到瀉的魚子飯。選用羅臼直送的三文魚子，食客下單後會先給你一碗白飯，接着店員會捧住大盤魚子，走到你面前一更一更將魚子裝至滿瀉。氣氛一流，其餘海鮮料理也新鮮便宜。

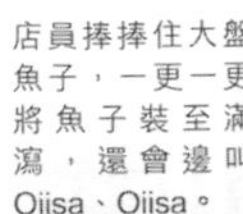

店員捧捧住大盤魚子，一更一更將魚子裝至滿瀉，還會邊叫Oiisa、Oiisa。

元祖つっこ飯（元祖三文魚子飯），魚子新鮮脹卜卜，入口更有爆醬效果。小￥1,990

Tips

顧客必須吃完三文魚子飯，否則罰款。

日高産本ししやも（烤多春魚），春魚肥美鹹香。￥890

わさびポテトサラダ（Wasabi薯仔沙律），道產男爵薯綿密，甜中帶辣。￥390

ほたて稚貝酒蒸し（清酒煮帆立貝），味道鮮甜又彈牙。￥390

Info

地址：札幌市中央区南3条西3 都ビル1/F
MAPCODE：9 492 447*16
電話：011-222-8940
營業時間：1800-0000（周日及假期1700-2300）
網址：www.hachikyo.com/ja/shop/honten
消費：約￥2,000/位
前往方法：地下鉄南北線「すすきの」駅，徒步約2分鐘。

札幌拉麵始祖

MAP: P.073 D1

味の三平

1968年開業，札幌拉麵的始祖，相傳創始人大宮守人，應一位班族要求，將味噌加入豬骨湯麵中，因而創出札幌味增拉麵。先炒香洋蔥、豆芽、高麗菜與碎肉，在碗底放入白味噌和唐辛子，最後沖入豬骨湯和豬油，風味絕佳。只此一家，別無分店。

味噌拉麵（みそラーメン），白味噌埋在碗底，吃前要先攪拌，湯頭甘甜，跟附送的酸泡菜正好中和油膩。￥850

藏身文具店中的麵店，只此一家，別無分店。

燒賣（シユーマイ），豬肉混入牛油和芝士，故口感滑嫩。￥60/個

Info

地址：札幌市中央区南1条西3丁目2 大丸藤井セントラルビル 4/F
MAPCODE：9 492 745*64
電話：011-231-0377
營業時間：1100-1500、1600-1830
休息：逢周一及每月第2個周二
網址：www.ajino-sanpei.com/
消費：約￥850/位起
前往方法：地下鉄南北線「すすきの」駅，徒步約5分鐘。

傳統老麵店格局，顧客以上班族居多。

元祖拉麵橫丁

MAP: P.073 D2

元祖さっぽろラーメン横丁

初形始於1951年，原名「公楽ラーメン名店街」，1969年因札幌冬奧的修建工程而被摧毀，直至1971年才重建。短短48米的小巷內，鱗次櫛比般聚集18家拉麵老店，包括白樺山莊、龍鳳等名店。

Info

地址：札幌市中央区南5条西3丁目
MAPCODE：9 492 239*22
網址：www.ganso-yokocho.com/
前往方法：地下鉄南北線「すすきの」駅，或東豊線「豊水すすきの」駅，徒步約3分鐘。

窄長的小巷內，紙燈籠高掛，拉麵老店鱗次櫛比。

拉麵橫丁最初只得7家拉麵店，現在已集合18家名店。

4款味噌麵

ひぐま 横丁本店

1972年創業的拉麵橫丁老店，湯頭以金華火腿為基調，再加入白味噌、辛味噌等4款不同味噌，配熟成麵條、炒肉碎等，滋味濃郁。

味噌拉麵（味噌ラーメン）
¥800

Info

營業時間：周一至六1100-0300；周日1100-2300
網址：http://hokkaido-higuma.jp/higuma_g.html
消費：約¥800/位

免費水煮蛋

麵処 白樺山荘

札幌拉麵名店之一，特色是湯頭混合白麴味噌與和白味噌，再加上麻油與蠔油，味道濃厚油潤，還有免費水煮蛋任吃，勝價比高。

味噌拉麵（味噌ラーメン）
¥780

Info

營業時間：周一至四1800-0300周五六1800-0400
休息：逢周日
網址：www.shirakaba-sansou.com/
消費：約¥780/位

蟹會席(かに会席)「きよみず」，包括蟹鍋、蟹刺身、蟹豆腐、天婦羅、壽司等共10道菜。
¥5,940

¥5,940蟹會席

MAP: P.073 D2

かに将軍 札幌本店

札幌另一著名蟹料理店，樓高4層，提供多款蟹會席（かに会席），最便宜的「きよみず」只¥5,940，包括蟹鍋、蟹刺身、蟹豆腐、焗甲羅等等，足足10道菜，道道精緻。

傳統日式料亭裝潢，還有日式庭園造景，古雅舒適。

札幌本店樓高4層，1樓為手信店，4樓則有10間獨立個室。

Info

地址：札幌市中央区南4条西2-14-6
MAPCODE：9 493 393*67
電話：011-222-2588
營業時間：1100-2230
網址：www.kani-ya.co.jp/shogun/
消費：約¥5,000/位
前往方法：地下鉄南北線「すすきの」駅，徒步約2分鐘。

招牌味噌拉麵（味噌ラーメン），捲曲麵條彈牙，跟醇厚的味噌湯是絕配。¥900

札幌拉麵宗師

MAP: P.073 D2

すみれ (純蓮)

1964年於札幌中の島創立，始創人村中明子，首創大蒜風味的味噌拉麵，而且門生眾多，被尊為札幌拉麵宗師。招牌味噌拉麵，先將碎肉和蔬菜以大蒜拌炒，再在豬骨湯內加入味噌和千歲鶴的日本清酒，湯頭濃厚之餘又充滿辛香。

總店位於中の島，薄野店乃札幌市中心唯一分店。

Info

地址：札幌市中央区南3条西3丁目9-2 ピクシスビル 2/F
MAPCODE：9 492 416*22
電話：011-200-4567
營業時間：1700-0300（周日1700-0000）
網址：www.sumireya.com/
消費：約¥800/位起
前往方法：地下鉄南北線「すすきの」駅，徒步約1分鐘。

屋台風酒吧街

MAP: P.072 B1
MAP: P.073 E1

M's EAST/M'S SPACE

1995年開業的屋台風酒吧街M'S SPACE，隱藏橫丁，密密麻麻集合17家小店與酒場，現在已發展出9個場地。像二条市場旁邊的M's EAST，便聚集9家特色酒場。

M's系酒吧街於札幌共有9個場地，M's EAST就在二条市場對面。

樓高兩層舊建築，密密麻麻，聚集9家特色酒場。

Info

地址：M'S SPACE札幌市中央区南2条西7丁目
M's EAST札幌市中央区南2東1
營業時間：約1700-0000
前往方法：地下鉄南北線「すすきの」駅，M'S SPACE徒步約7分鐘，M's EAST徒步約10分鐘。

蝦拉麵始祖

MAP: P.072 A2

えびそばー幻 総本店

日本鮮蝦拉麵熱潮的發祥店，分店開到香港依舊大排長龍，總店就位於薄野。湯頭以大量鮮蝦和豚骨熬煮，海鮮味濃厚，有味噌、醬油與鹽味3款調味選擇，最後灑上蝦殼粉，增添色彩之餘更提升風味。

薄野總店被網友推崇水準最好，排隊人龍愈夜愈長。

招牌蝦味噌拉麵（えびみそ），鹹香惹味，一吃難忘。¥780

Info

地址：札幌市中央区南7条西9丁目1024-10
MAPCODE：9 461 777*54
電話：011-513-0098
營業時間：1100-0300
休息：逢周三
網址：www.ebisoba.com
消費：約¥800/位起
前往方法：市電「東本願寺前」駅，徒步約3分鐘。

薄野第一排隊店

MAP: P.072 B2

らーめん 信玄

薄野第一排隊拉麵店，Tabelog評分3.61，本店位於石狩花川，薄野店乃市中心唯一分店，故直到半夜依然大排長龍。6款以日本戰國蕃地命名的拉麵，最受歡迎的信州拉麵——濃味噌（コク味噌），湯頭用豚骨和野菜熬煮50小時而成。

拍攝時為晚上11時，依舊大排長龍，勁！

信州コク味噌（濃味噌），配料不多，實而不華的濃郁。¥650

Info

地址：札幌市中央区南六条西8
MAPCODE：9 462 874*60
電話：011-530-5002
營業時間：1130-0100
消費：約¥650/位起
前往方法：市電「東本願寺前」駅，徒步約2分鐘。

風光無限

札幌近郊

さっぽろ しゅうへん/Sapporo Suburb

交通 地下鉄東豊線、東西線各站，詳見後面內文介紹。

札幌市總面積1,121平方公里，幅員廣闊，離開札幌駅、薄野駅市中心，還有大量旅遊景點，包括円山動物園、羊ケ丘展望台、白い恋人公園、大倉山、藻岩山等等，風光無限。

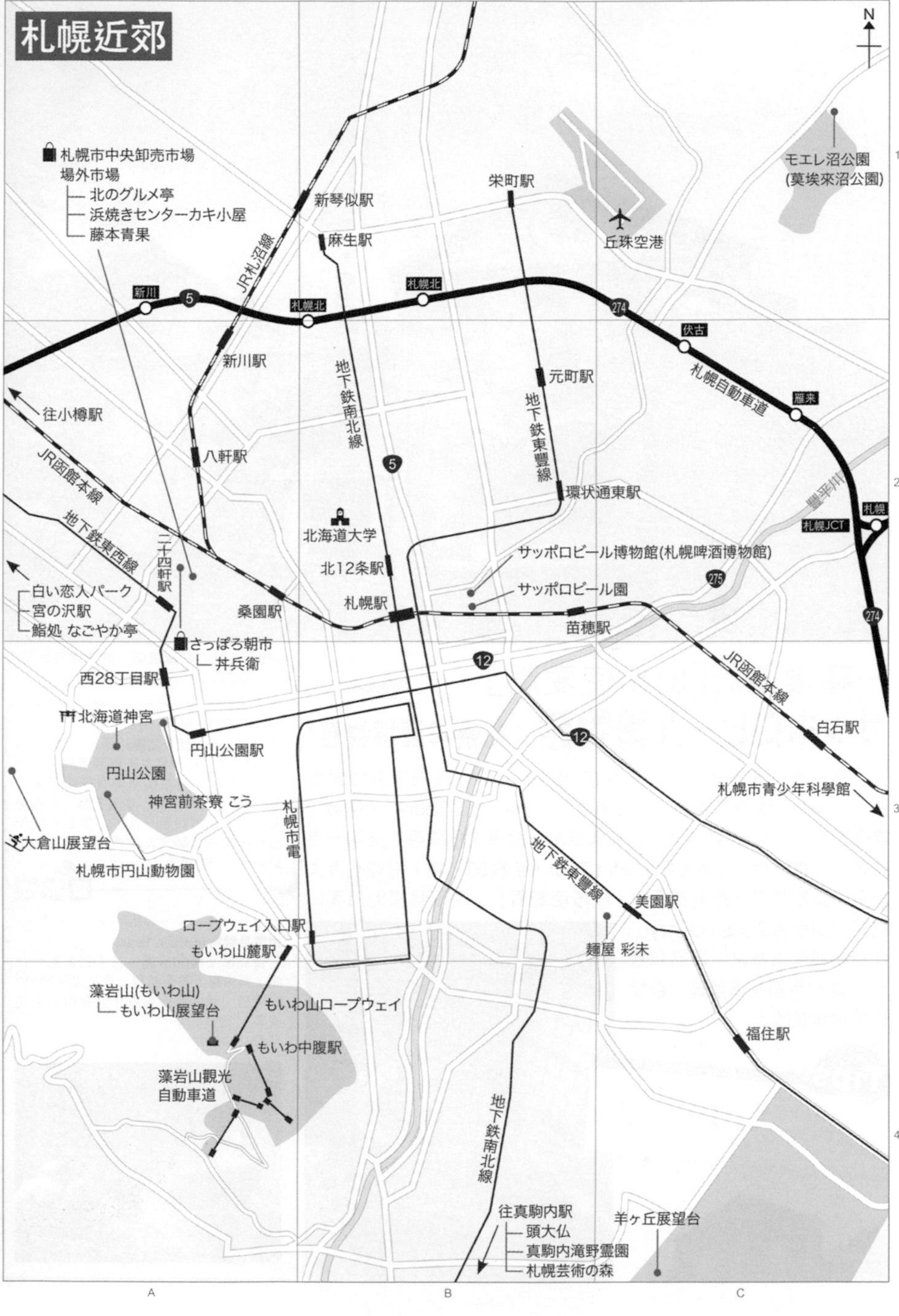
札幌近郊
N
札幌市中央卸売市場
場外市場
北のグルメ亭
浜焼きセンターカキ小屋
藤本青果
新琴似駅
麻生駅
栄町駅
丘珠空港
モエレ沼公園
(莫埃來沼公園)
JR札沼線
新川
5
札幌北
札幌北
274
伏古
札幌自動車道
雁来
新川駅
地下鉄南北線
元町駅
地下鉄東豊線
往小樽駅
八軒駅
JR函館本線
環状通東駅
豊平川
札幌
札幌JCT
地下鉄東西線
二十四軒駅
北海道大学
サッポロビール博物館(札幌啤酒博物館)
北12条駅
サッポロビール園
275
白い恋人パーク
宮の沢駅
鮨処 なごやか亭
桑園駅
札幌駅
苗穂駅
さっぽろ朝市
丼兵衛
12
JR函館本線
西28丁目駅
北海道神宮
円山公園駅
白石駅
円山公園
神宮前茶寮 こう
札幌市電
札幌市青少年科學館
大倉山展望台
札幌市円山動物園
地下鉄東豊線
美園駅
ロープウェイ入口駅
麺屋 彩未
もいわ山麓駅
藻岩山(もいわ山)
もいわ山展望台
もいわ山ロープウェイ
もいわ中腹駅
福住駅
藻岩山觀光
自動車道
地下鉄南北線
往真駒内駅
頭大仏
真駒内滝野霊園
札幌芸術の森
羊ヶ丘展望台

1890年建造的紅磚建築，屋頂還有紅星商標，已被指定為北海道文化遺產。

一嚐復刻版「開拓使麦酒」

MAP: P.113 B2

サッポロビール博物館（札幌啤酒博物館）

日本唯一啤酒博物館，原為1876年設立的「開拓使麥酒釀造所」，即今日家傳戶曉的「札幌啤酒」（Sapporo Beer）。座落札幌啤酒園內，5棟紅磚建築，已被指定為北海道文化遺產。見學分為免費和付費兩種，付費的Premium Tour，全程50分鐘，沿途有專人導賞，重點是可試飲復刻版的「開拓使麦酒」；免費見學的旅客，則可自由參觀2樓的Gallery，介紹札幌啤酒歷史，展品包括10米高的青銅煮沸釜等，最後也可付費試飲。

「札幌啤酒」解碼

前身為「開拓使麥酒釀造所」，乃明治9年（1876年），日本政府派遣開拓使到北海道札幌，設立的日本首家啤酒廠。昭和39年（1964年）才改名為「札幌啤酒」（サッポロビール），並以開拓使的戰艦旗章五稜星作為標誌，乃日本歷史最悠久的啤酒。

提提你

付費見學Premium tour

付費見學全程50分鐘，首先觀看影片介紹，再由專人帶領參觀，最後還可試飲2杯啤酒，包括用復刻酒杯盛載的開拓使麦酒。

收費￥500

I Can Tips

注意，札幌市中心的「Sapporo Factory」，為大型購物中心，兩者相距18分鐘步程，請勿去錯。

園內共有5棟紅磚建築，包括明治23年建造的開拓使館，環境綠意。

紅磚建築內部典雅，隨處可見旋轉鐵梯、彩色玻璃窗與圓拱門。

Sapporo Gallery

2樓Gallery可自由參觀，介紹札幌啤酒的歷史，與釀酒工序。

焦點展品是10米高青銅煮沸釜，1965年到2003年使用的糖化槽。

歷代札幌啤酒代言人，Sapporo一直起用當紅偶像賣廣告。

館內展出釀造所歷代啤酒瓶，包括明治時代的開拓使麦酒。

Star Hall

英式酒館裝潢的Star Hall為付費試飲區，供應酒廠直送啤酒，定價超便宜。

3款試飲組，左起：黑牌生啤、北海道限定CLASSIC，及博物館限定的復刻版開拓使麦酒。¥600

酒保斟酒動作熟練、精準，每杯啤的酒泡比例都是7:3黃金比例。

飲後點評：

重現昔日啤酒無去除酵母，故有強烈混濁感，厚實而強烈甘醇味。

禮品店

1樓禮品店，有大量博物館限定的啤酒，以及自家官方精品，還提供退稅。

Sapporo CLASSIC乃北海道限定，味道更清醇，館內6罐只售¥1,420。

店內也有售瓶裝版本的開拓使麦酒，乃博物館限定。¥550

Info

地址：札幌市東区北7条東9丁目1-1サッポロガーデンパーク内
MAPCODE：9 554 290*77
電話：011-748-1876
開放時間：1130-2000
休息：逢周一
網址：www.sapporobeer.jp/brewery/s_museum/
前往方法：地下鉄東豊線「東区役所前」駅，徒步10分鐘。

成吉思汗烤肉餐廳 MAP: P.113 B2

サッポロビール園（札幌啤酒園）

園區內共有5間主打成吉思汗烤肉的餐廳，都選用高級的「穀飼羔羊」，還有工廠直送的生啤供應，包括啤酒園限定的Five Star。

Info

地址：札幌市東区北7条東9丁目2-10 サッポロガーデンパーク MAPCODE：9 554 170*35
營業時間：1130-2200
網址：www.sapporo-bier-garten.jp/
消費：約¥2,900/位

啤酒園限定Five Star，味道介於黑牌與惠比壽之間，輕盈甘美。¥520

Kessel Hall位於開拓使館2、3樓，樓底挑高，還置有大正元年製造的巨型銅釜。

午市的烤羊肉放題套餐，最平收費只¥2,900，食足100分鐘。

福田繁雄先生的《變成椅子休息吧》，不斷延伸的人形椅子，乃野外美術館地標。

打卡美術館

MAP: P.113 B4

札幌芸術の森

I Can Tips

4/29～11/3逢周六、日，園內有免費巴士運行。

1986年開園，佔地39公頃的大型藝術公園，園內設有陶藝、版畫、染布等各式工作坊與美術館。焦點是佔地7.5公頃的露天美術館「野外美術館」，展出74件藝術雕塑，將藝術與自然融合，已被選為日本公共建築百選，絕對是打卡天堂。

朝倉響子的作品《兩人》，姿勢、表情皆優美。

新宮晋氏的《雲の牧場》，山坡置有5具帆，風起時會隨之擺動。

「野外美術館」座落芸術の森北部，依山勢置有74件藝術雕塑。

Dani Karavan作品，由7個部分構成，7米錐形建築，連住70米長的水路、石門和庭園。

整個「芸術の森」佔地39公頃，小橋流水春色滿園，內有7座工房。

手作工房（Craft Studio）提供各式手作體驗，還附設優雅的玻璃屋Café。

正門附近有札幌已故文豪有島武郎的舊邸，西式原木屋建於大正時代。

Info

地址：札幌市南区芸術の森2丁目75
MAPCODE：9 071 676*27
電話：011-592-5111
開放時間：0945-1700
（6～8月0945-1730）
休息：11月4日～4月28日逢周一
入場費：芸術の森免費；野外美術館￥700
網址：https://artpark.or.jp/
前往方法：
地下鉄南北線「真駒內」駅前2番月台，轉乘中央巴士的「空沼線•滝野線」，至「芸術の森入口」或「芸術の森センター」駅下車，車程約15分鐘；若從「真駒內」駅乘的士，車費約￥2,100。

陽光從圓頂照到佛身，四季日夜景致各異，展現佛教中的天地無常。

「頭大仏」高13.5公尺，藏在巨型混凝土拱廊內，寓意母胎中，頭頂還開了一片天。

墓園中的大佛

MAP: P.113 B4

頭大仏

北海道有許多安藤忠雄作品，其中「頭大仏」竟藏身札幌近郊的墓園內。1981年開園的真駒內滝野霊園，是北海道最大景觀墓園，2016年找來安藤打造的大佛像13.5公尺高，1,500噸重，埋在15萬株薰衣草丘陵之下。從外面看，僅露出半個佛頭，夏天薰衣草盛放、冬天則被白雪覆蓋，更讓人無限想像。

靈園總佔地廣達180公畝，除了大佛，還有摩艾石像、巨石陣等景點。

大佛藏在15萬株薰衣草丘陵下，從外面看僅露出半個佛頭，有趣。

頭大仏殿的卸神籤，祈求戀愛健康金運，還有中英日語解籤。¥200

參見大佛，必先穿過長方形的水庭，池水倒映藍天，構成虛幻的景觀。

Info

地址： 北海道札幌市南区滝野2番地
MAPCODE： 9 045 108*65
電話： 011-592-1223
開放時間： 4月～10月0700-1900；11月～3月0700-1800
參拜時間： 4～10月0900-1600（水上庭園11月～4月）
網址： www.takinoreien.com/?page_id=28
前往方法： 地下鉄南北線「真駒内」駅前，2號乘車處轉乘中央巴士的「真108便」直達靈園，一日5班，車費¥370，車程約25分鐘；或轉乘的士，車費約¥3,500。

真駒内滝野霊園限定，頭大仏Totebag，恐怖不足時尚有餘。¥1,500

2018年新增的Cafe，提供各式甜品和飲料，還有墓園的自家紀念品。¥500

札幌市中央卸売市場

「罐罐燒」烤蠔

MAP: P.113 A2

浜焼きセンター カキ小屋

海鮮丼是外國旅客至愛，日本人其實喜歡炭烤海鮮，即是「浜焼き」，鮮度與風味更爆燈！「カキ小屋」為市場最人氣的浜燒專門店，主打厚岸直送的鮮蠔，還有古早風味的「罐罐燒」供應。昔日漁夫捕魚歸航，於是以鐵罐裝住海鮮烤熟，名為「がんがん焼き」（罐罐燒），風味絕佳！

カキのがんがん焼き（罐罐燒蠔），厚岸直送的鮮蠔，肥美肉厚，鮮甜味美，還有陣陣海水味。10隻¥1,980

用傳統鐵罐裝住鮮蠔烤熟，看住罐邊冒出白煙，蠔香撲鼻更引食慾。

浜焼きセット（浜燒套餐），包蠔、帆立貝、白蝦和蜆等。¥3,360

小屋乃市場唯一貝類專門店，店內設有大水缸。

小屋座落橫街的小巷中，門口還有立食攤。

Info

地址：札幌市中央区北11条西22-1-26 卸売センター内
營業時間：0700-2200
休息：逢周三
網址：http://minato-kakigoya.com/
消費：約¥2,000/位

さっぽろ朝市

市場位於大廈1樓，無懼風曬日曬和下雪。

市場內集合約40家店攤，札幌市許多餐飲店都來這裏進貨，絕對新鮮。

吞拿魚面肤肉，雖是下欄，但更肥美嫩滑，只¥680。

道地早市

MAP: P.113 A2

さっぽろ朝市（札幌朝市）

若你嫌場外市場太遊客、太逼人，其實市場後面還有個朝市，只在早上營業。昭和45年（1970年）已設立，原為本地餐飲店採購食材之用，2009年才開放予一般旅客。室內市場集合約40家店攤，海產、蔬果、乾貨俱備，部分價格比場外市場更便宜，並附設廉價海鮮食堂。

Info

地址：札幌市中央区北12条西20丁目1番2号
MAPCODE：9 549 242*44
電話：011-643-4090
營業時間：0500-1100
休息：逢周日及三
網址：www.asaichi-maruka.jp/
前往方法：地下鉄東西線「二十四軒」駅，徒步約10分鐘。

厚岸直送的鮮蠔，￥120/隻。

當造的花咲蟹，便宜至￥2,300一隻。

富良野直送秀品蜜瓜，糖度15以上。￥1,500/個

市場內有售去爪的毛蟹身，只￥600一個，隻隻有蟹膏。

招牌「滿足丼」，份量多到滿瀉，每樣都超級新鮮肥美，超抵吃！￥2,580

滿瀉海鮮丼

MAP: P.113 A2

丼兵衛

札幌朝市內的著名海鮮丼店，店面小小的，只有7個座位，店主每天清晨便到市場競投，採購當天揀手靚貨。招牌「滿足丼」只售￥2,580，一碗便有齊厚切吞拿、海膽、牡丹蝦、松葉蟹腳、三文魚子、三文魚、帆立貝、魷魚等10款配料，份量多到滿瀉，名副其實的大滿足！

小店就在市場大樓入口，飯市例必大排長龍。

本マグロ鉄火丼（吞拿魚鉄火丼），份量十足厚切吞拿，肥美非常。￥1,080

Info

地址：札幌市中央区北12条西20丁目1-20さっぽろ朝市
電話：011-614-6533
營業時間：0700-1300
休息：逢周日及假期
網址：www.donbe.sapporo-asaichi.com/
消費：約￥1,080/位起

札幌駅
薄野
札幌近郊
新千歳

主題公園佔地極廣，附設偌大的歐式花園，紅磚城堡建築儼如童話世界。

白色戀人夢幻工場

MAP: P.113 A2

白い恋人パーク（白色戀人公園）

北海道殿堂級手信「白い恋人」無人不識，生產商「石屋製菓」就在札幌近郊建有大型主題公園，2019年改裝重開後，比以前更好玩。焦點是朱古力小屋Chocotopia House，和巧克力幻想館工廠Chocotopia Factory；前者介紹朱古力歷史；後者可一生產過程。還附設歐式花園、博物館、兒童樂園、景觀餐廳和體驗工房，商店還有大量限定品發售。

Chocotopia Factory，旅客可透過大玻璃窗，一睹白色戀人的生產過程。

木偶嘉年華時鐘塔為公園地標，每逢整點都有木偶亮相報時。

Dream Kitchen提供朱古力體驗，旅客可自創曲奇圖案。收費￥1,400

公園的冰淇淋小屋，有售白い恋人招牌軟雪糕，打卡首選。小￥350

景觀Lounge OXFORD，主打各式朱古力主題甜點，必嚐招牌「白い恋人」芭菲。￥1,500

1976年推出的「白い恋人」，幾成北海道的代名詞。￥1,598/24枚

Info

地址：北海道札幌市西区宮の沢2-2-11-36
MAPCODE：9 602 298*66
電話：011-666-1481
開放時間：0900-1800
網址：www.shiroikoibitopark.jp/
前往方法：地下鉄東西線「宮の沢」駅，徒步約7分鐘。

朝聖克拉克立像 MAP: P.113 C4

羊ヶ丘展望台（羊蹄之丘展望台）

1959年開園，座落札幌市東南部一座小山丘的展望台，因豎立了北海道大学始創人克拉克博士的立像而聞名。面積雖不大，但札幌市美景一覽無遺，還有可愛的羊群、食堂、雪祭資料館、足湯等，夏天更有薰衣草花海可賞。

克拉克博士立像，1976年北大創立100周年時豎立。

遼闊的牧草地上，飼有12頭綿羊，每年5月還有剪毛秀表演。

園內還有薰衣草花海，每逢暑假盛放，還有採集體驗。

克拉克以「少年啊，要胸懷大志」名句而聞名，成為北大校訓。

Info

地址：北海道札幌市豊平区羊ケ丘1番地
MAPCODE：9 287 533*23
電話：011-851-3080
開放時間：5月～6、9月0830-1800；7月～8月0830-1900；10月～4月0900-1700
入場費：成人￥520、小中学生￥300
網址：https://www.hitsujigaoka.jp/
前往方法：地下鉄東豊線「福住」駅，轉乘往「羊ケ丘展望台」的巴士（車程約10分鐘），於「羊ケ丘展望台」駅下車即達。

日本第一美 MAP: P.113 B2

北海道大学

前身為明治9年（1876年）創立的「札幌農學校」，由克拉克博士創設，是日本第一所高等教育機構。佔地177萬平方米，也是日本大學面積最大，設有12個學部、15個研究院。環境優美，園內擁有古河講堂、克拉克像等景點，還有白楊步道、銀杏並木等，乃札幌著名紅葉名所。

貫穿南北、長380公尺的銀杏並木道，70珠銀杏樹逢秋季變成金黃色。

古河講堂對面有克拉克博士像，是北大創辦人兼首任副校長。

位於南出口的「生協会館」，專售北大的官方精品，像間小型超市。

「古河講堂」原為農科林學教室，已列入日本有形文化財。

北大最著名的農学部大樓，擁有附屬農場，甚至自家品牌食品。

Info

地址：札幌市北区北8条西5丁目
MAPCODE：9 551 345*23（総合博物館）
電話：011-716-2111
網址：www.hokudai.ac.jp
前往方法：地下鉄南北線・東豊線・JR線「さっぽろ（札幌）」駅下車，徒步約7分鐘。

集合140個人氣品牌，距離新千歲機場只1個車站，還有免費接駁巴士。

最就近機場

MAP: P.129 C2

千歲Outlet Mall Rera（千歳アウトレットモール·レラ）

新千歲機場附近的大型Outlet Mall，也是北海道第一個Outlet。開放式佈局，網羅140個品牌，焦點包括電器店「Laox」、藥妝店サツドラ（SATSUDORA）、¥100店「Seria」等，也有adidas、Colombia、NORTH FACE、BEAMS、Levis等常見品牌。還有食街「Sora Kitchen」及拉麵街「拉麵博覽會」，最適合離開前最後血拼。

其餘注目品牌：

GAP、adidas、BEAMS、ABC-MART、Franc franc BAZAR、Columbia、THE NORTH FACE、Levis、Triumph、URBAN RESEARCH、miki House

室內食街「Sora Kitchen」集合16家餐飲，包括香港的翠華茶餐廳。

動物主題Cafe Zoo Adventure，附設大型立体遊具，小朋友上機前放電一流。

Info

地址：北海道千歲市柏台南1丁目2-1
MAPCODE：113 831 107*55
電話：0123-42-3000
營業時間：1000-2000
網址：www.outlet-rera.com/
前往方法：JR「南千歲」駅，徒步約3分鐘；新千歲機場抵境層乘車處30番或67番，有免費接駁巴士前往，半小時1班，車程約10分鐘。

室內拉麵村

千歳ラーメン博覧会

特設室內拉麵街，集合多家特色拉麵店，其中最人氣的是「麵匠 空雪」，招牌焦香湯頭有味噌和醬油選擇，富有炒蔬菜的焦香味，味道濃厚而富深度。

「麵匠 空雪」乃拉麵街的排隊店，賣完即收。

Info

營業時間：1100-2000

焦香醬油拉麵，湯頭濃厚焦香，巨型三層肉也軟嫩入味。¥800

手制煎餃子，一樣煎得香口飽滿。¥400/6隻

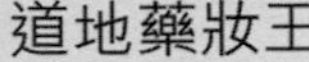

電器店王

Laox 退稅

日本最大規模綜合免稅店，主打電器和藥妝，由DYSON，到雪肌精、手信菓子俱備，還有2020東奧精品專區。

2020東奧精品專區。

Kanebo洗顏粉4盒裝特價￥6,800。

Info
網址：www.laox.co.jp

道地藥妝王 退稅

サツドラ（SATSUDORA/札幌藥粧）

札幌本地發蹟的連鎖藥妝店，提供退稅，人氣品牌全部集齊，還有獨家北海道品牌專櫃。

Kanebo洗顏粉4盒裝特價￥6,800。

Info
網址：https://satudora.jp

特設野外露營用品專區。

各式碗碟造型可愛繽紛。￥100

精品￥100店

Seria

日本著名￥100店，主打小廚具、手作和野外露營用品，貨品款式和質素比Daiso更佳，掃手信一流。

Info
網址：www.seria-group.com

主打跑鞋

adidas/Reebok

面積偌大，一店集合兩大品牌，折扣低至6折起，特價波鞋以跑鞋為主，斷碼區選擇也不少。

adidas Deerupt Runner。原價￥18,000、特價￥12,600

Info
網址：https://shop.adidas.jp

銀座玩具王 退稅

博品館TOY PARK

源自銀座的連鎖玩具店，千歲店門口有Kitty作招徠，沒有減價，勝在大人和小朋友都逛得開心。

迷你街機MY ARCADE￥4,298。

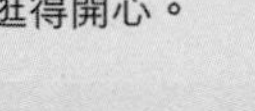

Info
網址：www.hakuhinkan.co.jp

積木免費任玩 退稅

LEGO clickbrick

LEGO專門店，特價品只限幼兒系列，但有售少見的LEGO精品，還有積木專櫃，供小朋友免費任玩。

熱狗人LEGO匙扣￥1,195。

Info
網址：http://clickbrick.info/

帽子專門店 退稅

帽子屋

日本最大級帽子專門店，函蓋男女裝，從太陽帽、草帽，到畫家帽、Larry cap俱備，特價品也不少。

特價品以Off season居多，但選擇不少。

童裝最抵買 退稅

EDWIN

日本Outlet常客，男女童裝俱備，招牌牛仔褲都有9折，尤以童裝減幅最大，還有便服系列。

童裝牛仔短褲只￥2,500。

Info
網址：https://edwin.co.jp

集合180個人氣品牌，比千歲Outlet更好買，最適合作最後衝刺。

adidas/Reebok比千歲Outlet更大，但經常大排長龍。

其餘注目品牌：

adidas/Reebok、agnès b.、Gap、BEAMS、Haglöfs、mont-bell、LEGO clickbrick、Levi's、Triumph、Wacoal、UGG、GREGORY、Puma、Combi mini

北海道最大

MAP: P.129 B1

MITSUI OUTLET PARK 札幌北廣島（三井アウトレットパーク札幌北広島）

北海道最大Outlet，全室內式設計，無懼風吹日曬，集合180個人氣品牌，包括港女至愛的「LE CREUSET」、mercibeacoup,、Ne-net、Columbia、agnès b.、Wacoal等等，當中大型特產店「北海道ロコ」，以及少見的松本清OUTLET都是重點掃貨區。雖然離新千歲機場略遠，但比千歲Outlet更好買。

新千歲空港有巴士直達，車程約30分鐘，但要注意回程班次時間。

靠近入口處的遊客服務中心，提供退稅服務。

Info

地址：北海道北広島市大曲幸町3-7-6
MAPCODE：9 206 209*16
電話：011-377-3200
營業時間：1000-2000（餐飲1100-2100）
網址：https://mitsui-shopping-park.com/mop/sapporo/
前往方法：新千歲空港國內線航廈乘車處21番或12番，乘巴士直達，車程約30分鐘，車費￥1,100；或JR「北広島」駅，轉乘中央巴士直達，車費￥360。

特價免稅藥妝

退稅

マツモトキヨシ（松本清）

日本少有的藥妝Outlet，還要是專門針對旅客的白色招牌店。提供大量當店限定的特價品，還可以退稅，女生一定瘋狂！

雪肌精Precious Snow套裝。特價￥6,500

matsu kiyo綜合感冒藥。特價￥950

Info

網址：www.matsukiyo.co.jp

一店集齊全北海道物產手信，上機前來掃貨一流。

北海道農產直送

北海道ロコ（FarmVillage）

三井Outlet最大商戶，面積偌大，一網打盡全北海道物產手信，劃分為農產直賣所、北海道名產、生鮮海產攤、熟食小菜、雜貨區域，還附設道地小吃店、麵包店、酒屋，農產水果都是當天產地直送，比新千歲空港更便宜、更新鮮，上機前來掃貨一流。

很多食品都有試吃，強烈推介「空知舍」的洋蔥塩味野菜汁。¥600

場內設有各式菓子品牌專櫃，還有當店限定。

所有農產都標名來源地和農戶資料，買得放心。道產白米¥2,222/5kg

特設農產直賣所，所有蔬菜水果都是當天新鮮直送，超便宜。

大根，北海道惠庭市農園直送。¥120/2條

北海道限定版可口可樂。¥150

推介北海道Pancake粉，100%道產小麥製。特價¥195/包

蜜瓜，富良野吉田農園直送。¥2,280

Info

網址：www.hokkaido-loco.com/

放大版多拉A夢，足足有5米高，乃場景區的打卡地標。

A夢打卡樂園

Doraemon Wakuwaku Sky Park

日本唯一駐機場的多拉A夢主題館。分為兒童區、娛樂區、圖書館、手作區、主題Cafe、商品店等7大區域，當中以收費的場景區最吸引，有齊大雄的房間、多啦A夢法寶櫃、時光機等經典名場景，還有大量限定食品和精品，絕對是打卡樂園。

收費的場景區設有多個經典場景，包括時光機、大雄的房間等。

免費進入的兒童區，有豆沙包溜滑梯和攀爬架，細路放電一流。

場景區內還有多款錯視拍照效果，包括經典的放大縮小空間。

場景區設有50款裝置，不乏體感小遊戲，工作人員也會幫忙拍照。

Café菜單比藤子F不二雄館更多，包括限定A夢燒¥550-600。

Royce' x多拉A夢Sky Park限定朱古力。¥486

商品店有大量Sky Park限定。限定朱古力棒糖套裝¥474

Info

地址： 新千歲空港Terminal連絡施設3/F Smile Road
開放時間： 1000-1800（Shop 1000-1830）
入場費： 場景區成人¥800、中高校生¥500、小學生以下¥400
網址： www.new-chitose-airport.jp/ja/doraemon/

以環遊之旅為主題，化身成空中服務員的Hello Kitty最搶眼！

Kitty環遊打卡之旅

Hello Kitty Happy Flight

以環遊之旅為主題，Kitty和Daniel化身成空中服務員和機師，帶領其他Sanrio家族角色，帶你一同環遊全世界。焦點的主題館「Hello Kitty Airline」（收費區）乃打卡樂園，設有投影劇場、主題拍照區，以及大量小遊戲。免費區域則有幼兒玩樂、主題Café和商

主題館「Hello Kitty Airline」，帶你逐一漫遊倫敦、印度、美國…。

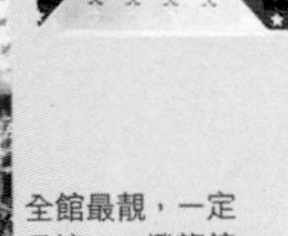

不少展品都結合科技或錯視裝置，像這組Kitty名畫。

不止得Kitty，館內還有Melody、大口仔等其他Sanrio家族角色。

館內還有多款小遊戲，贏了可得代幣給你館內抽扭蛋。

「Happy Flight Cafe」菜單每季更換，都有角色造型。空港限定Twins Star新地￥650

商品店有大量新千歲限定，包括Royce' xKitty朱古力。￥864

全館最靚，一定是這Kitty燈籠鏡房，無窮無盡，Selfie一流。

Info

地址： 新千歲空港Terminal連絡施設3/F Smile Road
開放時間： 1000-1800（Shop 1000-1830）
入場費： 成人￥800、小學生以下￥400
網址： www.new-chitose-airport.jp/ja/happy-flight/

爆買最後召集
国内線航廈

國內線航廈2樓，集合近70家特產手信店，由人氣菓子，到新鮮農產水果，以至生猛海鮮都應有盡有，小心買到破產。

白い恋人、六花亭、LeTAO、雪印等人氣菓子全部集齊。

室內漁市場
どさんこ産直市場

集合近20家道產直銷店，函蓋新鮮農特產、水果、海鮮與熟食，還有立食壽司吧，都是產地直送，熱鬧叫賣聲不絕於耳，儼如將整個中央市場移師到機場。

Info

地址：国内線Terminal 2/F
營業時間：0800-2000

集合近20家農特產店，儼如室內漁市場。

所有農產全是產地直送，絕對新鮮。新鮮甜粟米￥600

夕張蜜瓜，達「秀品」級數。￥3,800/個

浜茹直送毛蟹（￥4,500/360g）、花咲蟹（2隻￥3,999），當日新鮮撈捕。

北海道安平町產，超級甜粟米。￥1,080

礼文、利尻島直送鹽水海膽。￥3,999/盒

空港限定！

限定泡芙
北菓楼

北海道3大菓子店，新千歲專門店附設甜點食堂，除了招牌年輪蛋糕「妖精の森」、牛奶雪糕等，還有空港限定的忌廉泡芙「夢風船」。

Info
地址：国内線Terminal 2/F
營業時間：0800-2000

空港限定忌廉泡芙「夢風船」，外層熱辣酥脆，內層忌廉吉士冰涼滑溜。￥185/個

限定粟米包
美瑛選果

新千歲第一排隊店，為的就是跟東京麵包名店「VIRON」聯乘、空港限定的「美瑛粟米麵包」，每小時出爐一次都大排長龍。

「美瑛粟米麵包」（びえいのコーンぱん），不添加一滴水或糖製作，只靠超甜粟米的原味，香氣撲鼻。一盒5個￥1,300

Info
地址：国内線Terminal2/F どさんこ產直市場
營業時間：0800-2000
網址：www.bieisenka.jp/

空港限定
KINOTOYA（きのとや）

「札幌農學校牛奶餅」的母公司，新千歲有空港限定曲奇「LaLaLa COOKIE」（￥1,026），還有機場工作人員票選的手信第一名「烤芝士撻」。

「烤芝士撻」（焼きたてチーズタルト），選用3款道產芝士做，比Pablo更濃。￥183/個

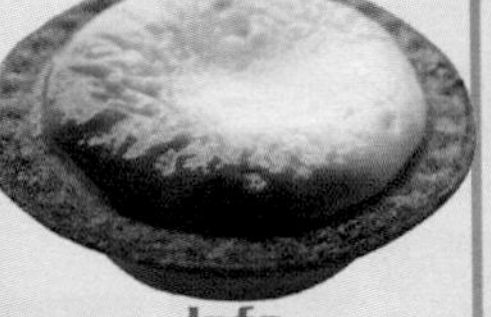

Info
地址：国内線Terminal 2/F
營業時間：0800-2000
網址：www.kinotoya.com/

限定機師比卡超
Pokemon Store

大人細路的集體回憶，新千歲空港專門店面積偌大，還有新千歲限定的機師Look和空姐比卡超。

新千歲限定機師比卡超。毛公仔￥1,728

Info
地址：国内線Terminal 2/F
營業時間：0800-2000
網址：www.pokemon.co.jp/gp/pokecen

拉麵名店全集合
ラーメン道場

集合北海道各地10家人氣拉麵店，包括札幌味噌味拉麵代表「白樺山莊」、函館鹽味拉麵代表「あじさい」、旭川醬油拉麵代表「梅光軒」、蝦湯拉麵代表「一幻」、札幌上位麵店「飛燕」等等，一次過吃盡全道名店。

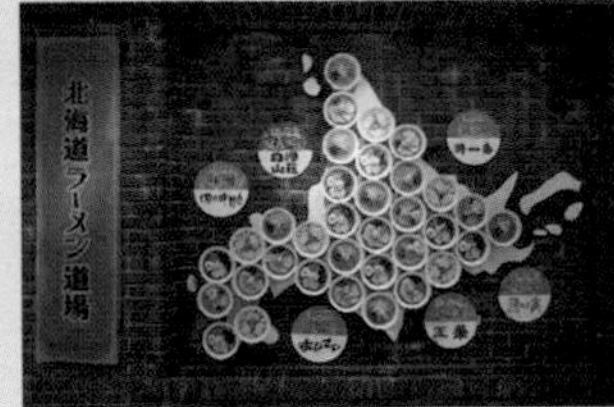

一網打盡北海道各地人氣拉麵店，最重要是排隊時間較少！

札幌上位麵店「飛燕」，以雞白湯底聞名，除了招牌塩拉麵，還有限量100碗的金味噌白胡麻擔擔麵。招牌我流札幌塩拉麵￥850

Info
地址：新千歲空港Terminal連絡施設3/F Smile Road
網址：www.new-chitose-airport.jp/ja/spend/shop/eat/place/place6.html

展望台入口在國內線航廈3樓、機場歷史博物館旁邊。

可近距離觀看飛機，甚至是日本自衛隊戰機升降。

機場展望台
展望デッキ

國內線航廈4樓設有展望台，可近距離觀看飛機升降。由於日本自衛隊跟新千歲空港共用跑道，故偶見日本戰機升降，乃航空迷勝地。

Info

地址：新千歲空港國內線Terminal 4/F
開放日期：4～11月
開放時間：0900-1700（6～9月0800-1800）

水清不凍湖
支笏湖

MAP: P.129 B2

新千歲空港西面的破火山口淡水湖，名字源自原住民阿努語的「sikot-to-ho」，意思是千歲川流域的湖。水深363米，群山環繞，即使冬季也不結冰，是日本最北的不凍湖，向以湖水透明澄澈而聞名，透明度高達25米，風景秀麗。旅客可乘水中展望船，或划天鵝船環湖，湖畔築有森林步道，以及多家高級溫泉旅館，每年冬季更會舉辦「支笏湖冰濤節」。

支笏湖周長40km，四周被樽前山等群山環繞，被日本環境廳評為「全國第一水質湖」。

水中展望船，旅客可透過船窗一窺水底世界，全程30分鐘。收費¥1,620

每年冬季會舉辦「支笏湖冰濤節」，論冰雕絕不輸札幌雪祭。

天鵝船，可盛載2-4人自划，情侶鴛鴦戲水必選！收費¥2,000/30分鐘

支笏湖水質澄澈，透明度高達25米，湖內可見千歲梅花藻，真正水清見底。

Info

地址：北海道千歲市支笏湖
MAPCODE：708 084 110*37
網址：支笏湖溫泉旅館組合www.shikotsuko.com/
支笏湖觀光船https://shikotsu-ship.co.jp/
前往方法：新千歲空港或南千歲，乘搭往「支笏湖・千歲」的巴士，車程約50分鐘。

浪漫運河小鎮

小樽

おたる/ Otaru

交通

JR「小樽」駅下車即達。
*札幌駅出發，乘JR函館本線，車程32-40分鐘。

距離札幌不夠1小時車程，面臨石狩灣，是岩井俊二經典電影《情書》的主要場景。1914年開鑿的小樽運河，金融機構與巨型商賈林立，使之成為明治、大正時期北海道的海運貿易中心，素有「北の商都」美稱。儘管現在繁華已褪，但運河兩岸紅磚舊倉庫櫛次鱗比，閃爍街燈下，雙雙戀人把臂漫遊，一直與「浪漫」劃成等號。

小樽観光協会 ：https://otaru.gr.jp/

小樽周遊券
包含札幌至小樽駅的JR來回車票，以及中央巴士的「小樽市內線1日乘車券」，可在主要JR車站的「綠色窗口」Ticket Counter購買。
票價：成人￥2,160、小童￥1,080

小樽港
小樽出抜小路
ポプラファーム
(POPURA FARM)
小樽海上観光船
函太郎
創作硝子工房
小樽ビール醸造所 小樽倉庫No.1
浅草橋
月見橋
小樽運河クルーズ
浅草橋観光案内所
竜宮橋
中央橋
大正硝子館
びーどろ館
小樽運河
小樽市総合博物館
運河館
似鳥美術館
旧北海道拓殖銀行
454
運河プラザ
北のアイスクリーム屋さん
旧三井銀行
Nord
大正硝子館 本館
北のウォール街
小樽郵便局
色内大通
小樽芸術村
UNWIND HOTEL & BAR OTARU
旧手宮線跡地
454
日本銀行旧小樽支店(金融資料館)
竜宮通り
中央通り
日銀通り
船見通り
Smile別館
おたる屋台村 ろまん横丁
サンモール一番街
第一大通り
Authent
梁川通り
Smile
小樽都通り
おたる屋台村 レンガ横丁
灯の湯 Dormy INN PREMIUM小樽
中央市場
5
きたりん(單車租賃)
小樽三角市場
小樽駅前巴士站
北のどんぶり屋
滝波商店
小樽駅
小樽市中心
駅なかマート「TARCHE」

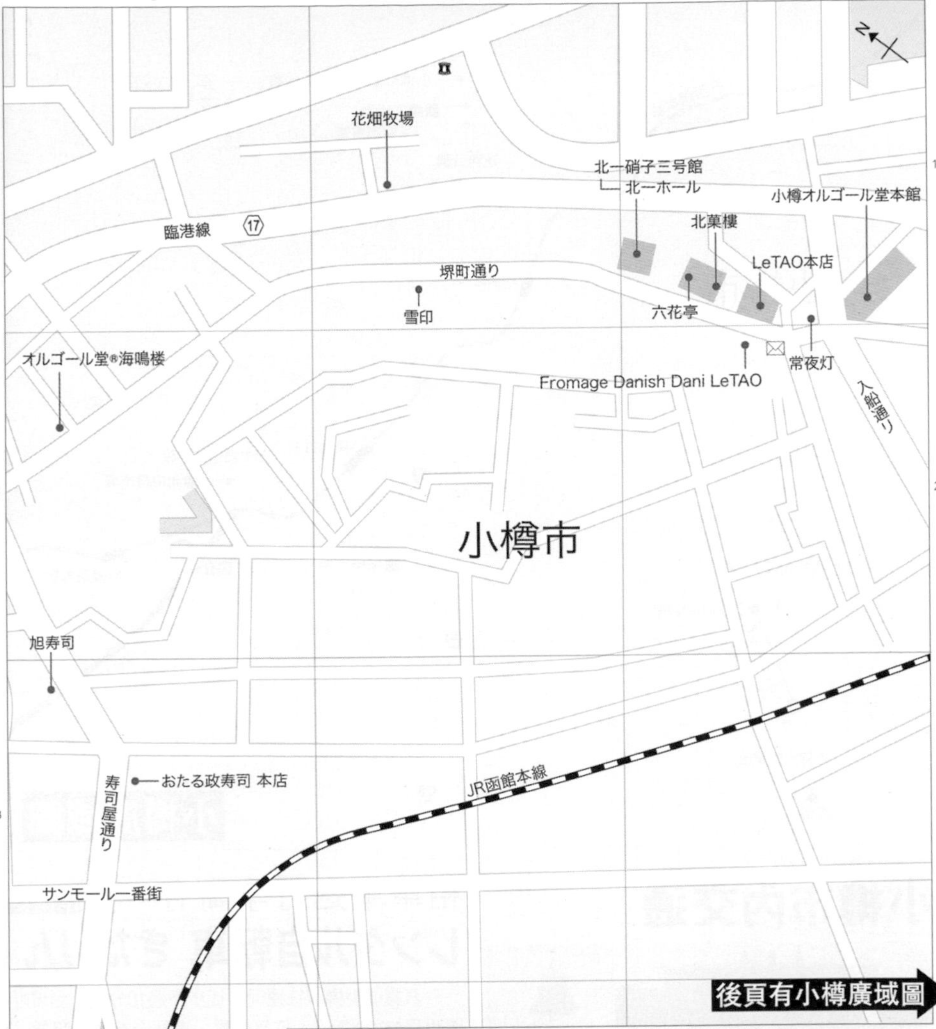

D E F

花畑牧場
北一硝子三号館
北一ホール
小樽オルゴール堂本館
臨港線 17
北菓楼
LeTAO本店
堺町通り
雪印
六花亭
オルゴール堂®海鳴楼
常夜灯
Fromage Danish Dani LeTAO
入船通り
小樽市
旭寿司
おたる政寿司 本店
寿司屋通り
JR函館本線
サンモール一番街

後頁有小樽廣域圖

掃貨大街
堺町通り

小樽最繁華熱鬧的商店街，南北縱長約800公尺，度假氛圍的街道，聚集各式手信、Café、飾品，以至藥妝店，堪稱掃貨大街。

800公尺長的街道，乃有大正時代的歐式建築。

MAP: P.143 D1-D2;E1;F1

六花亭、北菓樓、LeTAO、花畑牧場等，都在堺町通り設有分店。

Info

地址：小樽市堺町6-11
前往方法：JR「小樽」駅，徒步約8-12分鐘。

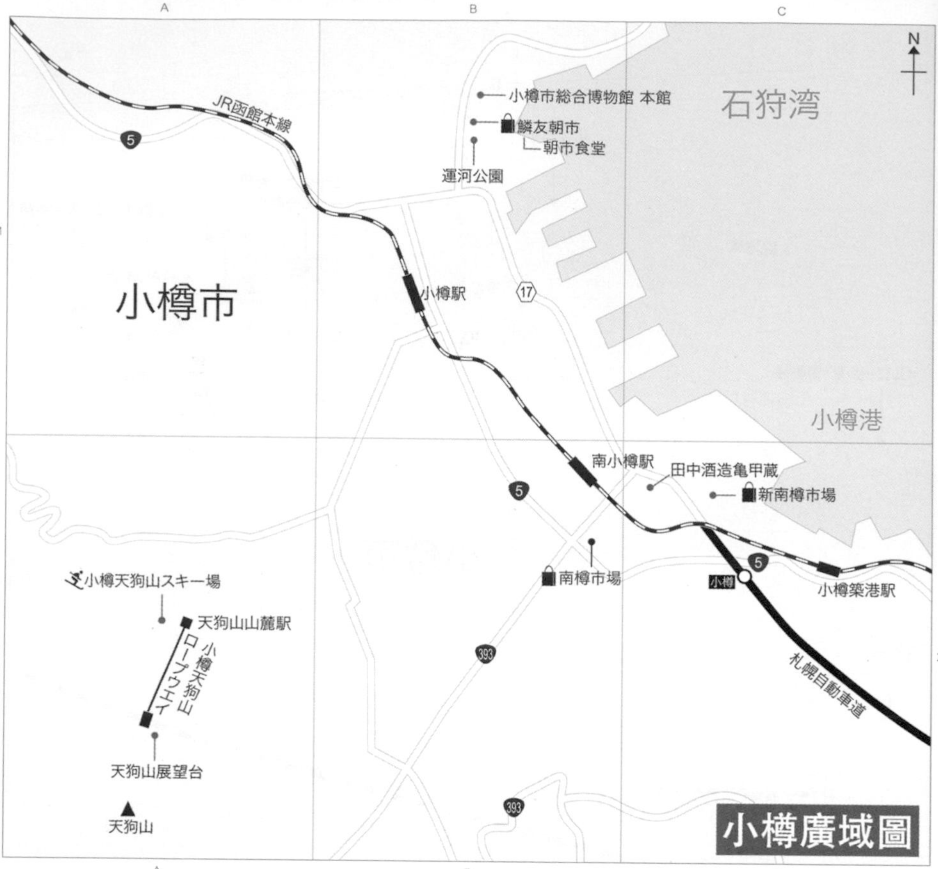

小樽廣域圖

A B C
1
2
小樽市
石狩湾
小樽港
JR函館本線
5
17
393
小樽市総合博物館 本館
鱗友朝市
朝市食堂
運河公園
小樽駅
南小樽駅
田中酒造亀甲蔵
新南樽市場
南樽市場
小樽
小樽築港駅
札幌自動車道
小樽天狗山スキー場
天狗山山麓駅
小樽天狗山ロープウエイ
天狗山展望台
天狗山

小樽市内交通

小樽駅於明治36年（1903年）啟用，月台和門前都置有古典的歡迎鐘「むかい鐘」。

循環路線巴士，行走小樽市內，單程￥220，一日券￥750還有消費優惠。

小樽駅前設有中央巴士的Bus Terminal（BT）。

租單車送行李寄存

MAP: P.142 B4

レンタル自転車 きたりん

其實從小樽駅往運河，徒步不過10分鐘，到堺町通也只15-20分鐘。若然嫌累，車站旁有單車租賃，租車還送免費行李寄存，但要注意傍晚前需還車。

白色車架配仿皮坐椅，打卡一流。

租車店有建議行程推介，環小樽一圈車程約1小時。

Info

地址：北海道小樽市稲穗3-10-16 いちふじビル1/F
電話：070-5605-2926
營業時間：0900-1830（周日0630-1830）
休息：雨天、冬季不定休
網址：https://kitarin.info/
前往方法：JR「小樽」駅旁邊。
單車租賃收費：普通車2小時￥900、4小時￥1,300、全日￥1,800
電動車2小時￥1,200、4小時￥1,700、全日￥2,400
* 駅前市營停車場1小時免費停車/每台。
# 租車客人可享免費行李寄存；非租車客￥500/件，size大小不限。

早晨限定魚市場

MAP: P.144 B1

鱗友朝市

小樽市內擁有大小海鮮市場多達9個，其中距離北運河最近的「鱗友」，乃本地居民最愛，也是最早開市的一個。每日清晨4點便營業，面積雖不大，攤販約有十數家，但夠地道，生猛海鮮與蔬菜售價相宜，還設有廉價海鮮食堂。

朝市已有60多年歷史，向以道地、新鮮與售價相宜而深得本地人喜愛。

本地農園直送的草莓。¥550/盒

道產新鮮甜蝦，盒盒¥800。

鱗友位於北運河的色內碼頭旁邊，故每日都有漁船直送海產。

農產蔬果主要來自附近的余市、新雪谷等地。余市番茄¥100/2個。

小樽產新鮮海膽，最平¥1,500已交易。

Info

地址：北海道小樽市色內3-10-15
MAPCODE：493 720 673*58
電話：0134-22-0257
營業時間：0400-1400
休息：逢周日
前往方法：JR「小樽」駅前巴士總站3番乘車處，轉乘高島3丁目行的巴士，於「総合博物館」駅下車；JR「小樽」駅，徒步約20分鐘。

人氣早餐丼

朝市食堂（舊名:お食事処のんのん）

市場內有2家食堂，其中「朝市」為的士司機叔叔的推介。由一對老夫婦經營，主打各式海鮮丼和早餐定食，用料新鮮又便宜。食客還可自攜海鮮，食堂可代為料理。

招牌「小樽丼」，精選當天揀手海鮮，像初夏就有海膽、帆立貝、三文魚子和大蝦，款款鮮味美，大滿足！¥2,200

Info

電話：050-5597-3426
營業時間：0400-1400
消費：約¥1,600/位起

「朝市」位於市場入口，前稱「お食事処のんのん」。

位置就近小樽駅，因而成為最受旅客歡迎的海鮮市場。

沿斜坡而建的市場，聚集近20家以海鮮為主的攤檔。

超人氣海鮮市場

MAP: P.142 A4

小樽三角市場

要數最受旅客歡迎的市場，首選一定是小樽駅旁的「三角市場」。始建於1948年，因地形呈三角不規則而得名，面積不大，聚集近20家海鮮攤檔，焦點是多家由水產店直營的海鮮食堂，都以新鮮、料靚、價格便宜而聞名，故天天都逼滿外國旅客。

道央沿岸撈捕的鮮蠔￥400、北寄貝￥800、帆立貝￥200。

「滝波商店」乃市場內數一數二的水產店，老闆每日直接跟漁船進貨。

當造毛蟹￥5,500隻，交給食堂烹調，還會切好整齊上枱，超爆膏！

排隊海鮮食堂

北のどんぶり屋 滝波商店

昭和20年（1945年）創業，三角市場內第一排隊食堂，由市場的水產老店「滝波商店」直營。4代經營，各式海鮮種類多，又高質便宜，尤以北海道4大磅蟹最馳名。旅客可在水產攤挑選海鮮，再交給食堂即場烹調。

旅客可在水產攤挑選磅蟹，再交給食堂即場烹調。

現切夕張秀品蜜瓜。¥1,000

除了生猛海產，也有旅客至愛的道產乾瑤柱。¥6,500：起

Info

地址：北海道小樽市稲 3丁目10-16
MAPCODE：164 719 471*84
電話：0134-23-2446
營業時間：0600-1700
網址：http://otaru-sankaku.com/index.html
前往方法：JR「小樽」駅，徒步1分鐘。

食堂就在滝波水產攤對面，每日中午例必大排長龍，至少等候1.5小時。

蟹湯，碗碗都有半隻松葉蟹，鮮甜到不得了。¥500

Info

電話：0134-23-1426
營業時間：0800-1700
消費：約¥2,000/位起

網羅小樽、余市至赤井川一帶特產，經常有特色推廣攤。

小樽名物大集合

MAP: P.142 B4

駅なかマート「TARCHE」

藏身小樽駅內的大型特產店，附設小吃攤，網羅1,000款以上小樽至余市的特產，由菓子、醬料、酒、牛奶，到新鮮農產、熟食小吃都應有盡有，一次過便可買盡小樽名物。

招牌「王様のうに」（王様即食海膽），生海膽佃煮，鹹香惹味，一瓶足有7隻海膽。¥2,160

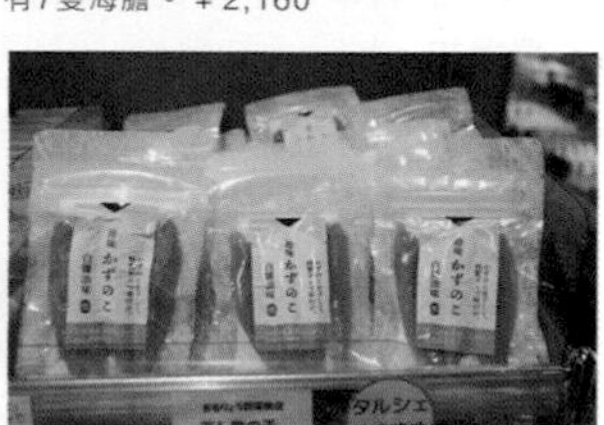
干し数の子，即是白醬油醃漬的魚子乾，鹹香佐酒。¥550

山中牛乳，來自赤井川的山中牧場，當地家傳戶曉。¥188

山中練乳，山中牧場招牌，味道特別濃郁。¥972

真狩村產的即吃牛油男爵薯，超好吃。¥190

Info

地址：JR「小樽」駅內
營業時間：0900-2000
前往方法：JR「小樽」駅內。

挑高的樓底恍如中世紀古堡，中央還置有巨型銅製蒸餾器。

小樽唯一精釀啤酒

MAP: P.142 B2

小樽ビール醸造所 小樽倉庫No.1

1995年創業的「小樽ビール」（小樽啤酒），乃小樽唯一精釀啤酒品牌，創辦人庄司昭夫師承德國啤釀酒師，運用酵母精釀出高質的啤酒。位於運河1號倉庫的自家餐吧，供應多款自家啤酒之餘，還有道產食材製作的精致德國菜。附設釀造所，每日提供多場20分鐘的免費見學。

Tips

釀造所見学：每半小時一場（1710止），逢周四、六還有￥2,200的啤酒放題。

1號倉庫建於明治23年（1890年），煉瓦造建築，表現日西合璧風格。

設有露天座位，坐在運河畔邊喝啤酒邊吹風，如置身歐洲。

小樽啤酒Pilsner，8星期熟成，金黃色澤味道醇和，乃人氣之選。￥507

商店有售釀造所限定的鮮榨麥汁，健康之選。￥380

餐吧入口設有商店，有售各式小樽啤酒，以及限定精品。

小樽啤酒，Pilsner、Dunkel、Weiss共3款，另有兩款無酒精。瓶裝各￥294

釀造所見學每半小時一場，全程20分鐘，由專人解說，還可試喝鮮麥汁。

Info

地址：北海道小樽市港町5-4
MAPCODE：493 501 438*12
電話：0134-21-2323
營業時間：1100-2300
網址：http://otarubeer.com/jp/
消費：約￥500/位起
前往方法：JR「小樽」駅，徒步約7分鐘。

小樽琉璃大王

MAP: P.142 C2

大正硝子館 本店

硝子，即是我們認識的琉璃（玻璃），明治、大正年間，小樽玻璃工業盛行。「大正硝子」於小樽市內一共有16家分店，本店由百年石造倉庫「高三郎商店」改造，已列入小樽歷史建築，內部主要售賣和風玻璃擺設。

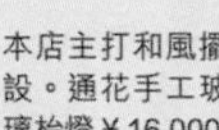

本店主打和風擺設。通花手工玻璃枱燈￥16,000

本店原為明治39年（1906年）所建的石造倉庫「高三郎商店」。

Info

地址：北海道小樽市色內1-1-8
電話：0134-32-5101
營業時間：0900-1800
網址：www.otaru-glass.jp/
前往方法：JR「小樽」駅，徒步約10分鐘。

2,000件擺設

大正硝子 びーどろ館

「大正」最大分店，店面攀滿藤蔓，內部提供超過2,000件大小玻璃製品，主打廉價的小擺設，包括小樽琉璃工業最初盛產的浮波「宝玉」。

びーどろ館名字源自葡萄牙語的玻璃，外牆攀滿藤蔓。

內部主打廉價的小擺設，招牌是各式迷你玻璃動物。

宝玉，昔日漁船使用的浮波，現在已變成迷你擺設。￥850

Info

地址：北海道小樽市色內1-1-5
MAPCODE：493 690 293*45
電話：0134-32-5101
營業時間：1000-1900
網址：www.otaru-glass.jp/
前往方法：JR「小樽」駅，徒步約10分鐘。

吹玻璃體驗

創作硝子工房

提供玻璃體驗，工房主管林拓緯，曾在富良野修行8年。吹玻璃體驗約20分鐘，其實全程由導師協助，學員只負責吹氣而已，故完成品都見得人。

可親手做出獨一無二的玻璃杯。

學員經導師指引下多次向吹管吹氣，將玻璃球愈吹愈大。

I Can Tips

玻璃體驗可當天到本店報名，或網上預約：
網址：www.otaru-glass.jp/koubou/sousaku/application

Info

地址：北海道小樽市色內1-1-8
體驗時間：1000-1700（每小時一節）
體驗收費：￥3,200/約20分

懷舊屋台街

MAP: P.142 C2

小樽出抜小路

懷舊主題食街，以明治、大正時代屋台風裝潢，集合19家道地食堂，強調「地產地消」，主打道產食材炮製的道地餐飲，由拉麵、烤肉、Cafe，到居酒屋俱備。入口處築有消防望樓造型的「火の見櫓」，可俯瞰整個小樽運河街景。

登上「火の見櫓」，整個小樽運河街景盡收眼底。

出抜吉祥物「うだつ小僧」，頭戴眼鏡的造型是明治時代的學生Look。

入口處築有消防望樓造型的「火の見櫓」，足有3層高，可自由登上。

小路原為明治、大正時代的貨物裝卸區，現在變身懷舊食街。

Info

地址： 北海道小樽市色內1丁目1番
MAPCODE： 493 690 353*00
電話： 0134-24-2483
營運時間： 約1000-0100
網址： https://otaru-denuki.com/
前往方法： JR「小樽」駅，徒步約10分鐘。

哈密瓜雪糕

ポプラファーム（POPURA FARM）

出抜小路人氣店，源自富良野的蜜瓜甜品專門店，招牌「サンタのヒゲ」（密瓜雪糕）全年供應，選用本地密瓜農園，已成出抜名物。

「サンタのヒゲ」（密瓜雪糕），半邊個密瓜加上牛奶雪糕，滋味滿足！￥1,500

Info

電話： 0134-34-1772
營運時間： 1030-1830
網址： http://popurafarm.com

怪味雪糕

MAP: P.142 C2

北のアイスクリーム屋さん

1995年開業，藏身芸術村旁邊的人氣雪糕店，以獨特口味聞名，有清酒、Wasabi、豆腐，甚至海膽、墨魚汁、納豆、薯仔等等。每日約有20款供應，強調100%天然食材無添加、無色素，怪得來其實很好吃。

イカスミ（墨魚汁），クリームチーズ（忌廉芝士），分別是男、女生第一位，黑色的墨魚真有墨魚香味；芝士味道甜中帶鹹，有驚喜。雙球￥500

Info

地址： 北海道小樽市色內1-2-18
MAPCODE： 493 690 411*31
電話： 0134-23-8983
營業時間： 1000-1700
前往方法： JR「小樽」駅，徒步約10分鐘。

日本最大音樂盒店 MAP: P.143 F1

小樽オルゴール堂本館（小樽音樂盒堂本館）

日本最大音樂盒專門店，紅磚造的建築，建於昭和45年（1912年），館內展售超過3,400款不同風格、款式的音樂盒。門前置有加拿大鐘錶名匠Raymond Sounders打造的蒸汽時計台，每逢整點報時，每隔15分鐘還會以蒸氣鳴奏音樂。

建於昭和45年（1912年）的紅磚建築，充滿歐式浪漫風格。

內部為木骨磚造結構，挑高的樓底，擺滿各式各樣的大小音樂盒。

迷你版蒸汽時計台音樂盒。¥4,104

蒸汽時計台 5.5米高，逢整點報時，每隔15分鐘還會以蒸氣鳴奏音樂。

旅客可自選零件，組裝成獨一無二的音樂盒。零件¥1,296-4,000

Info

地址：北海道小樽市住吉町4 4-1
MAPCODE：493 661 492*22
電話：0134-22-1108
營業時間：0900-1800（7-8月逢周六、日0900-1900）
網址：www.otaru-orgel.co.jp/
前往方法：JR「小樽」駅，徒步約10分鐘。

道地酒場橫丁 MAP: P.142 C3

おたる屋台村 レンガ横丁 & ろまん横丁

壽司通附近的商店街「サンモールー番街」旁邊小巷內，有兩條懷舊風格裝潢的食街：「レンガ横丁」（紅磚横丁）以屋台風裝潢，集合13間食店；「ろまん横丁」（浪漫横丁）則為室內食街，集合7間食店。主打居酒屋、酒場，道地風味，氣氛熱鬧。

13間食店函蓋居酒屋、小酒館，中庭還有露天座位。

「ろまん横丁」(浪漫横丁) 為室內食街，集合7間小型食店。

食店都主打本地食材炮製的道地小菜，充滿人情味，也便宜。

「レンガ横丁」（紅磚横丁）以昭和屋台風格裝潢，集合13間食店。

Info

地址：北海道小樽市稲穂 1 丁目4–15
MAPCODE：493 690 126*34
營業時間：約1700-2300（部分午市有營業）
網址：http://otaruyataimura.jp/
前往方法：JR「小樽」駅，徒步約10分鐘。

小樽最大

MAP: P.144 C2

新南樽市場

遠離小樽市中心的南小樽駅，還有一個「南樽市場」，乃本地居民常去的市場，1999年在小樽築港附近另建新市場，現為小樽最大。內有約40個店攤，生猛海鮮、蔬果熟食，以至食堂有齊，勝在道地便宜。旁邊還有￥100店DAISO、電器店和大型停車場。

場內海鮮攤約佔一半，大多賣貝類、三文魚子和乾貨。

小樽產新鮮鹽水海膽，￥1,500-1,600一版！

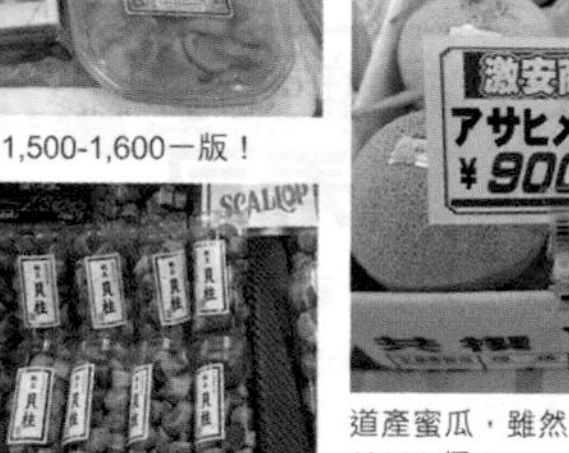

道產蜜瓜，雖然只屬迷你種，但便宜至￥900/個！

北海道產瑤柱，阿媽至愛。瑤柱3,500/瓶

座落南小樽駅附近，現為小樽最大市場。

Info

地址：北海道小樽市築港8-11
MAPCODE：493 632 885*23
電話：0134-27-5068
營業時間：0900-1800
休息：逢周三
網址：www.shin-nantaru.com/
前往方法：JR「南小樽」駅，徒步約12分鐘。

纜車全程約4分鐘，沿途已可俯瞰小樽市街無敵美景。

《情書》名場

天狗山

MAP: P.144 A2

標高532.4米，被譽為小樽的象徵，從山腳乘搭纜車，4分鐘即達山頂展望台，可俯瞰小樽到石狩灣美景，跟函館山與札幌藻岩山，並稱「北海道三大夜景」。冬季白雪覆蓋，不止有滑雪場開放，更是《情書》中，女主角藤井樹向雪山大叫：你好嗎？的場景。

山上還有天狗山神社，以及夏天才開放的高速滑道。

雪中的天狗山，是《情書》中，女主角藤井樹向雪山大叫：你好嗎？的場景。

登上天狗山頂，小樽港、石狩灣盡收眼底，天氣好時甚至可看到積丹半島。

Info

地址：北海道小樽市天狗山
MAPCODE：164 596 834*12
纜車票價：單程成人￥720、小童￥360；往返￥1,200、小童￥600
網址：http://tenguyama.ckk.chuo-bus.co.jp/
前往方法：JR「小樽」駅前，乘搭往「天狗山ロープウエイ」方向的巴士，至天狗山下車，車程約18分鐘，再轉乘纜車和吊椅登山。

余市蒸餾所正門。

日本威士忌殿堂見學

MAP: 見封底地圖

NIKKA WHISKY余市蒸餾所

被譽為「日本威士忌之父」的竹鶴政孝，於1934年創立的威士忌蒸溜所，座落小樽附近的余市，佔地13.2公頃，多棟歐式風格的磚造建築，已被登錄成有形文化財。旅客可免費參觀威士忌博物館、貯藏庫、竹鶴宅邸等。也可參加免費導賞團（需預約），一睹威士忌的各個生產步驟。園內設大型餐廳和商品店，不過真正焦點，是免費威士忌試飲，還有大量余市限定版。

「1號貯藏庫」，昏暗的倉庫中擺滿NIKKA標致的橡木桶。

NIKKA前身為大日本果汁，「舊事務所」已登錄為余市町文化財，現在仍有生產蘋果酒。

蒸餾棟內展出1936年使用的1號蒸餾器，至今仍採用傳統的煤炭直火蒸餾法。

紅色屋頂建築群包括發酵棟、糖化室、粉碎棟、蒸餾棟、混和棟等，圖為乾燥棟。

Info

地址：北海道余市郡余市町黑川町7-6
MAPCODE：164 665 066*25
電話：0135-23-3131
開放時間：0900-1700（博物館、試飲會場 0915-1645；餐廳1100-1600）
休息：12月25日～1月7日
網址：www.nikka.com/distilleries/yoichi/
前往方法：JR「余市」駅，徒步約3分鐘。
*札幌駅出發，乘JR函館本線，至小樽駅轉車至余市，車程最快1小時5分。

巨型銅釜（銅製蒸餾器）矗立館中央，閃閃發光，後方還有無數橡木桶包圍。

威士忌博物館（ウイスキー博物館）

由舊貯藏庫改建而成，內部展出不同年份的NIKKA威士忌、竹鶴夫婦遺物及模擬居所，並附設酒吧。

剛蒸餾完成的原酒呈透明，存放愈久顏色會愈深，也會漸漸蒸發掉。

昭和15年（1940年），余市蒸餾所生產的第一支威士忌。

付費試飲絕版原酒

威士忌博物館內設有酒吧，提供付費試飲，可試飲單瓶¥2萬的原酒。

本書出版時，所有年份的原酒已售罄，圖中的余市單一麥芽原酒已成絕響。

余市Single Cask 10年，醇厚易入口，餘韻久久不散。¥1,000/15cc

「余市」的前世今生

1894年出生的竹鶴政孝，原為廣島造酒商少東，24歲遠赴蘇格蘭學習威士忌釀造。1923年，Suntory（壽屋）創辦人鳥井信治郎，於京都開設日本首間威士忌釀造廠——山崎蒸餾所，邀請竹鶴回國擔任廠長，釀出日本第一支威士忌「白札」，及後二人分道揚鑣。1934年，竹鶴挑選氣候跟蘇格蘭相似的北海道余市，成立余市蒸餾所，創立「大日本果汁」，即現在的NIKKA，旗下威士忌品牌包括余市、宮城峽及竹鶴。

提提你

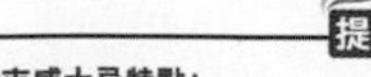

提提你

余市威士忌特點：

強調正宗蘇格蘭口味，採用罕見的石炭直火蒸餾法，所以余市帶有一股焦香，又用泥炭法來乾燥麥芽，使之擁有強烈的麥芽香，被酒痴推崇。

威士忌免費試飲

NIKKA會館（ニッカ会館）

見學重點是免費試飲，試飲場就在紅磚外牆的會館2樓，全自助式服務。

3款試飲分別是：（左起） 蘋果酒、余市單一麥芽威士忌及Super Nikka。

Tips 注意！日本合法飲酒年齡為20歲。

若是自由參觀，需在1樓入口處填寫試飲卡，上2樓交給職員便可免費試飲。

每人可自取3杯不同的威士忌，場內有佐酒零食的自助售賣機。

場內提供免費冰水、冰塊、梳打水給你自行調配，還有16茶和自家果園蘋果汁可以喝。

必買限定商品

商店「NORTH・LAND」

NIKKA專門店有售余市限定品，但僅記小瓶裝才抵買，大瓶裝在機場買更便宜。

余市及宮城峽限定PURE MALT（Black Red）。¥2,160/500ml

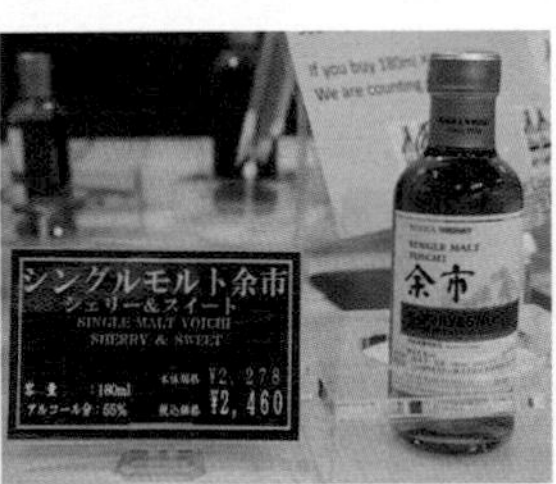

余市限定小瓶裝，目前只剩帶果香的Sherry & Sweet，以及帶煙燻味的Peaty & Salty。¥2,460/180ml

NIKKA威士忌朱古力，味道濃厚回甘，另有白蘭地及蘋果酒。¥260

免費導賞團

導賞團全程約90分鐘，由專人帶領逐一參觀，全程以日文進行，但可輔以簡單英語，最後還有試飲和購物時間。

導賞員會帶領學員，逐一參觀發酵棟等建築，深入介紹製酒步驟。

導賞團學員可進入發酵棟，一睹NIKKA威士忌的釀造秘密。

Tips 自行見學無需預約，一樣有免費試飲。

Info

見学ガイド（見學Guide）
見學時間： 0900-1200、1300-1530（每半小時一場）
需時： 90分鐘（見學50分鐘＋試飲購物40分鐘）
預約網址： https://distillery.nikka.com/reservation/

滑雪天堂

新雪谷

JR「ニセコ」(新雪谷)或「倶知安」駅下車。
*札幌駅出發，車程約2.5小時。

ニセコ/Niseko 前譯名:二世古

「ニセコ」中文又譯作「二世古」或「二世谷」，源自北海道原住民愛努語，意為險峻的懸崖。北海道最著名的滑雪鄉，世界排名頭3位的降雪量，擁有最優良的雪質Powder snow（粉雪），幼細輕盈如粉般，區內擁有多個大小滑雪場，風景優美，被滑雪愛好者奉為「粉雪天堂」。其實，夏天的新雪谷春色滿園，還有牧場、登山、激流、熱氣球等豐富的戶外活動，一樣精彩。

新雪谷町官網：www.town.niseko.lg.jp/

A B C

神仙沼湿原
大沼
58
5
倶知安駅
尻別国道
276
尻別川
Hanazono Niseko
大湯沼
羊蹄国道
Grand HIRAFU
66
Niseko Annupuri
Niseko Moiwa
比羅夫駅
Niseko Village
ニセコ高橋牧場
ミルク工房
レストラン PRATIVO
チーズ工場
ニセコの森/ニセコの風
ニセコ野菜耕房's
羊蹄山
有島紀念館
ニセコ駅
JR函館本線
昆布駅
道の駅ニセコビュープラザ(View Plaza)
5

二世古(新雪谷)

A B C

隱世美景

MAP: P.165 A1

神仙沼湿原

座落新雪谷海拔750公尺山麓、佔地4.18公頃的高地濕原。群山環抱，擁有無數湖沼和廣闊濕原，由於附近是豪雪地帶，一直到6月都被白雪覆蓋，每年只在短暫的夏秋季才得以露面，山上築有1,388米長木棧道貫穿，也是賞紅葉勝地，堪稱真正的隱世美景。

新雪谷連峰有長沼、大沼等多個濕原湖，當中神仙沼是最美的一個。

沼內有多個池塘，春季湖畔開滿千島櫻、睡菜，夏季則有襌庭花、白毛羊鬍子草。

神仙沼屬新雪谷積丹小樽海岸公園，1928年始被日本童軍之父的下田豐松發現。

清晨，濕原霧鎖雲籠，朦朦朧朧像置身於夢境中。

Info

地址： 北海道岩內郡共和町前田
MAPCODE： 398 551 637*50（停車場）
前往方法： JR「ニセコ」（新雪谷）駅乘搭往神仙沼的巴士，於「神仙沼レストハウス」駅下車，車程約40分鐘。

牧場位於新雪谷山麓，107公頃的大草坪，可眺望羊蹄山，還有大量打卡位。

親子牛乳牧場

MAP: P.165 B1

ニセコ高橋牧場

夏季的新雪谷綠草如茵，孕育優質牛乳，「高橋牧場」正是當地最著名的牛奶品牌。昭和45年（1970年）開園，牧場佔地107公頃，背靠羊蹄山，162頭乳牛以放牧方式飼養，連玉米與牧草飼料都是自家種植，2005年更奪北海道乳牛大賽銅牌。園內設有牛乳工房、芝士工房、火腿工房、Cafe、餐廳和工藝特產店，必吃招牌牛乳雪糕和泡芙，還有提供雪糕D.I.Y等體驗，親子遊首選。

招牌「のむヨーグルト」（喝的乳酪），曾在亞洲最大食品展FOODEX獲得金獎。¥370

牧場飼有162頭乳牛，都以放牧方式飼養，每日清晨6點採集生乳。

年輪蛋糕工房，可一睹年輪蛋糕生產。片裝年輪蛋糕¥350

Info

地址：北海道虻田郡ニセコ町曽我888-1
MAPCODE：398 321 075*21
電話：0136-44-3734
網址：www.niseko-takahashi.jp/
前往方法：JR「ニセコ」（新雪谷）駅出發，車程約10分鐘。

芝士工場附設薄餅餐廳MANDRIANO，店內可買到工場新鮮製作的芝士。

芝士工場

チーズ工場

芝士主題工場，旅客可透過玻璃窗，一窺各種芝士的製作過程。工場還併設薄餅餐廳MANDRIANO，主打自家芝士入饌的各式餐點。

旅客可透過玻璃窗，一窺各種芝士的製作過程。

Info

電話：0136-44-2188
營業時間：夏季1000-1700；冬季1100-1700
休息：5～6月逢周二至三
網址：www.niseko-cheese.co.jp/

專售當天新鮮採摘的蔬菜，還貼心地提供烹調方法。

本地新鮮農產

ニセコ野菜耕房's

專售當天新鮮採摘的蔬菜，都來自新雪谷8家特約農戶，絕對優質新鮮之餘，價格更是便宜。

本地新鮮露筍，鮮甜到不得了。¥200/紮

Info

營業時間：1000-1700
休息：5～6月逢周四、11～4月休業

必吃牛乳忌廉泡芙

ミルク工房（牛乳工房）

附設高橋牧場直營的Milk Kobo's Cafe，專售牛乳雪糕、優格、蛋糕等甜點，都使用高橋牧場當天早上現擠的牛乳製成。招牌「牛奶忌廉泡芙」，酥脆外殼內擠滿濃稠的牛奶忌廉吉士，好吃至停不了口。

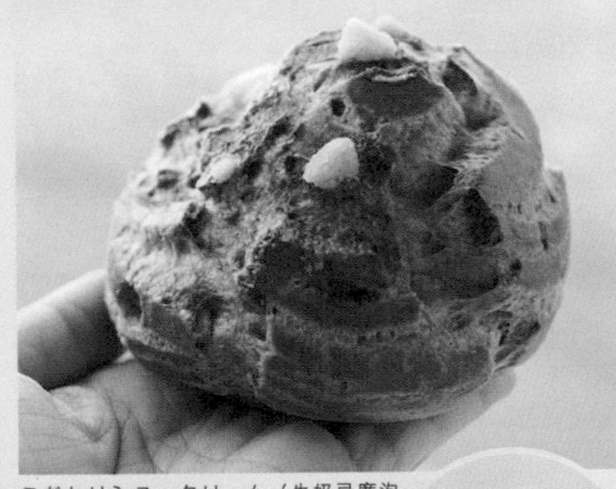

とろけるプリン（特濃布甸），蛋味濃郁滑溜，底層的焦糖更是香濃。¥280

こだわりシュークリーム（牛奶忌廉泡芙），外脆內綿密，奶滑香濃。¥190

ニセコチーズタルト（芝士撻），酥脆撻皮濃濃牛油香，蛋漿濃郁且滑嫩。¥220

牧場直營的Café「Milk Kobo's」分店遍北海道，牧場本店入口還有乳牛模型。

Info

電話：0136-44-3734
營業時間：0930-1800（冬季0930-1730）
網址：www.niseko-takahashi.jp/milkkobo/
前往方法：JR「ニセコ」（新雪谷）駅出發，車程約10分鐘。

野菜午餐放題

レストラン PRATIVO

牧場2011年斥資1億日元、邀請名建築師中村好文打造的意大利餐廳，黑色原木屋配落地玻璃窗，內部特設階梯式座位，用餐時都有羊蹄山美景相伴。提供野菜午餐放題，收費¥1,650，可自選一款主菜，還有大量野菜餐點和甜點放題，都選用本地小農蔬菜，與自家牧場鮮牛乳製作，高質又抵吃。

野菜午餐放題，可自選一款主菜，有三文魚、意粉等選擇，黑椒雜菌意粉口感彈牙惹味。

野菜餐點菜式豐富，冷熱俱備，還有多款甜點和飲料。

弧形劇場式階梯座位，加上落地玻璃窗，將羊蹄山美景引盡室內。

野菜餐點有沙拉、有焗菜等各式煮法，還有牧場鮮牛乳和溫泉蛋。

黑色原木屋意大利餐廳，由著名建築師中村好文打造。

Info

電話：0136-55-8852
營業時間：1100-1500
（夏季1100-1600、1800-2000）
野菜午餐放題收費：午市¥1,650
網址：www.niseko-takahashi.jp/prativo/

相連的兩間原木屋，田園風格內裝一室撲鼻木頭香，文青至愛。

森林系雜貨
Nisekonokaze（ニセコの風）

牧場內還附有雜貨小店，「ニセコの風」與「ニセコの森」兩店相連，專售本地特色工藝、雜貨，甚至藝術品，由服飾、木工藝、精品擺設、明信片，到職人手作都應有盡有。

所售服裝都以棉、麻材質製，森林系風格為主，感覺自然。

店內有售本地手作人作品，同樣以新雪谷自然為題材，高水準。¥各1,137

陶瓷公仔，都以新雪谷的牧場或自然為主題，羊咩咩超可愛。各¥324

Info
營業時間：0930-1800

蝦夷富士山
MAP: P.165 C2
羊蹄山

座落北海道後志南邊，標高1,898公尺的成層火山，乃「日本百名山」之一，因圓錐的外型酷似富士山，形態優美，因此有「蝦夷富士」的美名。2003年被日本氣象廳定為活火山，山頂擁有直徑700米的火山口，還有超過100種高山植物綻放。每年夏、秋季為熱門登山地點，一共有4條登山路線，當中以真狩路線最易行，登山口還有露營場。

外型酷似富士山，初夏山上仍有積雪，山下薯仔花盛放，風景絕美。

山頂擁有直徑700米的火山口，山麓還有一個名為半月湖的火口湖。

羊蹄山頂海拔1,898公尺高，共有4條登山路線，需時3-5小時。

羊蹄山屬支笏洞爺國立公園範圍，素有「蝦夷富士」的美名。

Info
地址：北海道虻田郡倶知安町
前往方法：JR「倶知安」駅出發往各個登山口，車程約10-40分鐘。

新雪谷道の駅，座落国道5号旁邊，現場可眺望羊蹄山美景。

掃貨休息站

MAP: P.165 B2

ニセコ道の駅ビュープラザ（View Plaza）

座落国道5号旁邊的大型「道の駅」，即公路休息站，設有觀光案内所、農産直賣所、特產手信店，還有道地小吃攤與完善洗手間，更有羊蹄山美景相伴，自駕遊順道來掃貨一流。

情報プラザ棟內的「観光案内所」，附設大型特産手信區，一次買盡新雪谷。

新雪谷産珍珠米，5kg只售￥1,980。

農產直賣所內，集合町內60個農家的新鮮蔬菜。露筍￥450/包

羊蹄山蕎麥麵，用山上的天然湧泉水製作。￥1,235

休息站有數家小吃店，提供便當、飯糰、烏冬等小吃。烤糰子￥200

新鮮本地男爵薯，每包￥100，便宜到爆！

新雪谷限定Premium Tomato juice，無添加番茄汁。￥400

Info

地址：北海道虻田郡ニセコ町字元町77番地10（国道5号沿い）
MAPCODE：398 174 591
電話：0136-43-2051
營業時間：農產物直売所4月下旬～10月9830-1800、11月～4月下旬0900-1700；情報フラザ棟（観光案内所）0900-1800
網址：www.hokkaido-michinoeki.jp/michinoeki/949/
前往方法：JR「ニセコ」（新雪谷）駅出發，車程約5分鐘。

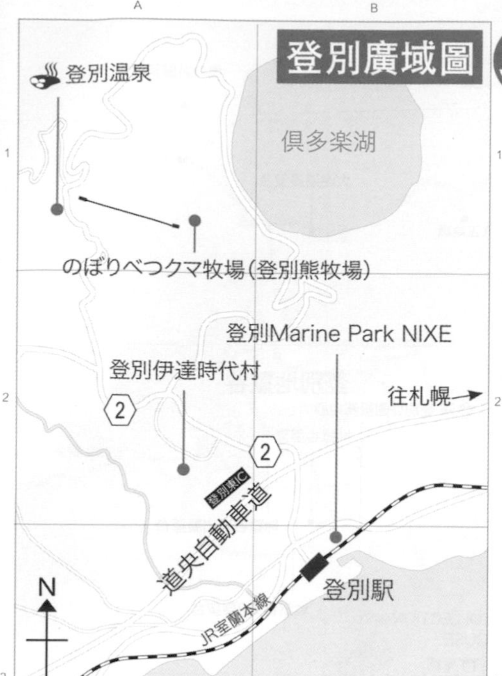

JR「登別」駅下車，轉乘往「登別温泉行き」的道南巴士直達，車費¥340，車程約15分鐘；若轉乘的士，車費約¥2,000。

* 札幌駅至登別駅，乘JR千歳線特急Super北斗，車程最快1小時10分。

道南巴士：www.jorudan.co.jp/

JR登別駅內，置有黑熊標本。

「登別鬼像」集郵

登別境內設有多座歡迎鬼像，包括JR登別駅前、手執狼牙棒的赤鬼。

登別駅旁邊還有小便子鬼像，流出溫暖的泉水。

親子鬼像，位於大湯沼川天然足湯出口附近，青鬼媽媽足有5米高。

纜車站位於溫泉街「玉乃湯」旁邊，全程約7分鐘，門票已包含纜車

園內分成第1、第2兩個牧場，第2牧場展示的是母熊，比較為食。

餵餵蝦夷棕熊

MAP: P.171 C3　MAP: P.172 A1

のぼりべつクマ牧場（登別熊牧場）

1958年開幕的棕熊保育園，座落海拔550公尺高的四方嶺山頂，需乘搭專屬纜車前往。由開園時只有6頭蝦夷棕熊，到高峰期多達300頭，現在約有100頭。設有第1、第2兩個牧場，前者展示公熊；後者展示母熊，旅客可購買熊曲奇餵飼。為求有點心可吃，棕熊們會招手，甚至站起來討吃！

牧場內架設木台和小水池，旅客則隔着圍欄觀賞。

旅客可購買專用飼料「熊曲奇」餵飼，現場棕熊都超喜歡。￥100

第1牧場展示公熊，體形更龐大，還設有一道玻璃隧道可近距離餵飼。

棕熊為求討吃，會向旅客招手，甚至站起來！

除了棕熊，其實牧場還有賽鴨和熊仔表演，但總覺有點殘忍。

博物館頂樓設有展望台，可看到3公里外、透明度日本第2高的倶多樂湖。

Info

地址： 北海道登別市登別温泉町224
MAPCODE： 603 259 494*25
電話： 0143-84-2225
開放時間： 4月1日～6月30日、10月1日～1月31日0830-1630；7月1日～9月30日0800-1700；2月1日～3月31日0830-1600
休息： 11月上旬不定休
入場費：（連纜車票）成人￥2,600、小學生￥1,300
網址： https://bearpark.jp/
前往方法： 登別温泉街纜車山麓駅，乘搭纜車（ロープウエイ）登山即達。

佔地11公頃的火山口遺跡，從沒間斷噴出熱騰騰的白煙，猶如地獄一樣。

漫遊「鬼の国」

MAP: P.171 B1-B2;C1-C2

地獄谷

登別溫泉的源頭。是1萬年前，日和火山爆發而形成的火山口遺跡，直徑450米、面積廣達11公頃，崎嶇的黃土地形，一整片寸草不生，至今依然持續噴出沸騰白煙，空氣中彌漫濃烈的硫磺味，煙霧籠罩，猶如「鬼の国」的地獄一樣，因而得名。地獄谷範圍內築有精緻的遊步道，可通往奥の湯、大湯沼、鉄泉池等名泉，還有河上足湯「大湯沼川天然足湯」，已被列入北海道遺産。

地獄谷展望台，是拍攝的最佳位置，彌漫濃烈的硫磺味。

入口設有登別公園服務中心，內有休息設施和紀念品區，有售地獄谷的溫泉粉。¥200

泉），每幾分鐘便噴出熱泉，但目前禁止進入。

沿遊步道可通往火山口旁的小神社「薬師如来」，乃地獄谷守護社。

服務中心有免費水靴可借用，男女童裝俱備，但需下午4點前交還。

地獄谷內建有7條遊步道，需時7至20分鐘不等，可通往奥の湯等名泉。

Info

地址：北海道登別市登別溫泉町無番地
MAPCODE：603 288 399*28
開放時間：0800-1800
前往方法：JR「登別」駅乘道南巴士，於「第一滝本前」駅下車，徒 約5分鐘。

火山遺跡

MAP: P.171 C1

奥の湯

位於地獄谷北面，乃日和火山的噴發遺跡，円錐形的沼底，有灰黑色的硫黃泉水不斷湧出，表面溫度高達75℃～85℃，故終年白煙裊裊，像置身迷蒙夢境。

表面溫度高達75℃～85℃，即使冬天也感覺熱氣逼人。

現場設有木製展望台，從地獄谷展望台沿步道走來，需時約20分鐘。

奥の湯乃日和火山的噴發遺跡，湯沼呈有趣的円錐形，泉水粉綠，故終年白煙裊裊。

Info

地址：北海道登別市登別溫泉町無番地
前往方法：登別溫泉街步行約25分鐘。

火山口灰泉

MAP: P.171 C1

大湯沼

日和火山爆發後形成的裂火山口遺跡，周長1公里的葫蘆形湯沼澤，硫黃跟鐵質形成灰黑色的硫化鐵泉，表面溫度約40℃～50℃，最深處的沼底更可達130℃高溫。

有別於奥の湯，泉水呈灰黑色，因為硫黃遇上鐵質泉，變成硫化鐵泉。

現場設有大湯沼展望台，但經常煙霧瀰漫，伸手不見五指。

葫蘆形的湯沼澤，周長1公里，最深處約26米，表面溫度約40℃～50℃。

Info

地址：北海道登別市登別溫泉町無番地
MAPCODE：603 318 003*32
前往方法：登別溫泉街步行約25分鐘。

森林中的足湯

MAP: P.171 B1

大湯沼川天然足湯

位於大湯沼川的溫泉川，川邊築有木平台，旅客可在天然溫泉川中泡足湯，一邊享受溫泉足浴、一邊沉浸在寧靜的森林浴中。前所未有的野溫泉體驗，還完全免費。

溫泉川暖暖的，漫遊完地獄谷，來這裏泡泡最適合。

要享受野溫泉，必要負出代價，從地獄谷展望台沿徒步過來需時45分鐘。

川邊築有木平台，旅客脱掉鞋子，便可踩入水中享受天然溫泉川的足湯，記得自備毛巾。

Info

地址：北海道登別市登別溫泉町無番地
前往方法：登別溫泉街步行約15分鐘。

廣達53,000平方呎的大浴場，落地玻璃窗還可眺望地獄谷，素有「東洋第一大浴場」美譽。

東洋第一大浴場

MAP: P.171 B3

第一滝本館

1858年創立，乃登別第一間溫泉旅館。毗鄰登別地獄谷，擁有日本5種泉質、35座溫泉浴槽，每天24小時開放，堅持不加水、保持放流。其中大浴場面積廣達53,000平方呎，乃登別之冠，素有「東洋第一大浴場」美譽。擁有395間客房，和洋式設計俱備，還附設室內泳池、手信街「湯の街」與一級本地料理。

毗鄰地獄谷，泉水直接從地獄谷抽取，故泉質特佳。

35座溫泉浴槽，網羅硫磺、芒硝、食鹽等5種泉質。

多款溫泉御膳，主打道產食材炮製的時令菜式，包括十勝牛、毛蟹等。

大堂有兩層高的「鬼の大金棒」，每逢整點還有桃太郎人偶機關展演。

客房和洋式設計俱備，部分更擁有地獄谷景觀。

早餐尤其精緻，還有多款健康特飲。

Info

地址：北海道登別市登別溫泉町55番
MAPCODE：603 287 054*02
電話：0120-940-489
日歸入浴：0900-1600成人￥2,000、小童￥1,000； 1600-1800成人￥1,500、小童￥750
房價：和室（一泊二食）每位￥13,200/晚起
網址：https://takimotokan.co.jp/ja/
前往方法：住客可於JR札幌駅前乘搭專用巴士「わくわく号」直達，車費￥500，車程約2小時，需預約。

北海道三景

洞爺 とうや/Tōya

位於北海道西南部，南臨內浦灣，是11萬年前因火山活動而形成的河口湖，屬於支笏洞爺國立公園範圍，湖水終年不結冰，山清水秀，被譽為「北海道三景」之一、「日本百景」之一，也是日本首個獲聯合國認證的「世界地質公園」。洞爺湖、有珠山一帶，近百年來多次火山爆發，文明與自然同遭摧毀，卻造就出洞爺湖溫泉、昭和新山等景點，見證大自然力量。

洞爺湖温泉観光協会 ：www.laketoya.com

「桜が丘団地跡」為焦點遺跡，3棟相連的5層國營公寓，當時住有378名居民，幸好能及時撤離。

憑吊火山爆發廢墟

MAP: P.183 D1

金比羅火口災害遺構散策路

2000年有珠火山爆發，由於事前預警，及時撤離上萬居民，最終無人傷亡，但周遭的道路和建築物已遭摧毀。當局特別保留部分廢墟，鋪設「金比羅火口災害遺構散策路」和「西山山麓火口散策路」兩條步道。其中金比羅位置最方便，來回約40分鐘，沿途可見殘破的建築、爆裂的路面，還有東倒西歪的電線桿，足見火山噴發的威力。

浴場牆身的火山泥跡，依然清楚可見，樑柱至今仍被火山泥埋下。

「木の実橋」，原為国道230號一段架空橋，被土石流沖至洞爺湖小學。

原為市政府經營的公衆浴場「やすらぎの家跡」，火山爆發時被熱泥流掩埋。

昔日的頹垣敗瓦，今日已長出青翠綠樹、百花飄香，足見大自然的生命力。

路上常見巨型的火山石，還有爆裂的路面。

1、2樓單位損毀最嚴重，陽台都塞滿火山泥，頂樓窗戶也被火山噴石打破。

入口位於洞爺湖遊客中心後面，並築有展望台。

Info

地址： 北海道虻田郡洞爺湖町洞爺湖溫泉142-5
電話： 0142-75-4400
開放時間： 4月中～11月上旬0700-1800
休息： 冬季11月初～4月中
前往方法： JR「洞爺」駅，轉乘道南巴士，至洞爺湖巴士總站下車，徒步2分鐘，入口在洞爺湖遊客中心後方。

紀念洞爺湖溫泉開湯100週年的紀念碑，畫框設計已成打卡熱景。

洞爺湖周長43公里，沿湖畔築有精緻的遊步道，景致優美。

優美不凍湖

MAP: P.182 全圖

洞爺湖

日本第3大火山口湖，周長43公里，最大水深179米，湖面寬闊山環水抱，景致優美，被譽為「北海道三景」之一，2009年更獲聯合國列為「世界地質公園」。洞爺湖也是日本最北端的不凍湖，即使冬天也不會結冰，一年四季碧水縈迴。湖中有4個統稱「中島」的浮島，旅客可乘坐遊覽船，或者沿湖畔漫步，都一樣洗滌心靈。

近萬世閣溫泉旅館，有可愛的天鵝船可划，收費￥1,000/1小時。

湖中有4個浮島，山環水抱，被譽為「北海道三景」之一。

湖畔遊步道中央，設有大型免費足湯「洞龍の湯」，記得自備毛巾。

Info

地址：北海道虻田郡洞爺湖
MAPCODE：321 700 730*23
網址：洞爺湖温泉観光協会
www.laketoya.com
前往方法：JR「洞爺」駅，轉乘道南巴士，至洞爺湖巴士總站下車，徒步約5-7分鐘。

露天雕刻公園

MAP: P.183 B1;C1;D1

とうや湖ぐるっと彫刻公園

周長43公里的洞爺湖畔，築有精緻的遊步道，還置有58件雕刻作品，都以「生之贊歌」為主題，尤以遊覧船碼頭一帶最密集，加上湖水背景更成打卡勝地。

《湖畔にて》（在湖邊），出自日本藝術家黒川晃彦之手。

雕刻都以「生之贊歌」為主題，並與自然環境融合。

58件雕刻作品，原為2008年舉辦的8大工業國高峰會而打造。

Info

地址：北海道虻田郡洞爺湖
MAPCODE：321 700 730*23
開放時間：24小時
前往方法：JR「洞爺」駅，轉乘道南巴士，至洞爺湖巴士總站下車，徒步約5-7分鐘。

溫泉街兩旁集合大小溫泉旅館，也是北海道3大溫泉鄉。

免費足湯、手湯

洞爺湖溫泉街

MAP: P.183 全圖

洞爺湖溫泉，湧泉量位列日本第三，擁有硫磺、食鹽和石膏泉等泉質，泉溫45-60℃。區內除了擁有大小溫泉旅館，溫泉街上還設有多個公共足湯和手湯，讓旅客邊欣賞湖景、邊享受泡湯。

街上紀念品店林立，蔬果店還有廉價的道產水果售賣。

「結緣之湯」，據說情侶挽手同浸即能幸福，但手湯竟設於油站外邊。

溫泉街上便利店，可找到花火售賣，請向旅館查詢可施放的地方。

Info

地址：北海道虻田郡洞爺湖町洞爺湖溫泉
前往方法：JR「洞爺」駅，轉乘道南巴士，至洞爺湖巴士總站下車，徒步約3-5分鐘。

噴火拉麵

MAP: P.183 B1

豊来軒

登別有地獄拉麵，洞爺湖也有「噴火拉麵」。1992年開業的豊来軒，老闆秋田先生曾到韓國學藝，在豬骨湯頭加入秘方辣汁和泡菜，創出招牌「噴火ラーメン」（噴火拉麵）。根據辣度，還有大噴火和小噴火之分，留待你來挑戰。

有珠山小噴火ラーメン（小噴火拉麵），小噴火等如中辣，血紅色的湯頭很嚇人，但因帶泡菜的酸度，故愈吃愈開胃，辣得剛好。¥1,058

餃子，用道產豬肉和蔬菜做餡，格外鮮美。¥637/5隻

老闆秋田夫婦為土生土長洞爺湖人，店內另有咖喱拉麵等供應。

Info

地址：北海道虻田郡洞爺湖町洞爺湖溫泉59-2
MAPCODE：321 519 426*48
電話：0142-75-1066
營業時間：1130-1430、1800-2300
網址：www9.plala.or.jp/houraiken_toya/
消費：約¥1,058/位起
前往方法：洞爺湖巴士總站，徒步約7分鐘。

「白色」紅豆湯

MAP: P.183 C1

岡田屋

本地豆品及水產加工廠，已傳承至第三代，附設食堂，供應定食與和式甜品。招牌白色紅豆湯「白いおしるこ」，用洞爺湖盛產的大福豆，加上北海道牛奶和最高級的白雙糖，做成豆蓉，故呈白色。豆湯有冷飲熱飲，還有添加酒粕甚至雪糕糯米滋的高級版。

店內還有售各式自家製和菓子。

麹の甘酒，用酒粕做的傳統飲料，被譽為飲の點滴，有益健康。¥700

幸せの白いおしるこ（幸福的白色紅豆湯），熱呼呼的豆湯豆味香濃奶滑，加入雪糕糯米滋，更變成冰火享受，湯中還有煙韌的白玉糰子。¥350

Info

地址：北海道虻田郡洞爺湖町洞爺湖溫泉36
MAPCODE：321 518 470*06
電話：0142-75-2608
營業時間：1000-1600
網址：http://okadaya-toya.com/
消費：約¥350/位起
前往方法：洞爺湖巴士總站，徒步約5分鐘。

I LOVE TOYA

MAP: P.183 C1

HOLIDAY MARKET TOYA

北海道設計團隊開設的精品雜貨店，搜羅本地以至日本各地的設計好物，由文具、服飾、和風小物，到小型家具都有。還有自家出品的一系列「I LOVE TOYA」精品，乃洞爺湖限定的最佳手信。

「I LOVE TOYA」系列，已登錄註冊商標。Totebag￥1,200

「I LOVE TOYA」Tee，都是日本製。￥4,000

一店集合本地以至日本各地的設計好物，相當好逛。

另一自家設計系列，以北海道動物為主題。手拭￥1,300

純白色店面，門前的小花壇春色滿園。

Info

地址：北海道虻田郡洞爺湖町洞爺湖温泉35-18
電話：0142-75-3277
營業時間：1100-1700
休息：逢周二
網址：http://holidaymarket-toya.com/
前往方法：洞爺湖巴士總站，徒步約5分鐘。

《銀魂》の刀

MAP: P.183 B1

越後屋

溫泉街上的老牌手信雜貨店，除了各式菓子和工藝，還有一系列洞爺湖木刀。因人氣動漫《銀魂》主角阿銀隨身佩帶的木刀，刻有洞爺湖字樣，自此成為全國動漫迷的朝聖地。木刀有長有短，還可請師傅現場刻字，甚至訂製獨一無二的木刻鑰匙扣。

洞爺湖木刀，依照木材款式，售價也不同。￥1,750～3,350

店內發現阿銀人形紙版。

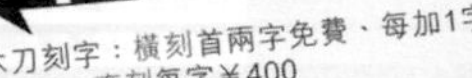
Tips
木刀刻字：橫刻首兩字免費，每加1字￥100；直刻每字￥400

不止《銀魂》，店內還有售其他人氣動漫的精品。

門前還停了一台《銀魂》主題電單車。

洞爺湖木刀造型遮。￥2,200

Info

地址：北海道虻田郡洞爺湖町洞爺湖溫泉71
MAPCODE：321 519 460*12
電話：0142-75-2158
營業時間：0900-2030
網址：http://toyako-bokutou.com/
前往方法：洞爺湖巴士總站，徒步約7分鐘。

因火山而生

MAP: P.182 B3

昭和新山

1943年12月28日，因有珠山火山爆發而隆起的新山。「新山」至今仍在成長中，目前海拔403公尺高，山頂位置依然不斷冒出白煙，散發陣陣硫磺味。

昭和新山所在原為麥田，火山爆發後每日逐漸隆起，至今推至403公尺高。

多得當日郵局局長三松正夫，爆發時定期為新山拍照記錄，現在山下置有銅像紀念。

因誕生於昭和年間而取名，與有珠山一同被選為日本地質百選。

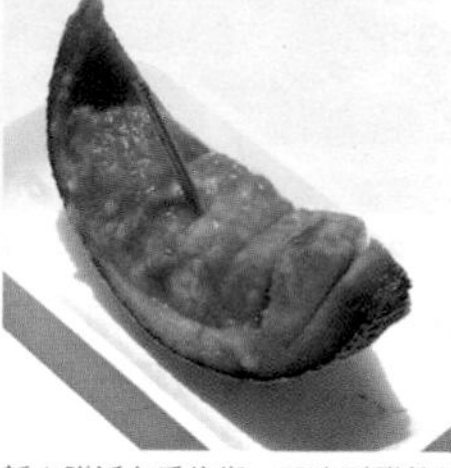

新山附近有手信街，可吃到甜美的道產蜜瓜。￥500

Info

地址：北海道有珠郡 瞥町字昭和新山
MAPCODE：321433348*00
前往方法：於溫泉街的道南巴士總站，乘搭往昭和新山的道南巴士，於終點站下車，車程約15分鐘；若從溫泉街乘的士，車費約￥2,100，車程約10分鐘。

親親小熊

MAP: P.182 B3

昭和新山熊牧場

座落昭和新山旁邊，規模雖比登別熊牧場小，但也飼養過百頭蝦夷棕熊，勝在入場費較便宜、交通較方便，而且熊仁也較活潑。園內以年齡將熊分區飼養，旅客同樣可購買熊曲奇，甚至蘋果餵飼。

場內以年齡將熊分區飼養，每區都有水池和大型攀爬架。

夏季的北海道其實很熱，熊仁都浸入水池降溫，認真醒目。

園內有隻淺棕色的夷棕熊，最董得招手向旅客討吃。

熊曲奇。￥100/包

附設大型特產手信店，內有「熊出沒注意」專櫃。童裝Tee￥1,728

Info

地址：北海道有珠郡壯瞥町昭和新山183
MAPCODE：321 433 323*81
電話：0142-75-2290
開放時間：1月～3月、11月～12月0830-1630；4月0830-1700；5月～10月0800-1700
入場費：成人￥850、小學生￥500
網址：http://kumakuma.co.jp/
前往方法：於溫泉街的道南巴士總站，乘搭往昭和新山的道南巴士，於終點站下車，車程約15分鐘；若從溫泉街乘的士，車費約￥2,100，車程約10分鐘。

大堂連接庭園，可直接步往洞爺湖，還附設露天足湯。

洞爺湖景露天風呂

MAP: P.183 B1

絶景の湯宿 洞爺湖畔亭

洞爺湖著名大型溫泉旅館之一，樓高8層，座落洞爺湖畔，205間客房盡享美景。焦點是位於頂樓的「空中露天風呂」，居高臨下賞盡湖景，晚上還可邊泡邊賞洞爺湖花火。附設偌大花園、卡拉OK、商店、免費遊玩設施，以及主打北海道名菜的自助式餐點。

頂樓特設「空中露天風呂」，泉溫50.3 ℃，可以邊泡邊賞無敵美景。

樓高8層，門前還設有免費手湯「薬壷の手湯」。

除了和室、洋室，也有附設西式床的和洋室，部分附送洞爺湖美景。

205間客房，每間都有私家浴室，其中大部屋可供4-10人入住。

自助式晚餐提供40款北海道名菜，包括各式海鮮、壽司等，以至成吉思汗烤羊肉鍋。

1樓大堂擁有落地玻璃窗，帶來panorama式的洞爺湖美景。

Info

地址：北海道虻田郡洞爺湖町洞爺湖溫泉7-8
MAPCODE：321 519 556*68
電話：0570-02-6571
房價：一泊二食每位￥6,482/晚起
網址：www.toya-kohantei.com/
前往方法：JR「洞爺」駅，轉乘道南巴士，至洞爺湖巴士總站下車，徒步約8-10分鐘。

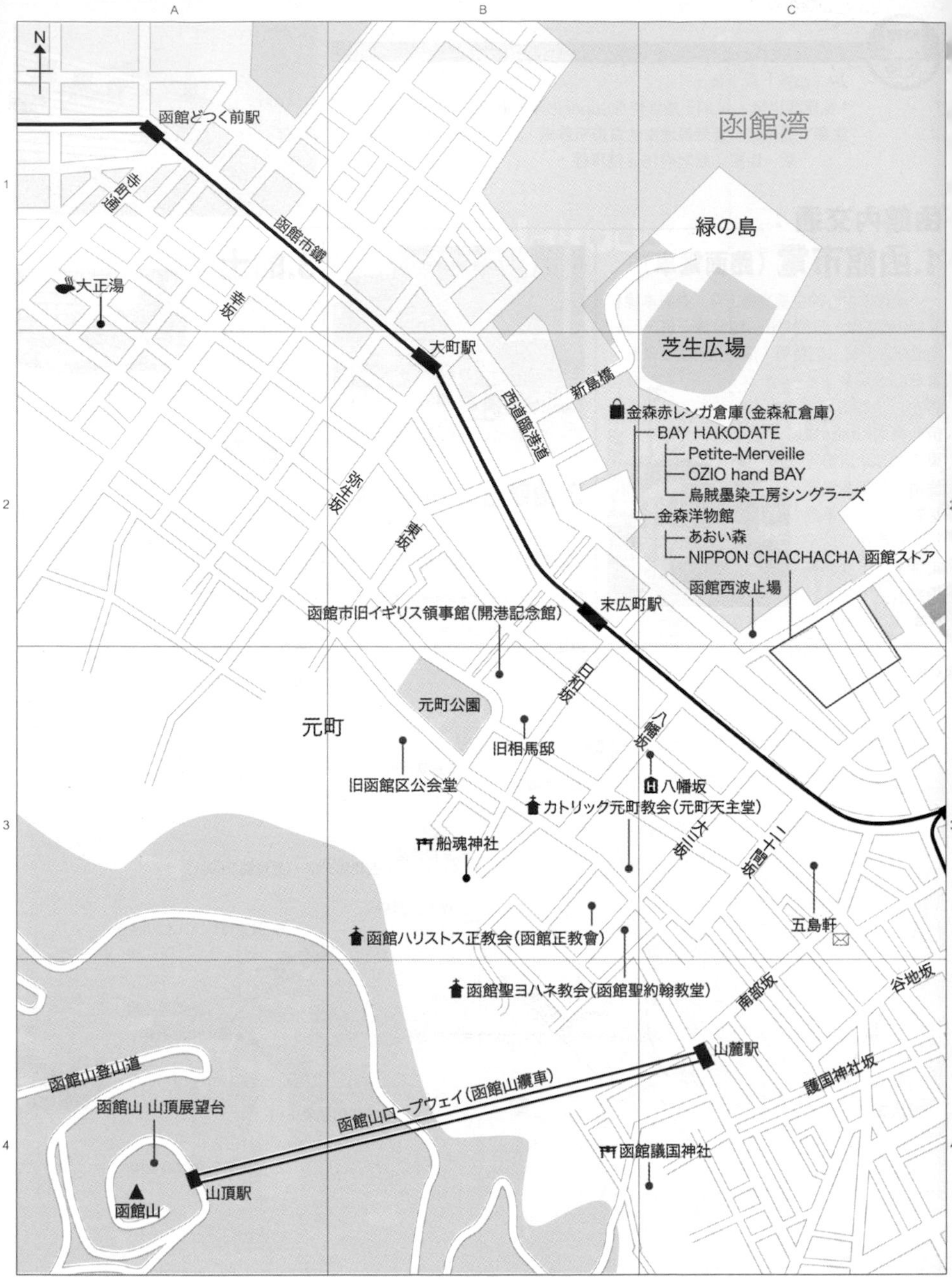

A B C

函館灣
緑の島
芝生広場
函館どつく前駅
寺町通
函館市鐵
大正湯
幸坂
大町駅
新島橋
西道臨港道
金森赤レンガ倉庫(金森紅倉庫)
BAY HAKODATE
Petite-Merveille
OZIO hand BAY
烏賊墨染工房シングラーズ
金森洋物館
あおい森
NIPPON CHACHACHA 函館ストア
函館西波止場
弥生坂
東坂
函館市旧イギリス領事館(開港記念館)
末広町駅
元町公園
元町
基坂
旧相馬邸
八幡坂
旧函館区公会堂
八幡坂
カトリック元町教会(元町天主堂)
船魂神社
大三坂
二十間坂
五島軒
函館ハリストス正教会(函館正教會)
函館聖ヨハネ教会(函館聖約翰教堂)
南部坂
谷地坂
山麓駅
護国神社坂
函館山登山道
函館山 山頂展望台
函館山ロープウェイ(函館山纜車)
函館護国神社
函館山
山頂駅

Hakodate Special Ticket
（はこだてスペシャルチケット）

每年逢旅遊旺季推出的優惠券，每冊¥2,700含15枚「Point券」，可於指定景點或店舖當現金使用，還附送市電或函館巴士一日乘車券（自選）。其實，單是函館山（8枚）＋五稜郭Tower（6枚）已省下¥580，必Buy！

票價：¥2,700
售賣點：JR函館駅「函館市観光案内所」、元町公園「函館市元町観光案内所」、函館空港国内線到着層詢問櫃台
網址：https://hakodate-kankou.com/specialticket/

優惠券可在JR函館駅內的「函館市観光案内所」購買。

2006年打造的第二代五稜郭塔，塔高107米（連避雷針），春天還有櫻花相襯。

俯瞰星形要塞全貌

MAP: P.195 B1

五稜郭タワー（五稜郭塔）

為紀念五稜郭建成100周年而打造，1964年落成的初代只60米高，現為2006年耗資30億日元打造的第二代。座落五稜郭公園旁邊，五角形設計，塔高107米。設有離地90米的雙層觀景台，不僅可飽覽五稜郭星形要塞全貌，還可遠眺函館山津輕海峽和橫津岳山脈。

雙層觀景台離地90米，是俯瞰五稜郭全貌的最佳觀賞位置。

觀景台內設有Café、官方紀念品店，還有兩個小小的玻璃地板。

觀景台有土方歲三像，乃幕府軍新選組靈魂副長，陣亡於箱館戰爭。

登上觀景台，整個星形要塞，以至函館山、津輕海峽美景盡收眼底。

1樓有偌大的紀念品店，有售函館手信與新選組精品。土方多拉A夢￥864

1樓出口設有玻璃天幕的中庭，附設小吃店和休息空間，常有表演。

Info

地址：北海道函館市五稜郭町43-9
MAPCODE：86 165 057*88
電話：0138-51-4785
開放時間：4月21日～10月20日0800-1900；10月21日～4月20日0900-1800
入場費：展望室 成人￥900、中・高校生￥680、小学生￥450
網址：www.goryokaku-tower.co.jp/
前往方法：市電「五稜郭公園前」駅下車，徒步15分鐘。

幕府最後標記 MAP: P.195 B1

箱館奉行所

座落五稜郭中央，源於幕末時代箱館（函館）開港，江戶幕府派駐特使前往函館興建，作為日本最北邊的幕府行政機構。原本建在函館山山麓，其後遷至龜田，明治4年（1872年）被新政府拆除，直至2010年才在原址重建，內部有展品介紹整個修復工程。

紅瓦原木建築的奉行所，後方還有16.5米高的太鼓櫓。

所內設有1,200平方呎的大廣間，昔日用作招待訪客，一室木香。

奉行所一邊設有長長的走廊，乃一大打卡位。

展出的歷史文物不多，但有專區介紹整個修復工程。

Info

地址：北海道函館市五稜郭町44番3号
MAPCODE：86 166 247*48
電話：0138-51-2864
開放時間：4月～10月0900-1800；11月～3月0900-1700
入場費：成人￥500、學生￥250
網址：www.hakodate-bugyosho.jp/
前往方法：市電「五稜郭公園前」駅下車，徒步18分鐘。

求因緣勝地 MAP: P.196 C4

函館護国神社

座落函館山腰，明治2年（1869年）創建，原名「函館招魂社」，以祭祀幕末「箱館戦争」中陣亡的新政府軍。社內又以結緣繪馬聞名，據説因為新政府軍義士大多年青有為兼單身，因而成為求因緣勝地。還有櫻花形的開運神籤，因為殿堂樂隊GLAY曾來參拜而聞名。

櫻花形的開運神籤，有齊健康、戀愛、財運等籤文。￥300

縁結び絵馬，據説昔日新政府軍義士都年青有為，意外成為求因緣勝地。￥1,000

山腳有樓梯直登紅色鳥居，可眺望函館市街美景。

原名「函館招魂社」，專門祭祀幕末陣亡的新政府軍。

Info

地址：北海道函館市青柳町9番23号
MAPCODE：86 011 720*78
電話：0138-23-0950
開放時間：社務所0900-1700
網址：http://hakodate-gokoku.jp/
前往方法：乘市電至「十字街」駅，再徒步約10分。

獼猴溫泉 MAP: P.195 B1

函館市熱帶植物園

I Can Tips
溫泉獼猴：每年12月～5月黃金周

1970年開園，種有300種、3,000棵熱帶植物，都利用湯の川溫泉的源泉熱栽培。焦點是園內的溫泉猴山，自由放養近100隻日本獼猴，每年12月到5月黃金周為止，可一睹獼猴聚在一起泡溫泉的盛況。

近100隻日本獼猴，擠在溫泉池泡湯的盛況，媲美長野野猿公苑。

Info

地址：北海道函館市湯川町3-1-15
MAPCODE：86 080 515*56
電話：0138-57-5833
開放時間：4月～10月0930-1800；11月～3月0930-1630
入場費：成人￥300、小童￥100
休息：12/29-1/1
網址：www.hako-eco.com/
前往方法：JR「函館」駅前巴士總站，乘往「日吉營業所前」的函館巴士，至「熱帶植物園前」駅，車程20分鐘。

海景溫泉鄉 MAP: P.195 B1

湯の川溫泉

距離函館市中心約15分鐘車程，依山傍海，乃北海道3大溫泉之一。相傳松前藩藩主高廣染上重病，到湯の川治療後奇蹟痊癒，從此廣為人知。泉質含鈉、鈣的鹽化物，無色無味，也有美人湯之稱。

市電「湯の川溫泉」駅旁，設有大型足湯「溫泉巡遊舞台」，請自備擦腳用的毛巾。

Info

地址：北海道函館市湯川町
MAPCODE：86 110 065*67
網址：（湯の川溫泉旅館協同組合）https://hakodate-yunokawa.jp/
前往方法：函館市電「湯の川溫泉」駅。

樓高兩層，1樓集合30個大小攤販，平價海鮮、乾貨和農產應有盡有。

廉價海鮮市場

えきに市場（駅二市場）

函館朝市內最熱鬧的室內市場，昭和24年（1949年）開業，樓高兩層，由駅二商業協經營，網羅30個大小攤販，主打平價海鮮、乾貨和農產，焦點是市場中央特設釣烏賊體驗，每天都吸引世界各地旅客來排隊。2樓還有自家經營的廉價海鮮食堂。

場內設有自助用餐區，可以坐低慢慢吃，吃完清理記得垃圾要分類。

超過70年歷史，是函館朝市內最熱鬧的室內市場。

富良野直送，特大秀品蜜瓜。3條¥3,000/個

一夜乾鰊魚，重點是魚身藏有大量魚子，佐酒佳品。¥1,000

活帝王蟹，1kg重只¥9,800，還送免費烹煮。

新鮮海膽，原隻即開。¥1,500/2個

富良野超甜白粟米，真空包裝。¥400

Info

地址：北海道函館市若松町9番19号駅二市場
電話：0138-22-5330
營業時間：11月～4月0600-1400；
5月～10月0530-1400
休息：1～6、10、11月每月第3個周三
網址：www.asaichi.ne.jp/ekini/

釣烏賊體驗

活いか釣り広場

市場中央設有烏賊池（魷魚池），每日上午提供釣烏賊體驗，收費按當天烏賊市價而定，一尾約￥700。烏賊很容易釣，無需魚餌，男女老幼都成功，釣到的烏賊，現場會有師傅幫你即場切成刺身品嚐，吸引各國旅客大排長龍。

釣烏賊無需魚餌，將魚鉤拋下水一鉤即成，記得要鉤烏賊的尾部。

因為地球暖化，近年函館烏賊數量大減，Size也變小了，請愛護環境。

釣到的烏賊，師傅會即場幫你切成絲，當地人稱為烏賊素麵（イカそうめん）。

釣烏賊體驗，收費按當天烏賊市價而定。

烏賊刺身，即釣即切即吃，自己釣的，格外鮮甜。（時價）￥700起

Info

地址：駅二市場 1/F
營業時間：0700-1330

魷魚刺身丼，魷魚新鮮彈牙，份量當早餐剛剛好，還送味噌湯。￥500

￥500海鮮丼

朝市食堂 二番館

市場自家經營的廉價海鮮食堂，位於2樓，招牌是特設多款￥500海鮮丼，有雜錦刺身（五目）、蟹肉、魷魚刺身、三文魚親子、魷魚刺身漬，以及成吉思汗烤肉丼6款，超抵吃！

其餘拖羅丼￥980、海膽蟹肉丼￥1,800，一樣抵吃。

Info

地址：駅二市場 2/F
營業時間：0630-1400
消費：約￥500/位

熱鬧市場中，難得的寧靜咖啡吧。

菜市場中的咖啡店

函館十字屋珈琲店

藏身市場一隅的寧靜咖啡吧，1932年便開業，是函館首批自設烘焙工房的Café。只提供老闆手沖的Black coffee和Latte，另有酒精供應。

コーヒー（手沖咖啡），香醇順喉，酸味剛剛好。￥350

Info

地址：駅二市場 1/F
營業時間：0700-1400
網址：https://hjyujiya.stores.jp/
消費：約￥350/位

特別版懷舊車廂「箱館摩登號」，以大正時代的市電為造型，每年只在夏秋季通行。

目前營運的市電，有新有舊，途經函館主要景點。

懷舊叮叮

函館市電（路面電車）

前身為明治30年（1897年）開辦的龜函馬車鉄道，1913年轉為電力推動，為北海道最古老電車。現在只剩2條路線，全長10.9km，行經函館駅、元町、五稜郭、湯の川等主要景點，最適合旅行漫遊。當地IC卡稱為「イカす」（ICAS），但札幌的Kitaca或東京的Suica都可使用，故旅客無需購買。

乘搭方法：上車取整理券；下車按號碼付車資。若使用IC卡，上落車拍卡即成。

過百年歷史的函館市電，為北海道最古老電車，已被列入北海道遺產。

Info

票價：單程￥210～250；市電專用１日乘車券￥600；市電・函館バス（巴士）共通券￥1,000/1日、￥1,700/2日
網址：www.city.hakodate.hokkaido.jp/bunya/hakodateshiden/

No.1函館拉麵

MAP: P.197 F1

滋養軒

價廉物美，是故任何時間都大排長龍。

昭和22年（1947年）創業，函館鹽味拉麵的老店，現已傳承至第2代。透明的湯頭，以雞骨、豬骨、昆布等慢火熬煮，色澤澄澈清爽，味道卻很深邃。配料只有簡單的叉燒和筍乾，配自家製的雞蛋麵，簡單但美味，最重要是碗碗只售￥500。

函館塩ラーメン（函館鹽拉麵），麵質彈牙富蛋香，看似清淡其實味道深邃。￥500

焼き餃子，餃子小巧精緻，外皮透薄香脆，蘸點醋吃已一流。￥350

Info

地址：北海道函館市松風町7-12
MAPCODE：86 073 393*40
電話：0138-22-2433
營業時間：1130-2000
休息：逢周二至四
消費：約￥500/位起
前往方法：JR「函館」駅，徒步約6分鐘。

コーヒー（咖啡），每日特調咖啡豆，順喉香醇，餘韻悠長。￥450

各式咖啡粉，懷舊罐包裝，自用或當手信皆宜。￥900/170-180g

北海道最古老Cafe

珈琲焙煎工房 美鈴

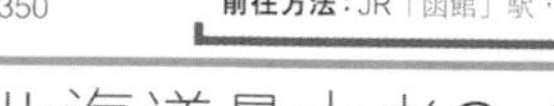

昭和７年（1932年）開業，原名「鈴木商店」，為北海道第一家兼最古老的咖啡店，現在分店遍布全日本，本店正位於函館。除有專業咖啡師沖調，還有各式生豆售賣，客人選購後才以高速烘豆機烘焙，只需3分鐘即可帶走。

店內賣的是生豆，客人選購後才以高速烘豆機烘焙。

店前置有1936年製的烘豆機，乃北海道第一台烘豆機。

MAP: P.197 F1

Info

地址：北海道函館市松風町７番１號
MAPCODE：86 073 301*03
電話：0138-23-7676
營業時間：1000-1900
網址：www.misuzucoffee.com/
消費：約￥450/位
前往方法：JR「函館」駅，徒步約7分鐘。

函館名物「梳夫厘蛋糕」

MAP: P.197 E1

Pastry snaffle's

函館著名洋菓子店，由留學法國的甜品大師中澤誠一，於1998年創立，招牌梳夫厘蛋糕「Catchcakes®」（キャッチケーキ），用北海道產原料製作，原名芝士奄列，口感軟綿如半熟蛋糕，入口即化，已成函館必買手信。函館1號店附設洋菓子店，提供各式蛋糕甜點，可以一嚐新鮮Catchcakes®。

いちごパンナコッタ（草莓忌廉布甸），口感與味道層次豐富。¥350

Tips
店家可提供冷凍劑，Catchcakes®可保存6小時。

函館限定魷魚曲奇（ラング•ド•カラマール），味道鹹鹹的很香口。¥1,080

函館1號店樓高兩層，可以在1樓餅櫃挑選蛋糕，再拿上2樓慢慢品嚐。

Catchcakes®有原味芝士、朱古力、草莓、抹茶等口味，需冷藏保存。¥720/4個

Catchcakes®（梳夫厘蛋糕），新鮮出爐格外香濃，入口即化。¥180

Info

地址：北海道函館市若松町18-2
電話：0138-22-4704
營業時間：1100-1900
休息：逢周三
網址：www.snaffles.jp
消費：約¥350/位
前往方法：JR「函館」駅，徒步約3分鐘。

函館版麥當勞

MAP: P.197 E1

Lucky Pierrot 函館駅前店

函館家傳戶曉的連鎖漢堡店，1987年創立，以小丑為標記，每間分店都有特色裝潢。賣點是道地口味，使用道南食材，餐點全部現點現做，漢堡以外還有咖喱飯、蛋包飯等選擇。招牌Chinese Chicken Burger（糖醋炸雞漢堡），酸甜醬炸雞，肉質嫩滑juicy，香口惹味。

Chinese Chicken Burger（糖醋炸雞漢堡），現點現做，炸雞肉滑多汁又惹味；芝士薯條薯味極濃，全套配大杯烏龍茶，超豐富。套餐¥680

還有大量自家製食品和精品，很多本地人甚至特意來買零食。

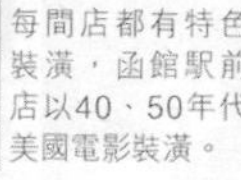

每間店都有特色裝潢，函館駅前店以40、50年代美國電影裝潢。

Info

地址：北海道函館市若松町17-12
MAPCODE：86 072 296*45
電話：0138-26-8801
營業時間：1000-0030（周六1000-0130）
網址：http://luckypierrot.jp/shop/hakodatest/
消費：約¥600/位起
前往方法：JR「函館」駅，徒步約5分鐘。

以小丑為標記，乃函館家傳戶曉的連鎖漢堡店。

Guarana Soda炭酸汽水，乃函館人至愛汽水。¥120

金森限定菓子

あおい森

嚴選北海道產的名物手信，很多都是其他手信店罕見，包括多款金森紅磚倉庫限定菓子。

味噌くるみ餅（味噌核桃麻糬），金森創辦人的兒時菓子，煙韌香甜，熱賣之選。￥130

金森限定曲奇，迷你版的紅磚倉庫包裝很可愛。￥594

MONA+SK，書本造型包裝，裏面是和風菓子「最中」與西洋吐司脆片。￥864

紅磚倉限定雜貨

退稅

NIPPON CHACHACHA 函館ストア

源自京都的和風雜貨店，尤以手帕為主打，分店都開在旅遊重鎮，每家都有本地特色的限定雜貨。函館店就有一系列紅磚倉庫限定雜貨，並提供退稅。

函館限定、紅磚倉庫圖案荷包，日本傳統丸形。￥1,000

和風主題圖案吸面油紙。￥350

函館限定手帕，紅磚倉庫刺繡圖案精緻。￥600

Info

網址：http://nippon-cha.jugem.jp

函館品牌集合

BAY HAKODATE

最早始建於明治15年（1882年）的紅磚倉庫，分為1、2号館兩棟，中間被運河穿過。集合17家商店，焦點包括函館著名皮具品牌「OZIO」、人氣洋菓子店「Petite Merveille」、音樂盒專門店等，還附設展覽廣場。

樓底挑高，內部商店以開放式佈局，度假氣氛濃厚。

1号館內有多家大型手信店，網羅函館人氣特產食品。原片魷魚煎餅￥239

分為1、2号館兩棟倉庫，三角屋頂鋪設銀色反光物料，牆身斑駁。

Info

地址：北海道函館市豊川町11-5

得獎芝士蛋糕

Petite-Merveille

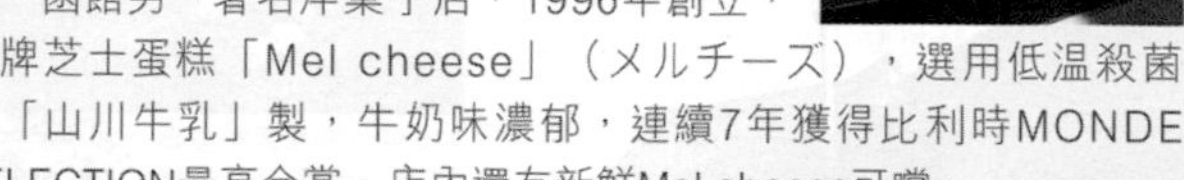

函館另一著名洋菓子店，1996年創立，招牌芝士蛋糕「Mel cheese」（メルチーズ），選用低温殺菌的「山川牛乳」製，牛奶味濃郁，連續7年獲得比利時MONDE SELECTION最高金賞，店內還有新鮮Mel cheese可嚐。

新鮮芝士蛋糕「Mel cheese」，原味最能吃出奶味；焦糖則多一份成熟的焦香。Tea Set￥600

Mel cheese有原味、南瓜、草莓等口味。￥1,250/8個

店內附設偌大的Café，紅磚牆內裝，氣氛優雅。

Info

網址：www.petite-merveille.jp/

函館皮革專家

OZIO hand BAY

函館本地皮革品牌，2009年由函館永嶺康紀創立，主打各式包包都由專業皮革師製造，設計充滿溫度。金森店還附設工房，提供皮革D.I.Y體驗。

皮革D.I.Y體驗，旅客可自己動手製作皮革動物匙扣。

波點皮革袋。￥28,000

動物圖案皮革袋（左）。￥36,000

Info

網址：www.oziodesign.com

墨汁工房

烏賊墨染工房シングラーズ

函館灣盛產墨魚，店內所售的明信片、包包、手帕等，全都以墨魚汁印製，墨汁經自行研發特別處理，不怕脫色，也沒臭味。圖案都以函館名物作主題，適合當手信。

紅磚倉庫限定、墨汁明信片。￥150-200

手拭，即日式長汗巾，都是函館景點圖案。￥880

風呂敷，即日式包裹布。￥1,100

Info

網址：www.ikasumi.jp/

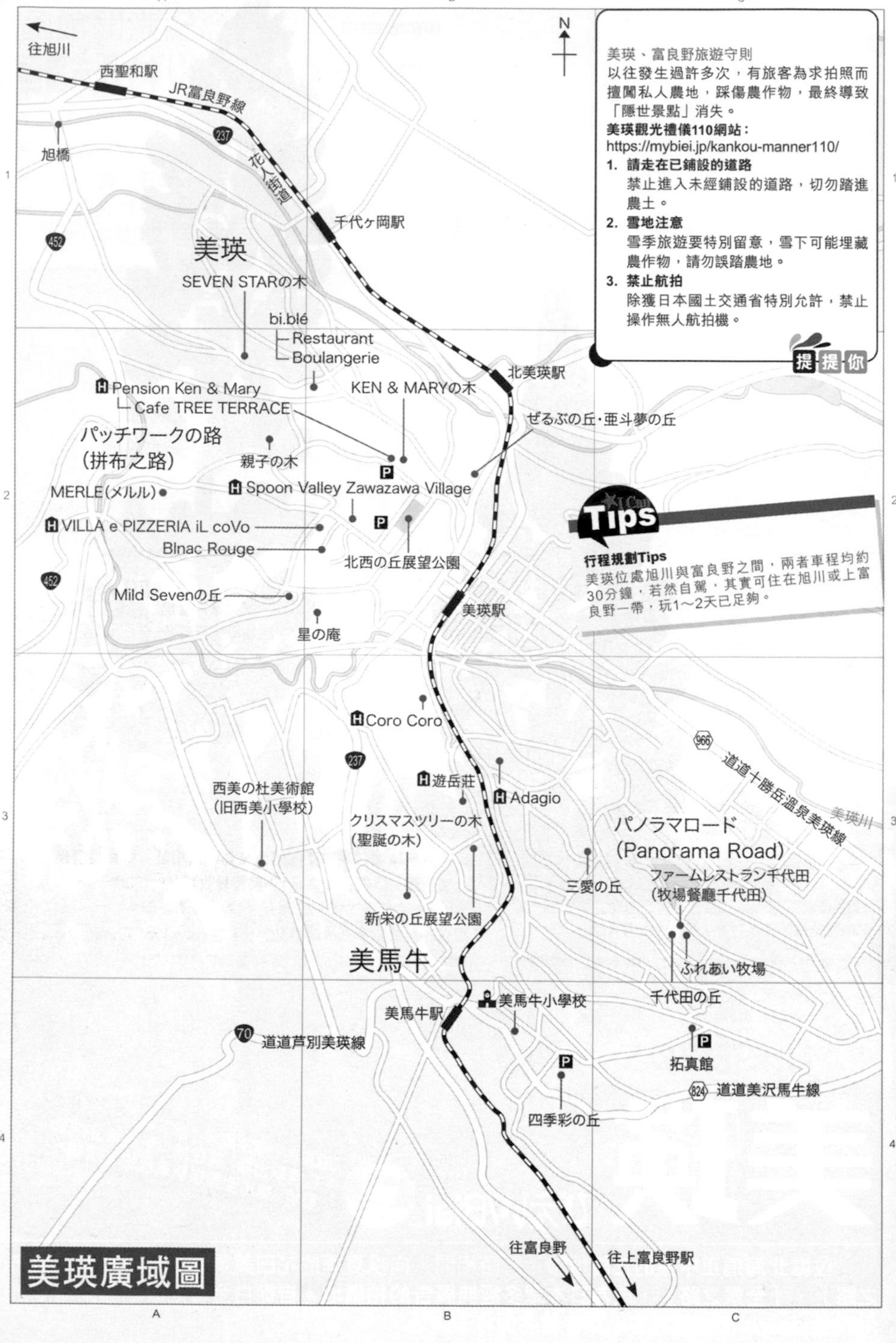
美瑛廣域圖
往旭川
西聖和駅
JR富良野線
237
旭橋
花人街道
千代ヶ岡駅
452
美瑛
SEVEN STARの木
bi.blé
Restaurant
Boulangerie
Pension Ken & Mary
Cafe TREE TERRACE
KEN & MARYの木
北美瑛駅
ぜるぶの丘・亜斗夢の丘
パッチワークの路
(拼布之路)
親子の木
MERLE(メルル)
Spoon Valley Zawazawa Village
VILLA e PIZZERIA iL coVo
Blnac Rouge
北西の丘展望公園
452
Mild Sevenの丘
美瑛駅
星の庵
Coro Coro
237
遊岳荘
Adagio
西美の杜美術館
(旧西美小學校)
クリスマスツリーの木
(聖誕の木)
新栄の丘展望公園
966
道道十勝岳温泉美瑛線
美瑛川
パノラマロード
(Panorama Road)
三愛の丘
ファームレストラン千代田
(牧場餐廳千代田)
ふれあい牧場
千代田の丘
美馬牛
美馬牛小學校
美馬牛駅
70
道道芦別美瑛線
拓真館
824
道道美沢馬牛線
四季彩の丘
往富良野
往上富良野駅
美瑛、富良野旅遊守則
以往發生過許多次，有旅客為求拍照而擅闖私人農地，踩傷農作物，最終導致「隱世景點」消失。
美瑛觀光禮儀110網站：
https://mybiei.jp/kankou-manner110/
1. 請走在已鋪設的道路
禁止進入未經鋪設的道路，切勿踏進農土。
2. 雪地注意
雪季旅遊要特別留意，雪下可能埋藏農作物，請勿誤踏農地。
3. 禁止航拍
除獲日本國土交通省特別允許，禁止操作無人航拍機。
提提你
I Can Tips
行程規劃Tips
美瑛位處旭川與富良野之間，兩者車程均約30分鐘，若然自駕，其實可住在旭川或上富良野一帶，玩1～2天已足夠。

美瑛區內交通：

最方便一定是自駕，或乘搭觀光巴士「美遊巴士/View Bus」（即從前的Twinkle Bus），人多又有預算的話可選擇的士包車。

JR「美瑛」駅為石磚造建築，內有大型Locker。

1.美遊巴士（View Bus）

目前每天運行，每季都有不同主題行程選擇，來往青池、季節花田等景點，行程約1.5～3.5小時，從美瑛駅旁的四季の情報館出發。

票價：¥2,000-3,500

網址：www.biei-hokkaido.jp/ja/bus_ticket/

2.的士包車

a. 普通車收費：首1.4公里起錶¥620，其後每270米¥80。

b. 人數多建議包車，不同的士公司收費相若，還有多個建議行程，舉例拼布之路1小時行程收費¥6,460/車起、青池2小時收費¥12,920/車起。*以小型車為例。

美瑛Hire計程車（美瑛ハイヤー）：www.bieihire.jp/

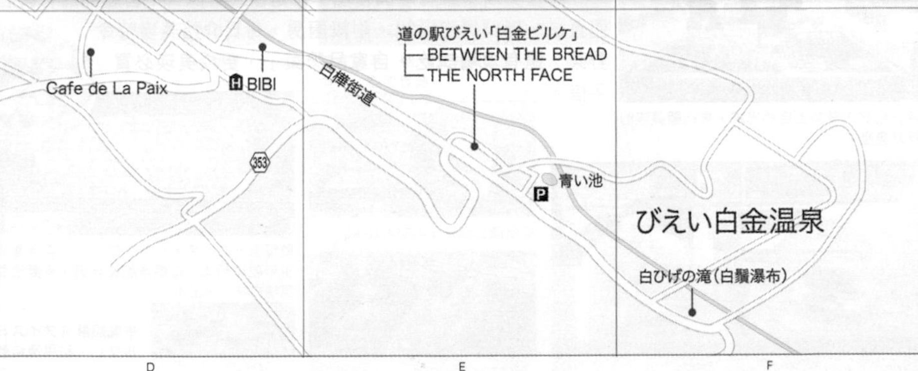

原為大正初建的舊倉庫，外牆鋪設精緻的美瑛軟石，十足中世紀古堡。

道の駅限定單車服，意大利製造。全套¥6,482

美瑛限定牛乳夾心餅，北海道牛油做的餅乾，夾住香甜煉乳。¥1,080/8枚

道の駅限定牛乳布甸，用美瑛牧場的牛乳，每天限量製作。¥399

美瑛豚可樂餅，豬肉味濃郁，咬開還滴出肉汁。¥300

古堡特產駅

MAP: P.221 E1

道の駅びえい「丘のくら」

位於美瑛駅附近的「道の駅」，由一棟大正初期建築的舊倉庫改造，外牆鋪設精緻的美瑛軟石，十足中世紀古堡。附設展廳、特產中心和食堂，搜羅大量美瑛產食品、菓子和雜貨，不少都價格便宜，還有大量道地小吃和限定精品，客人十居其九都是日本人。

Info

地址：北海道上川郡美瑛町本町1丁目9番21号（道道天人峡美瑛線沿い）
MAPCODE：389 011 694
電話：0166-92-0920
營業時間：6-8月0900-1800；9-5月0900-1700（食堂1100-1430）
網址：https://biei-info.jp
前往方法：JR富良野線「美瑛」駅出發，車程約3分鐘。

名物大豆咖啡

MAP: P.221 E2

自家焙煎珈琲店 北工房

平成元年（1989年）開業，乃美瑛最著名的咖啡店，自家烘焙，還用人手逐一選豆。老闆石村更首創Soy blend coffee（大豆混合咖啡），將十勝著名的大袖振大豆，加上1比1的珈琲豆，焙煎出來的大豆咖啡，有一種特別的香氣，還對身體較健康，超過一半美瑛旅館都有採用。

美瑛無人不識的咖啡店。

老闆石村先生，每日親手選豆，沖出香醇的咖啡。

店內有售北工房的烘焙珈琲豆，懷舊鐵罐包裝精緻。¥3,740/3罐

Soy blend coffee（大豆ブレンドコーヒー），淡淡的大豆香，入口卻是醇和的咖啡。¥500

Info

地址：北海道上川郡美瑛町栄町 3 丁目 5-31
MAPCODE：389 011 271*66
電話：0166-92-1447
營業時間：1000-1800
休息：逢周三
網址：www.kitakouboh.com/
消費：約¥500/位起
前往方法：JR富良野線「美瑛」駅，徒步5分鐘。

美瑛休息站

MAP: P.221 E1

四季の情報館

提供美瑛町內的觀光情報、免費旅遊地圖，並發售美遊巴士（View Bus）和景點門券，附設免費Wi-Fi休息區、完善洗手間、展覽區、投幣Locker，還有美瑛特產手信發售。

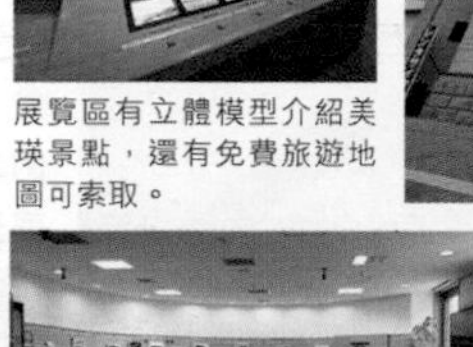

展覽區有立體模型介紹美瑛景點，還有免費旅遊地圖可索取。

情報館內發售美遊巴士（View Bus）券，乘車位置就在館前旁邊。

館內有售美瑛町的特產手信，包括居民自製的手工曲奇。

偌大的休息區提供免費Wi-Fi，還有完善洗手間和投幣Locker。

Info

地址： 北海道上川郡美瑛町本町１丁目２－14
電話： 0166-92-4378
開放時間： 11～5月0830-1700；6、10月0830-1800；7～9月0830-1900
前往方法： JR富良野線「美瑛」駅旁邊。

單車租賃

MAP: P.221 E1

松浦商店

美瑛景點分散，巴士班次疏落，若然有氣有力，不妨租單車遊覽。美瑛駅旁便有單車店，普通車￥200/小時、電動車￥600/小時，租車還送免費行李寄存，但僅記1800前交還。

普通車租金只￥200/小時。

租車店就在美瑛駅旁邊。

Tips

美瑛的丘陵地帶有很多上、下坡道，建議選擇電動車，更省力省時。

美瑛單車禮儀
1. 單車請靠左側通行，並讓農作業車輛優先通行。
2. 成人禁止2人共騎，也請勿兩台並排而騎。

電動單車操作簡單，落斜記得選低波「Auto eco」（オートエコ）即可。

Info

地址： 北海道上川郡美瑛町本町1丁目2–1
電話： 0166-92-1415
營業時間： 4月下旬～11月上旬 0800-1800
休息： 積雪時期（11月中旬～4月中旬）、雨天
收費： 普通車￥200/小時、電動車￥600/小時
前往方法： JR富良野線「美瑛」駅旁邊。

自駕遊熱門路線　拼布之路

MAP: P.220 A2;B2

拼布之路（パッチワークの路）

美瑛主要有「全景之路」與「拼布之路」兩條觀光路線。「拼布之路」（パッチワークの路/Patchwork Road）是指美瑛西北部、國道237號與452號之間的田園小路，全長約18公里，串連景點包括Ken&Maryの木、Mild Sevenの丘等等優美的丘陵地帶。和緩起伏的農田與花海，交織成一塊塊彩色拼圖，一直是自駕遊車河的熱門路線。

深淺不一的農作物植栽，如拼布般鋪覆起伏的丘陵地帶。

牧草卷乃美瑛農田常見景物，方便收藏，冬季用來餵飼牛、羊。

延綿不斷的的農田，加上藍天白雲，如同廣告畫面般的美景。

Info

地址： 北海道上川郡美瑛町大村
MAPCODE： 389 098 521*46
前往方法： JR富良野線「美瑛」駅出發，車程約7-12分鐘。

31米高的KEN & MARY，以廣告中男女主角的名字命名。

日產廣告名樹

MAP: P.220 B2

KEN & MARYの木（ケンとメリーの木）

「拼布之路」多名樹，當中最有名的就是KEN & MARY。昭和47年（1972年），日產汽車Skyline廣告「愛的地平線」系列的取景地。31米高的白楊樹佇立山丘之上，樹齡已超過90年，構成愛情電影般的浪漫美景。

佇立翠綠山丘上的白楊樹，構成電影般的浪漫美景。

Info

地址：北海道上川郡美瑛町大久保協生
MAPCODE：389 071 727
前往方法：JR富良野線「美瑛」駅出發，車程約5分鐘。

佇立美瑛山丘的柏木，乃「拼布之路」代表名樹之一。

美瑛名樹

MAP: P.220 A2

SEVEN STARの木（セブンスターの木）

佇立美瑛山丘的翠綠柏木，日本香煙品牌「SEVEN STAR」，於昭和51年（1976年）採用為煙盒包裝照而成名，跟「Ken & Mery之木」並列為美瑛兩大名樹。

70年代，日本香煙品牌「SEVEN STAR」的煙盒包裝照名景。

Info

地址：北海道上川郡美瑛町北
MAPCODE：389 157 129
前往方法：JR富良野線「美瑛」駅出發，車程約13分鐘。

3棵並排佇立的柏木樹，像拖着小孩的恩愛父母。

恩愛之見證

MAP: P.220 A2

親子の木

兩大一小、3棵並排佇立的柏木樹，就像拖着小孩的恩愛父母，因而得名。不幸的是，2015年小樹被強風吹倒，現在只剩父母樹。

2015年小樹被強風吹倒，現在只剩父母樹。

I Can Tips 旁邊為私人道路，禁止進入。

Info

地址：北海道上川郡美瑛町美田夕張
MAPCODE：389 128 063
前往方法：JR富良野線「美瑛」駅出發，車程約15分鐘。

三分之二的樹已遭採伐，據說是因為擅闖農地拍照的旅客太多。

I Can Tips 拍照時切勿踏進私人農地。

廣告名林

Mild Sevenの丘（マイルドセブンの丘）

昭和52年（1977年），香煙品牌「MILD SEVEN」的海報廣告及煙盒照取景地。大片麥田斜坡上，橫列一整排防風林（唐松林）。春夏季一片翠綠薯仔花、秋天一片金色麥田、冬天則白雪滿地。

冬天，麥田斜坡白雪滿地，又是另一份美。

Info

地址：北海道上川郡美瑛町字美田
MAPCODE：389 036 262*82
前往方法：JR富良野線「美瑛」駅出發，車程約10分鐘。

MAP: P.220 A2

麵包工房，以石臼研磨小麥粉，法式麵包每日新鮮烘焙，經常下午已售罄！

麥田中的話題餐廳

MAP: P.220 B2

bi.blé

美瑛農協為推廣新品種小麥「ゆめちから」，特地邀來美食總監齋藤壽，與札幌的米芝蓮3星餐廳Moliere，將已廢校的舊北瑛小學，改造成以小麥為主題的餐廳旅宿「bi.blé」。座落北美瑛的山丘上，面朝大片小麥田，灰黑色的建築群內有法式餐廳和麵包工房，前者選用美瑛產的優質小麥和野菜入饌；後者的麵包，則以法國石窯和白樺柴薪來烤，早已成北海道飲食界話題，另附設旅宿和料理學校。

法式餐廳bi.blé，由米芝蓮3星餐廳Moliere主理，坐擁麥田美景。

法式餐廳 bi.blé

主打不同價格的套餐，午市有￥3,000、4,200和￥6,400三款。

晚市有￥8,500和￥11,000兩款套餐，皆以本地食材炮製。

Info

地址：北海道上川郡美瑛町北瑛第2 北瑛小麦の丘
MAPCODE：389 129 510*56
電話：0166-92-8100
營業時間：餐廳4-10月1100-1600、1730-2130；11-3月1130-1500、1730-2100
麵包工房4-10月1000～；11-3月1100～
休息：4月～10月逢周二；11月～3月逢周二至四
網址：https://bi-ble.jp/
消費：餐廳午餐約￥3,000起、晚餐約￥8,500起
前往方法：JR富良野線「美瑛」駅出發，車程約10分鐘。

灰黑色的建築群，原為已廢校的舊北瑛小學，還有精緻步道連接。

麵包工房 Boulangerie

工房設有法國石窯，還用白樺柴薪來烤，烤出來的麵包特別軟糯焦香。

招牌馬鈴薯麵包，用美瑛男爵薯，加上石臼研磨麵粉，質感軟綿富濃厚麥香。￥300

餐廳前有大片小麥田，原是小學的操場位置，每逢秋天便一片金光。

牧場佔地7公頃，劃分為大大小小的牧舍，圍欄外的木箱有飼料（¥100/包）可買。

體驗農莊

MAP: P.220 C3

ふれあい牧場

座落千代田の丘的觀光牧場，佔地7公頃，飼有新澤西乳牛、迷你馬、山羊、綿羊、兔子、羊駝等。牧場強調「互動接觸」，旅客可買飼料餵食、觸摸，還有提供搾牛奶、騎馬、牛油D.I.Y、雪糕D.I.Y等體驗，並附設農場餐廳、雪糕吧、露營場等，最重要是免費入場，親子首選。

牧場飼有新澤西乳牛、迷你馬、山羊、綿羊、羊駝等，旅客可近距離接觸。

牧場附近的「千代田の丘 見晴し台」，乃地標展望台，可360度飽覽千代田美景。

牧場活動收費一覽：
飼料¥100-200
餵牛奶（仔牛のミルクやり）¥600/瓶
騎馬體驗（馬場内引き馬）成人¥900/周、小童¥600/周
* 旅客可於官網預約（日語）。

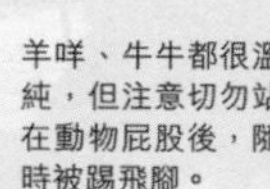

羊咩、牛牛都很溫純，但注意切勿站在動物屁股後，隨時被踢飛腳。

場內馬匹經常有參與模特拍攝，像這白馬便曾和竹内涼真拍寫真。

Info

地址：北海道上川郡美瑛町春日台4221番地
MAPCODE：349 734 076*66
電話：080-6064-0174
開放時間：0900-1700
入場費：免費
網址：https://fureai-sc.org
前往方法：JR富良野線「美瑛」駅出發，車程約5分鐘。

搾牛奶體驗（ジャージー牛の乳しぼり）

收費：¥1,200/15分

牛欄內飼有十多隻乳牛，搾牛奶體驗約15分鐘，適合任何年齡。

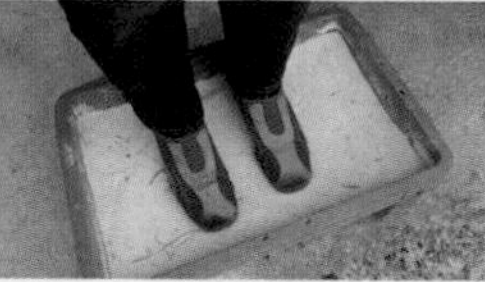

進入牛欄，雙手和鞋底都需要消毒。

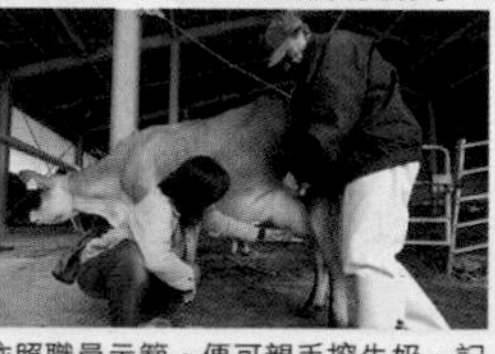

依照職員示範，便可親手搾牛奶，記得要溫柔喔！

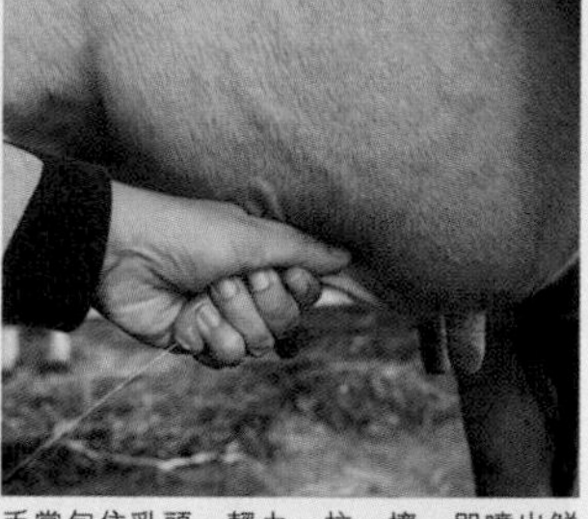

手掌包住乳頭，輕力一拉一擠，即噴出鮮乳，原來鮮乳味道很淡。

牛油D.I.Y體驗（バター体験）

收費：￥1,200/45分
時間：1000-1500
*1星期前預約，另有芝士、生焦糖糖和雪糕D.I.Y體驗。

材料只有農場新鮮牛乳，工具包括玻璃瓶、隔水用的網等。

步驟超簡單，就是要不停起勢搖動牛乳瓶，目的是將牛乳和油脂分離。

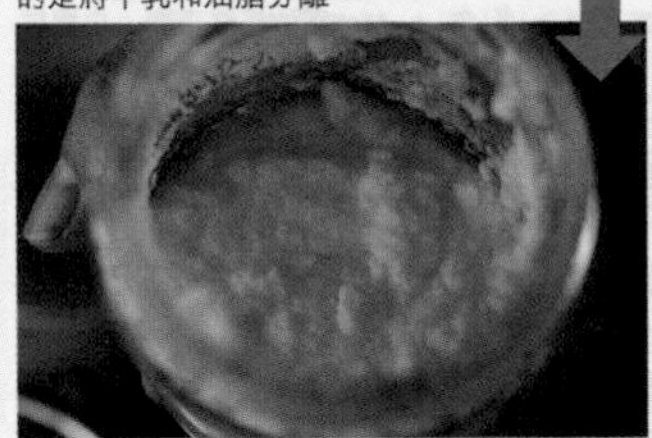
大約15分鐘，牛乳會變成粥狀，此時要繼續搖。

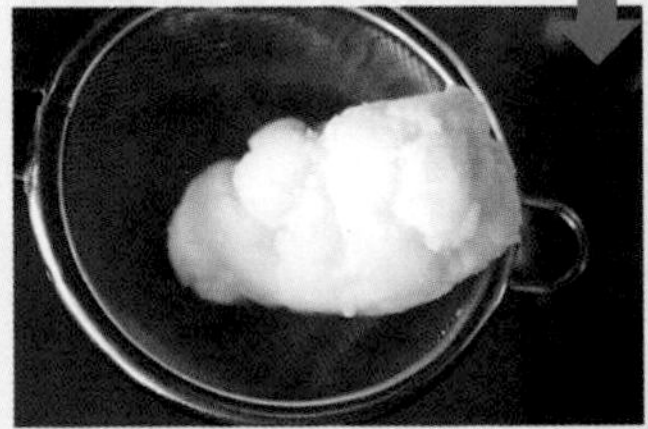
30分鐘過後，終於搖出固體的牛油，用網隔水即成。

牛油要自己加鹽調味，現場有提供餅乾給你現吃，自己做的特別滑嫩香濃。

美瑛牛排「びえい和牛ステーキ」，美瑛牛飲用大雪山水長大，肉質特別柔軟。￥2,980

牧場直送美瑛牛

MAP: P.220 C3

ファームレストラン千代田（牧場餐廳千代田）

「ふれあい牧場」直營的餐廳，有牧場美景伴吃，主打自家農場用堆肥種植的有機蔬菜、以酒粕生酵母調配飼料養育的「美瑛牛」，以及自家製的麵包和牧場鮮牛乳。店外還附設雪糕吧，必嚐牧場牛乳雪糕。

樓底挑高，玻璃外牆盡覽牧場美景。

招牌燉美瑛牛「びえい和牛ビーフシチュー」，香濃醇厚，肉質滑嫩。單點￥1,780

牧場限定自家牛乳，以及牛乳布甸（￥380）。牛乳小￥200、大￥780

店外雪糕吧，有售牧場牛乳製作的軟雪糕，奶味特別濃。￥400

サラダ（沙律），自家農場有機蔬菜，均用堆肥種植，每樣都甜美爽脆。￥780

Info

地址：北海道上川郡美瑛町水沢（字）春日台第1-4221
MAPCODE：349 764 039*86
電話：0166-92-1718
營業時間：4/1～12/30 1100-2000；1/2～3/31 1100-1600
網址：http://biei-fm.co.jp/
消費：約￥2,000/位
前往方法：JR富良野線「美瑛」駅出發，車程約5分鐘。

富良野、美瑛鐵路車票

每年4月底～10月底花季期間限定，有效期4天，套票包含A券、B券，A券可乘札幌～富良野、美瑛間的特急列車一次；B券則可無限乘搭區間內的列車自由席，還有玩樂coupon送。

限定使用期：4月底～10月底
票價：￥6,500
網址：www2.jrhokkaido.co.jp/global/chinese/travel/furanobiei.html

富良野薰衣草小知識

薰衣草（Lavender）日語為「ラベンダー」，學名Lavandula，原產地是地中海，屬唇形科常綠草本或灌木植物，屬下有25～30個品種，在富良野最常見的是Okamurasaki。

每個品種花期各異，早開的於6月下旬初現；最晚開的可欣賞到8月上旬，但以7月上旬～中旬為最佳賞花期。成株時可高達60公分，氣味芳香，可製作成精油、護膚品等，有舒緩肌膚、安寧鎮靜的功效。

提提你

FURANO LAVENDER

浪漫薰衣草田

富良野 ふらの/Furano

位在北海道正中央、美瑛以南，四周被十勝岳、蘆別岳、夕張岳山地包圍的盆地，故有「臍眼の城」(肚臍之城)的別稱。四季花海百卉含英，現在幾乎已是薰衣草的代名詞，每年7月漫山遍野一片紫色花海，浪漫到不得了，被譽為「日版普羅旺斯」。但其實，幅員廣闊的富良野，還有大量美景和玩樂設施，多天也玩不完。

富良野観光協会 ：www.furanotourism.com/

Tips

行程規劃Tips

富良野幅員廣大，由上至下，分為上富良野、中富良野、富良野市(富良野駅)、南富良野及麓鄉等地，旅客可以富良野駅為中心，劃分為上中南3部分，每部分停留1～2天。

筆者親身經驗：薰衣草花季期間常下雨，筆者就試過連下4天雨，建議停留多天，以捕捉好天氣。

交通

JR富良野線「富良野」、「上富良野」或「中富良野」駅下車。

i. 札幌駅出發，需在旭川駅轉乘JR富良野線，旭川至富良野車程約1小時10分。

ii 每年6～8月特設Furano-Lavender Express，從札幌駅直達富良野駅，車程只1小時50分，每日有3班。

富良野區內交通：

最方便一定是自駕，預算少可乘搭富良野巴士的「Lavender號」（ラベンダー号），人多又有預算的話可選擇的士包車。每年夏季，還可以乘搭JR富良野•美瑛慢車號（富良野•美瑛ノロッコ号）。

JR「富良野」駅附設偌大的候車室，還有立食麵店、觀光中心和大量Locker。

1.「Lavender號」（ラベンダー号）

來往旭川駅前/旭川空港至新富良野Prince Hotel，途經美瑛、上富良野、中富良野、富良野駅前等，每日8班車。

車費：￥380-1,050

網址：www.furanobus.jp/

2. JR富良野・美瑛慢車號

每年6月～10月營運的臨時列車，行駛JR富良野線的美瑛/旭川駅～富良野駅之間，車程1-1.5小時，詳見後文介紹。

車費：￥230-1,070

網址：www.jrhokkaido.co.jp/train/tr027_01.html

---

3. 的士包車

a. 普通車收費：首1.4公里起錶￥620，其後每270米￥80。

b. 人數多建議包車，不同的士公司收費相若，還有多個建議行程，4小時小型車收費￥27,120/車（含税）、7小時小型車收費￥47,460/車（含税）。

富良野計程車：http://personal.furano.ne.jp/ftaxi/jianti/index.htm

FMT TRAFFIC TAXI：https://fmt.taxi/

每年薰衣草花季，都有拖拉機改裝的薰衣草巴士，單邊座位可視野無阻近觀花海。

中富良野 日本最大薰衣草園

MAP: P.240 B2

富田農場（ファーム富田）

富良野最著名的薰衣草園，1903年開園，三代園主富田忠雄於1958年始種植薰衣草，被譽為「北海道薰衣草園之父」。佔地廣達15公頃，免費開放，設有12個大小花田和1個溫室，種有10萬株薰衣草，每年7月漫山遍野一片紫色花海，是日本最大規模的薰衣草園。同時也有鬱金香、波斯菊等四季花卉，故一年四季都有花可賞。附設多個主題農舍，包括薰衣草精油廠「蒸餾の舍」、「香水の舍」等。還有多間Cafe和商店，必嚐紫色的薰衣草雪糕。

佔地15公頃的薰衣草園，種有10萬株薰衣草，每年7月漫山遍野一片紫色花海。

不同品種的薰衣草花期各異，但以每年7年上旬至中旬最燦爛。

園內隨處可見紫色裝飾，就連工作人員代步的綿羊電單車，都是紫色。

整個農場依山而建，設有展望平台給你從高處俯瞰，飽覽整個平原。

Info

地址：北海道空知郡中富良野町基線北15

MAPCODE：349 306 050*05

電話：0167-39-3939

開放時間：0900-1700（花季期間0830-1800）*

入場費：免費

網址：www.farm-tomita.co.jp/

* 開放時間每月不同，請查詢官網。

前往方法：JR富良野線「富良野」駅，徒步約25分鐘；花季期間可乘JR富良野線臨時列車「富良野 • 美瑛ノロッコ号」，至「ラベンダー畑」駅，徒步7分鐘即達。

設有12個大小花田，其中「倖の畑」面積過萬平方米，種有4種薰衣草。

園區中央玻璃溫室，無懼風吹雨打，幾乎一年四季都有薰衣草可賞。

「乾燥花の舍」，日本最大規模的乾燥花展售，由荷蘭著名花卉設計師Len Alkemade打造。

入口旁邊的「花人の畑」，每季皆有不同花卉輪番綻放，七彩繽紛。

「蒸餾の舍」，日本唯一將薰衣草提煉成精油的蒸餾工廠，香氣撲鼻。

「香水の舍」，地下是自家薰衣草精品店，2樓可一睹香水的製作過程，還有展望台。

其實園內也種有鬱金香、向日葵、波斯菊等四季花卉，一年四季都有花可賞。

香水の舍限定「薰衣草肥皂」，花香味保濕功效強，洗臉洗身均可。￥650

必吃薰衣草名物：

園內有多家餐飲和小吃亭，有大量薰衣草主題甜品，和本地農產菜式。

薰衣草雪糕，紫色的軟雪糕有淡淡的薰衣草香，打卡必選。￥300

可樂餅，富良野產男爵薯仔製作，炸得外脆內綿滑，薯味特濃。￥160

四季花田依山勢而建，可俯瞰上富良野平原及十勝岳連峰美景。

上富良野 四季花田山丘 MAP: P.240 B1

Flower Land上富良野
(フラワーランドかみふらの)

座落海拔260米的山坡上，佔地15公頃的廣闊花田，種有薰衣草、向日葵、魯冰花、百合花、波斯菊、罌粟花等，四季花卉輪番盛放，加上十勝岳連峰作背景。附設體驗教室，提供各式薰衣草手工D.I.Y，包括薰衣草押花、香包製作等。還有拖拉機改造的遊園車，以及冬季限定的雪上電單車等玩樂。

拖拉機改造的遊園車，穿梭花海運行，收費成人¥500、小学生¥300。

園內置有大量打卡造景，包括山頂的巨型牧草熊，足足有4米高。

15公頃的廣闊花田，種滿薰衣草、魯冰花、波斯菊等10多種四季花卉。

尤以每年7月的薰衣草，以及春秋交替的油菜花田最聞名。

附設體驗教室，提供薰衣草押花、香包製作等各式薰手作D.I.Y。

Info

地址：北海道空知郡上富良野町西5線北27号
MAPCODE：349 518 416*83
電話：0167-45-9480
開放時間：4～5、9～11月0900-1700、6～8月0900-1800、3月0900-1600（花田6～9月、食堂6～9月1100-1500）
休息：12至2月
網址：http://flower-land.co.jp/
前往方法：JR富良野線「上富良野」駅出發，車程約8分鐘。

日版伯朗大道 MAP: P.240 B1-B2

パノラマロード江花（全景之路江花）

上富良野八景之一，屬於道道581号一段，座落標高50米小丘上，有一條筆直的馬路，可眺望富良野盆地、十勝岳連峰和拼布之丘美景，媲美台灣的伯朗大道，乃自駕遊和單車遊的秘景。

延綿不絕的筆直馬路，一直通往富良野盆地，恍忽永沒盡頭，媲美台灣的伯朗大道。

全景之路江花乃上富良野八景之一，也是自駕遊的秘景。

座落標高50米小丘上，可眺望十勝岳連峰和拼布之丘美景。

Info

地址：道道581号線沿
MAPCODE：349 397 708
前往方法：JR富良野線「上富良野」駅出發，車程約9分鐘。

免費薰衣草園

MAP: P.240 C1

日の出公園ラベンダー園

座落上富良野海拔270米的「日の出山」山丘，原為滑雪場，1980年起種植薰衣草，薰衣草花田廣達3.7公頃，免費入場，成為日本第一個兼最大的公營薰衣草公園。山頂設有展望台，可俯瞰整個上富良野及十勝岳連峰景色，還有愛情鐘等打卡位，成為婚照熱景。

薰衣草花田最高點，設有羅馬風的愛情鐘，乃富良野八景之一，也是婚照熱景。

山頂設有展望台，可俯瞰整個上富良野及十勝岳連峰景色。

佔地3.7公頃的薰衣草田，以比較晚開的品種「丘紫」為主。

薰衣草花田有小徑穿梭，不止愛情鐘，還有心形花圃等打卡位。

Info

地址：北海道空知郡上富良野町東1線北27号
MAPCODE：349 463 277*68
電話：0167-45-6983
開園期間：5月中旬～10月中旬
前往方法：JR富良野線「上富良野」駅出發，車程約5分鐘。

隱世薰衣草秘境

MAP: P.241 B6

かなやま湖畔 鹿越園地 ラベンダー園（金山湖薰衣草園）

南富良野被稱為是「太陽、森林與湖泊組成的市鎮」，其中心點正是金山湖。座落金山湖森林公園，佔地1.9公頃，距離富良野市中心約40分鐘車程，環境綠意盎然，湖畔設有露營場，一直是富良野的露營聖地。還附設富良野地區唯一湖畔薰衣草園，種有2萬多株薰衣草，湖景加上紫色花海美景，打卡度更高，最重要是較少旅行團客。

湖畔種有2萬多株薰衣草，屬於較晚開的品種，6月中還是一個個綠色草頭。

金山湖森林公園，佔地1.9公頃，設有大型露營場和停車場。

金山湖距離富良野市中心約40分鐘車程，環境寧靜綠意。

金山湖水平如鏡，向以釣魚、划船等水上活動聞名。

Info

地址：北海道空知郡南富良野町字東鹿越
MAPCODE：550 254 672
前往方法：JR富良野線「富良野」駅出發，車程約40分鐘；JR根室本線「東鹿越」駅出發，車程約6分鐘。

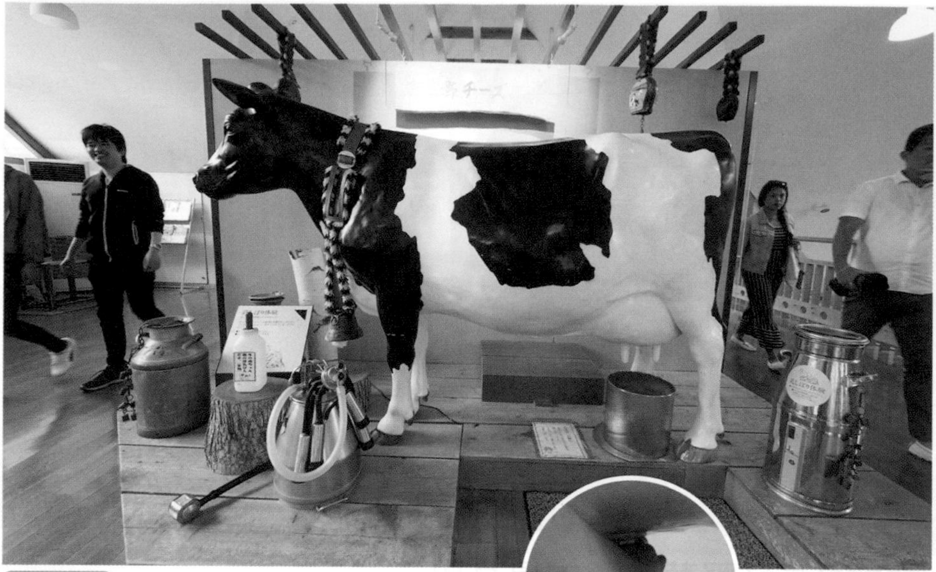

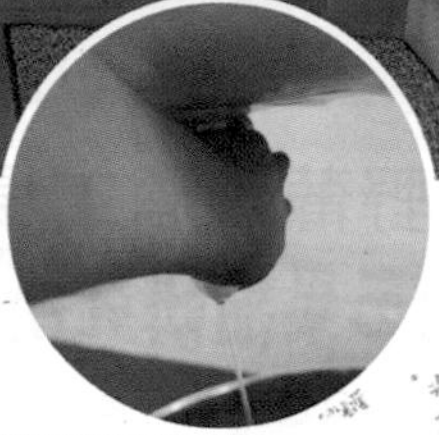

2樓販賣區，有一座投幣式搾牛奶體驗機，限時1分鐘搾出「奶水」。¥100

富良野廣域 芝士主題工房 MAP: P.241 A5

富良野チーズ工房

由多棟建築組成，兩層高工房1樓自由見學，旅客可透過玻璃窗一睹芝士的製作過程。2樓販賣區，專售富良野牧場直送牛奶製成的自家芝士、牛乳等乳製品。更有體驗教室，每日提供多場手工牛油、雪糕、芝士等D.I.Y體驗。

富良野牧場現擠直送牛奶製成，招牌是特別加入Furano Wine的「紅酒起司」。旁邊的PIZZA工房，使用的炭窯是從拿坡里所引進；食材部分則是使用北海道產的小麥粉、蕃茄與洋蔥等等。還有雪糕工房和偌大的森林花園。

三角玻璃屋建築以芝士為主題，座落一片茂密的森林之中。

自家芝士以富良野牧場直送牛奶製成，當然有提供免費試吃。

體驗教室，每日提供多場手工牛油、雪糕、芝士等D.I.Y，部分可即場報名。

附設「雪糕工房」，主打富良野牧場牛乳做的Gelato。招牌特濃牛乳¥260

「PIZZA工房」，供應窯烤芝士薄餅，落地玻璃窗賞盡森林公園美景。

工房生產的芝士約有5、6款，招牌是加入富良野紅酒的「紅酒芝士」。¥860

1樓歡迎自由見學，旅客可隔着玻璃窗，參觀工房的起司製造室、熟成庫等。

Info

地址：北海道富良野市中五区
MAPCODE：550 840 171*88
電話：0167-23-1156
營業時間：4月～10月0900-1700、11月～3月0900-1600
網址：www.furano-cheese.jp/
前往方法：JR富良野線「富良野」駅出發，車程約9分鐘。

富良野廣域 果醬工房 MAP: P.241 D6

ふらのジャム園（富良野果醬園）

昭和61年（1974年）開園，由當地共濟農場經營，提供超過38種果醬，都以富良野產蔬果製造，不含防腐劑、香料或色素等添加劑，除了草莓、藍莓等常見口味，也有甘筍、西瓜、哈密瓜等特別口味。附設甜品工房，必吃招牌牛角包夾焦糖布甸。2樓還有展覽館，旁邊更有麵包超人專門店。

由當地共濟農場經營，館前置有麵包超人遊具，旁邊更有麵包超人專門店。

最正是每一款果醬都有試吃，更貼心地提供埋麵包粒，試到合口味才買。

女性No. 1是南瓜，清甜得來有絲絲瓜肉；其餘木霉、山葡萄也不錯。¥432

樓高2層，1樓販賣38種果醬，都以富良野產蔬果製造，還有手工曲奇。¥432-756/瓶

甜品工房名物牛角包三文治，酥脆熱辣牛角包，夾住冰凍焦糖布甸，對比強烈好吃。¥450

果醬園最初以果醬爺爺為名，經麵包超人原作者授權，現在館內也有爺爺雕像。

Info

地址：北海道富良野市東麓鄉3
MAPCODE：550 803 271*42
電話：0167-29-2233
營業時間：0900-1730
網址：www.furanojam.com/furano_us/
前往方法：JR富良野線「富良野」駅出發，車程約30分鐘。

富良野廣域 《北國》之森

麓郷の森

MAP: P.241 D5

日本富士電視台經典日劇《北の国から》（來自北國）的拍攝場景，藏身富良野果醬園附近的森林中，還有「黑板五郎の丸太小屋」與「五郎3番目の家（風車の家）」兩處場景。

藏身富良野果醬園附近的森林中，充滿隱世田園氣氛。

「五郎3番目の家（風車の家）」，是劇中主角一家人所居住過的房子。

園內還有展出麓鄉攝影作品的「森之寫真館」，以及劇照的「來自北國紀念館」。

彩の大地館，兩層原木建築，提供展覽與紀念品販賣，還有提供洋食的餐廳。

Info

地址：北海道富良野市東麓鄉1-1
MAPCODE：550 830 218*66
電話：0167-29-2323
開放時間：4月17日～9月30日0930-1700；10月1日～11月23日0930-1600
休息：冬季
入場費：¥500（3施設共有券¥1,200）
網址：www.furano.ne.jp/officefurano/mori/
前往方法：JR富良野線「富良野」駅出發，車程約25分鐘。

免費原畫展

MAP: P.241 D6

anpanman shop ふらの店（麵包超人專賣店）

果醬園旁邊，有目前日本最大規模的麵包超人專門店。樓高兩層，1樓是商店；2樓展出《麵包超人》原作者柳瀨嵩的原畫和巨型畫作，最重要是免費入場。館前置滿麵包超人家族的石雕像，嬉水池還有各式玩具任玩，堪稱親子樂園。

館前置滿麵包超人家族的石雕像，隻隻都超1米高！

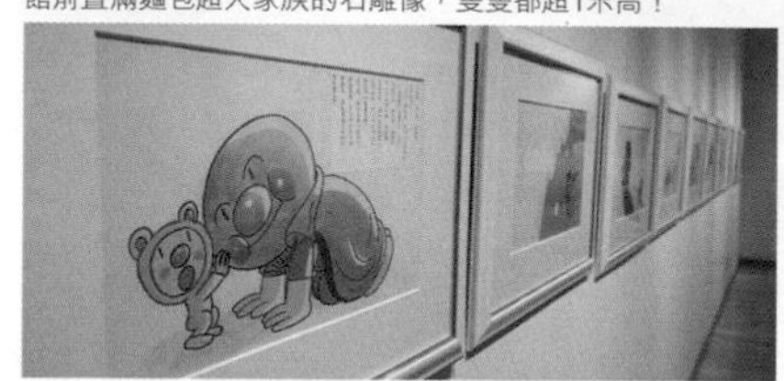

展品包括近20幅巨型《麵包》畫作，絕不輸橫濱等地的麵包超人館。

1樓為日本最大麵包超人專門店，有售限定迷你《麵包超人》繪本。¥540

館前花園設有嬉水池，還放滿各式麵包超人玩具，麵包水槍全部任玩。

2樓展覽館，展出《麵包超人》已故原作者——柳瀨嵩的親筆原畫。

Info

地址： 北海道富良野市字東麓鄉3
MAPCODE： 550 803 271*42
電話： 0167-29-2235
營業時間： 0900-1730
網址： www.furanojam.com/anpanman/
前往方法： JR富良野線「富良野」駅出發，車程約30分鐘，富良野果醬園旁邊。

隱世四季花田

MAP: P.241 D6

麓鄉展望台

距離果醬園只有3分鐘車程，展望台藏身「共済農場」標高500米的山丘，可俯瞰麓鄉全景。附設名為「彩色廣場」的花田，種滿薰衣草、向日葵、油菜花、芍藥、大波斯菊等四季花卉，尤其每年7月的薰衣草和油菜花最美。被日本農林水産省選為「日本農村百景」。

展望台座落標高500米的山丘，可俯瞰麓鄉全景。

花田名為「彩色廣場」，一年四季都有不同花卉盛放。

薰衣草盛放之前，先有魯冰花上場，一樣開得燦爛。

6月初，薰衣草還只是一個個綠色草頭，到7月便會換上紫色。

Info

地址： 北海道富良野市東麓鄉3
MAPCODE： 550 774 846*67
電話： 0167-29-2233
網址： www.furanojam.com/scenery/
前往方法： JR富良野線「富良野」駅出發，車程約30分鐘。

第2個青池

MAP: P.241 B5

鳥沼公園

南富良野的新晉秘景，天然湧泉的水沼澤，連冬季也不會結冰。原本透明的水色，因為2016年颱風重創北海道，令池水突變成碧綠色，照映周圍的林木，景觀奇幻。隨住光線變化，水色更會轉變，冬季甚至會冒出白煙，被譽為第2個青池。

名字源自原住民愛努語，意思是「有鳥的沼澤」，事實附近有40種野鳥棲息。

不止野鳥，也常見蝦夷松鼠、蝦夷鹿、狐狸、狸貓等野生動物。

水沼澤連冬季也不會結冰，設有碼頭，夏天可划船。

碧綠的池水，照映周圍的林木，隨住光線變化，景觀超奇幻。

Info

地址：北海道富良野市東鳥沼1
MAPCODE：349 007 622*08
開放時間：24小時
前往方法：JR富良野線「富良野」駅出發，車程約10分鐘。

打卡漢堡店

MAP: P.241 B5

FURANO BURGER (FB)

鳥沼公園附近、IG爆紅的人氣漢堡店，由鳥沼地區一家牧場兼加工食品廠經營。標榜使用100%富良野產的美瑛豬絞肉，配上自家製的手工香腸、煙肉、麵包，以及道產新鮮蔬菜，現點現煮，故格外juicy。

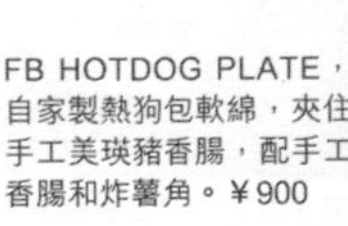

FB HOTDOG PLATE，自家製熱狗包軟綿，夾住手工美瑛豬香腸，配手工香腸和炸薯角。¥900

FURANO BURGER PLATE，招牌美瑛豬漢堡，夾住自家製煙肉，豬味濃厚而多汁，配手工香腸和炸薯角更一流。¥1,200

原木屋內裝，窗外可眺望一片農田美景，並附設露天雅座。

座落鳥沼公園對面，店前築有精緻的碎石庭園。

Info

地址：北海道富良野市東鳥沼1
MAPCODE：550 876 747*47
電話：050-5597-2251
營業時間：2019年4月23日～10月下旬 1100-1800
休息：11-3月、4～6月逢周一、9～10月逢周四
網址：www.furanoburger.com/
消費：約¥1,000/位
前往方法：JR富良野線「富良野」駅出發，車程約10分鐘。

打卡密瓜雪糕

吉田農場

MAP: P.241 B6

富良野南部，「国道237号」公路旁有很多密瓜農園，每到產季都有提供現切密瓜，還可以買到最便宜的密瓜。其中「吉田」為著名農園，主要栽培密瓜、玉米、西瓜、馬鈴薯等多種有機蔬果，單是密瓜棚已超過100米長，每年出產超過3萬個。夏天有期間限定的密瓜雪糕，7～8月更有密瓜收割體驗，收費￥2,000（包一個蜜瓜）。

密瓜豐儉尤人，最便宜￥2,000個已超甜。

高質一點，售價￥3,000～4,000/個，買時記得問店員甚麼時候熟。

「吉田」為富良野南部著名農園，附設有停車場。

原個密瓜切開一半，加上香濃的牛乳雪糕，甜美爆燈，打卡一流！￥1,000

Info

地址：北海道富良野市山部東13線12番地
電話：0167-42-3187
營業時間：6月末～8月0700-1800
休息：10-5月
前往方法：JR富良野線「富良野」駅出發，車程約18分鐘。

隱世麵包名店

Boulangerie Lafi

MAP: P.241 B5

2013年開業，本地人才知的隱世手工麵包店。老闆出合祐太原為職業棒球手，退役後隱居富良野農鄉，開設夢想中的麵包店。強調傳統的味道，麵包經長時間發酵熟成，並以柴燒窯來烤，令麵包增添一份炭火香。

簡單的鹽水包，質感軟糯，吃得出麵粉和炭火香。￥120

每日約有20款麵包供應，都是傳統歐式風味，定價不貴。

Cinnamon Roll（肉桂卷），肉桂香撲鼻，口感鬆軟而濕潤，富層次感。￥200

由農舍改裝的麵包工房，還有座位，心急的可即場趁熱吃。

座落農田逢的麵包店。

Info

地址：北海道富良野市字西扇山2
MAPCODE：550 874 660*36
電話：0167-23-4505
營業時間：1000-1600
休息：周一不定休
網址：www.facebook.com/BoulangerieLafi
前往方法：JR富良野線「富良野」駅出發，車程約8分鐘。

午後的旅人宿舍 MAP: P.241 A6

cafeゴリョウ（cafe Goryo）

原木屋Hostel兼Cafe，由80年歷史的古民家改造，關西出身的老闆，本身也是背包客，一手一腳打造夢想中的旅人宿舍。Cafe主打辣椒豆、咖喱飯等南洋風味餐點，野菜都是自家種植。午後供應各式特飲和手工甜點，還有田園美景相伴。

粗糙的原木屋，原為80年歷史的古民家穀倉，充滿田園風味。

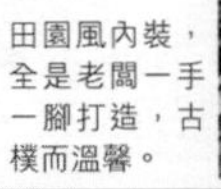

田園風內裝，全是老闆一手一腳打造，古樸而溫馨。

甜品每日不同，Cheese cream scone sand，鬆軟scone夾住鮮忌廉和草莓。¥500

Café座落森林河川邊，窗外一片綠意盎然。

自家焙煎コーヒー（咖啡），自家焙煎的咖啡香濃醇厚。¥400

Info

地址：北海道富良野市字上御料
MAPCODE：550 750 731
電話：0167-23-5139
營業時間：1100-2000
休息：逢周二
住宿：Domitory ¥2,500/晚
網址：www.goryo.info/cafe/
消費：約¥400/位起
前往方法：JR富良野線「中富良野」駅出發，車程約10分鐘。

清水山的薰衣草屬於早開的品種，通常6月中下旬便開。

隱世薰衣草花田 MAP: P.241 A4

清水山グリーンランド（清水山GreenLand）

葡萄酒工場附近有一隱世山坡，原為露營和戶外活動場地，但每年6月尾開始，都有燦爛的薰衣草盛放，整個山崗像鋪了一層紫色床單般，景致絕不遜其他大型花海農場，最重要是免費。

Info

地址：北海道富良野市字清水山
前往方法：JR富良野線「富良野」駅出發，車程約5分鐘。

露天溫泉，有大、小兩個浴池，是真正男女共浴。

真正「男女混浴」

吹上溫泉

MAP: P.241 B6

上富良野、十勝岳山腰，竟藏着一個免費的野外溫泉，還要是富良野地區唯一的「男女混浴」。座落標高1,200公尺的溪谷中，屬碳酸鹽泉，泉溫47℃，泉水無色無味。只要夠勇氣，即可體驗真正的野外溫泉。

Info

地址：北海道富良空知郡上富良野町吹上
MAPCODE：796 032 431*38
前往方法：JR富良野線「上富良野」駅出發，車程約25分鐘。

15棟原木小屋藏身茂密森林中，彼此有木棧步道貫穿，乃富良野必遊打卡點。

PrinceHotel園區 森林小屋村

Ningle Terrace（森林精靈陽台）

MAP: P.241 A5

富良野王子飯店園區附設大量玩樂設施，都開放非住客，其中最受歡迎的是藏身森林的木屋商店街。名字源自《風之花園》編劇倉本聰的作品，相傳北海道森林中，住着15cm高的小精靈。15棟原木屋，集合15家個性小店，主打原創工藝精品，還有木棧步道貫穿，晚上更會點起盞盞燈光，雪景又是另一份美。

村內隨處可見貓頭鷹的木雕裝飾，有幸福之意，每隻都不一樣。

白天和夜晚景色節然不同，晚上點起盞盞燈火，氣氛神秘又浪漫。

Info

地址：北海道富良野市中御料 富良野王子飯店駐車場旁邊
MAPCODE：919 553 395*88
營業時間：1200-2045(7、8月1000-2045)
網址：www2.princehotels.co.jp/furano-area/summer/ningle/
前往方法：JR富良野線「富良野」駅出發，車程約10分鐘。

森林系蠟燭

森のろうそく屋

1971年於岩手縣創立的藝術蠟燭單位，一系列森林系風格的造型蠟燭，像木頭蠟燭、精靈蠟燭等等，跟Ningle Terrace風格如出一轍，店內還有提供蠟燭D.I.Y體驗。

木頭蠟燭連草菇套裝。￥860

森林系風格的造型蠟燭，跟Ningle Terrace的氛圍如出一轍。

提供蠟燭D.I.Y體驗，收費￥2,160/30分鐘。

蠟燭店乃村內的人氣店，店內經常人頭湧湧。

Info

網址：www.tomoscandle.co.jp/tomosweb/tomosweb_ar%EF%BD%94wax.htm

雜貨小物店

小さな家の家

顧名思意，專售小巧的手作小物，有火柴盒大小的小木屋、迷你盆栽、乾花情景，還有用花生、紅豆做的可愛小人偶，通通看得人會心微笑。

花生小人偶，盪鞦韆造型超可愛。￥960

細細粒的豆型人偶，在日本傳統有幸運祝福之意。

迷你「一戶建」情景，乃日本人夢寐以求的獨棟大屋。￥2,000

迷你小木屋都是手工做，每間都不同造型，放盆栽裝飾一流。￥530

Info

網址：http://ienoie.com/

萬花筒專門店

小さな宇宙 万華鏡の家

手工「万華鏡」專門店，即是我們熟悉的萬花筒，江戶時代從西方傳入日本，成為北海道開拓初期的重要工藝品。店內提供數十款不同造型的万華鏡，當作手信也不錯。

店內不准拍照，但歡迎試玩，由於手造，故每一支都不同。

手工「万華鏡」專門店，老闆經常都有新設計推出。

D.I.Y「万華鏡」套裝，組合簡單好玩，小朋友都適合。￥1,300起

最受歡迎的雪人「万華鏡」，每隻都有不同表情。￥1,800

Info

網址：https://blog.goo.ne.jp/kaleidscope-furano

貓頭鷹專門店

ふくろうの家

以北海道動物為主題的手工木雕專門店，尤以貓頭鷹木偶最多，造型各式各樣，在日本傳統有幸運祝福之意。

取名「月夜の貓頭鷹」的掛鉤，手工一流。￥5,184

專門店乃北海道本地手作品牌，也有陶藝作品販售。

手工木雕由首飾、家品、裝飾擺設，到藝術品都有。

貓頭鷹一家，有齊爸爸、媽媽、爺爺和孫。￥756-1,296

Info

網址：http://fukurou.ftw.jp/access.html

MAP: P.241 A5

日劇三部曲專門店

富良野ドラマ館（劇集館）

劇集館以昭和年代的「富良野駅」舍打造，位置就在森林精靈陽台入口旁。

重現昭和17年（1942）所建 的「富良野駅」舍，展出編劇家倉本聰《來自北國》、《溫柔時光》與《風之花園》3部著名日劇的道具和相關資料。同場販售三部曲的官方精品，以及富良野精品手信。

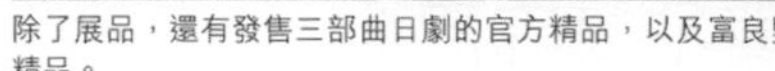

除了展品，還有發售三部曲日劇的官方精品，以及富良野精品。

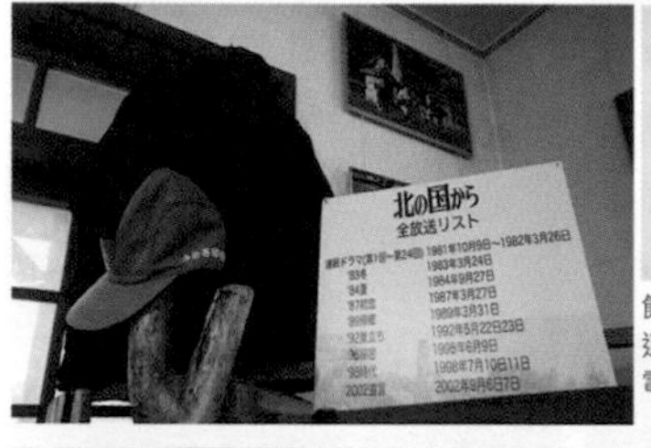

館內展出《來自北國》的道具、戲服和劇照，還有電視播映經典情節。

倉本聰三部曲解碼

日本著名編劇家倉本聰，所撰寫的《來自北國》、《溫柔時光》與《風之花園》3部日劇劇本，故事皆以北海道富良野為背景，合稱「富良野三部曲」。其中最知名的《來自北國》，於1981-2002年間一共播映24集，另加8集特別單元，播映時間超過20年。

提提你

《來自北國》掛耳式加啡包。¥375

加啡豆造型的加啡糖，超精緻。¥216

Info

地址： 北海道富良野市中御料 プリンスバン工房前

營業時間： 0915-1845

網址： www.princehotels.co.jp/furano-area/winter/drama/

前往方法： JR富良野線「富良野」駅出發，車程約10分鐘，Ningle Terrace入口旁邊。

富良野唯一森林歷奇

MAP: P.241 A5

Tree Adventure Furano

新富良野王子飯店旁的「野趣庭園」，內有各式戶外玩樂，包括最新的森林歷險設施，設有250米長、其19個關卡的Tree Trekking。玩家系上安全繩，穿梭樹林中，逐一挑戰關卡，像變身泰山般飛越叢林。

園內設有250米長、其19個關卡的Tree Trekking。

Tips

身高需120cm以上。

最後一道關卡，玩家可從樹上放手滑下來。

森林歷奇可即場到「受付」小屋報名，

Info

地址： 北海道富良野市中御料 新富良野プリンスホテル ピクニックガーデン（新富良野王子飯店 野趣庭園）

MAPCODE： 919 553 454

開放時間： 4月27日～5月6日0800-1600（5月7日～6月14日周六日開放）、6月15日～8月31日0800-1730、9月1日～10月14日周六日0800-1530開放

收費： 成人¥2,500、小學生¥1,500、親子券（1大1小）¥3,500

網址： http://m.princehotels.co.jp/furano-area/summer/activity/index06.html

前往方法： JR富良野線「富良野」駅出發，車程約10分鐘。

長澤正美咖啡 MAP: P.241 A5

珈琲 森の時計

編劇家倉本聰開設的咖啡店，也是「富良野三部曲」之一、長澤正美跟二宮和也主演日劇《溫柔時光》的主要場景。店內仍保留劇中的陳設佈局，窗外滿眼靜謐的森林風光，甚至可一嚐劇中的咖啡，像主角倆坐在吧台親手研磨咖啡豆，再交給咖啡師沖調。

咖啡店原是拍攝《溫柔時光》而搭建的舞台，四周被森林包圍。

坐在吧台，可欣賞咖啡師手沖的技巧。

Blended Coffee，由客人親手研磨咖啡豆，再交給咖啡師沖調。¥600

每日限定20客的甜點「芽吹」，甘醇的咖啡果凍，加上自家製雲呢拿雪糕，絕配。¥700

招牌手工蛋糕共有3款，「根雪」，鬆軟海綿蛋糕加上白朱古力。¥980

Info

地址：北海道富良野市中御料 新富良野プリンスホテル旁邊
營業時間：1200-2045
網址：www2.princehotels.co.jp/furano-area/summer/morinotokei/
消費：約¥600/位起
前往方法：JR富良野線「富良野」駅出發，車程約10分鐘，Ningle Terrace內有步道前往。

2萬呎英式花園 MAP: P.241 A5

風のガーデン（風之花園）

日劇《風之花園》的拍攝場所，佔地超過2萬平方呎的英式花園，歷時2年打造，園內種有超過450種、2萬株花朵植物，四季美景各異，百花飄香、春色滿園。

超過2萬株花朵植物，還有步道貫穿其中，一年四季百花吐艷！

園內仍保留日劇《風之花園》拍攝時用過的小屋，田園風家具仍在。

英式花園藏身新富良野王子飯店旁的「野趣庭園」內。

450種四季花卉，加上造景，構成如同油畫般的美景。

Info

地址：北海道富良野市中御料 新富良野プリンスホテル　ピクニックガーデン（新富良野王子飯店 野趣庭園）
電話：0167-22-1111
開放時間：4月28日～10月14日0800-1700（10月0800-1600）
入場費：成人¥800、小学生¥500、幼兒免費
網址：www2.princehotels.co.jp/furano-area/summer/garden/
前往方法：JR富良野線「富良野」駅出發，車程約10分鐘。

富良野駅 免費地圖

MAP: P.242 D1

富良野•美瑛広域観光センター

富良野駅旁邊設有大型觀光中心，提供富良野與美瑛地區的旅遊資訊、景點入場券發售等，最重要是索取免費地圖。

Info

地址：北海道富良野市日の出町1-30
開放時間：0900-1800
前往方法：JR富良野線「富良野」駅旁邊。

單車租賃

MAP: P.242 D2

ラベンダーショップもりや

富良野駅旁邊的紀念品店，提供普通及電動單車租賃，普通車一天收費¥1,000，租車更可免費寄存行李。

Info

地址：北海道富良野市日の出町2−1
電話：0167-22-2273
營業時間：0900-1700
收費：普通車¥500/3小時、¥800/5小時、¥1,000/1日
電動車¥1,500/3小時、¥2,500/5小時、¥3,000/1日
* 1800前最後還車，租車可免費寄存行李。
前往方法：JR富良野線「富良野」駅旁邊。

「肚臍祭」的主社「北真神社」的御分社，入口設有小型鳥居。

肚臍神社

MAP: P.242 D2

へそ神社（肚臍神社）

富良野「肚臍祭」的主社「北真神社」的御分社，簡單講即是分店。社內置有一「へそ絆石」（肚臍絆石），石頭中間有一穿洞，相傳兩人分別從洞的兩邊伸手入洞，若能緊握即能結緣。

社內有一台御神籤自動販賣機，籤文還有中英文解說。¥200

社內置有「肚臍祭」人偶，乃打卡位。

「へそ絆石」（肚臍絆石），相傳兩人從兩邊伸手入洞，能緊握即可結緣。

Info

地址：北海道富良野市日の出町7−5
前往方法：JR富良野線「富良野」駅，徒步約2分鐘。

盛り合わせ鮨（綜合手握壽司），有吞拿魚、魷魚、甜蝦、八爪魚等，件件厚切新鮮。¥1,242

炸薯條，富良野東富丘農園直送男爵薯，手切炸至外脆內綿密。¥648

露筍天婦羅，夏季限定，麵衣透薄而香，炸得外脆內鮮甜爽脆。¥1,080

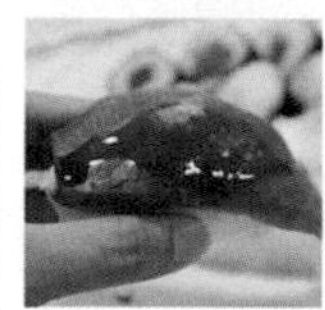

絕無花假，足足比一般壽司大1.5倍。

珍寶大壽司

福寿司

富良野駅附近的道地壽司店，最大賣點就是「大件抵吃」，綜合手握壽司12件只售¥1,242，足足比一般壽司大1.5倍，大件得沒法一口吃下，堪稱「JUMBO壽司」。海鮮都是北海道漁市場進貨，還有各式道產食材炮製的小菜，一樣便宜抵吃。

MAP: P.242 D2

Info

地址：北海道富良野市朝日町1-24
MAPCODE：349 032 397*65
電話：0167-23-2617
營業時間：1100-2130
休息：逢周一
消費：約¥1,000/位起
前往方法：JR富良野線「富良野」駅，徒步約2分鐘。

古民家陶藝Cafe

MAP: P.242 C3

野良窯cafe Nora（カフェ•ノラ）

本地陶藝家大槻恭敬開設的陶藝教室「野良窯」，由一棟60年歷史的瓦頂古民家改造，附設Café兼Gallery，古樸cozy的內裝佈置如家，主打自家種植野菜炮製的定食與手工麵包，下午有限量甜點，還有展售自家陶瓷作品。因老闆本身愛機車，成為北海道機車族的聚腳地，店外常停滿靚車。

「野良窯」的陶瓷作品風格多樣，也有提供陶藝體驗課。

「ノラスイーツ」（Nora Sweet），每日限量10客的綜合甜點，有布甸、蛋糕和雪糕4款，精緻又味美。¥500

Blend Coffee，老闆親自手沖，用自家陶瓷盛載，陽光下透出精緻通花。¥400

古民家內裝佈置如家，古樸cozy，還有庭園美景相伴！

60年歷史的瓦頂古民家改造Cafe，屋後還附設庭園和菜田。

Cafe附設Gallery，展售野良窯的自家陶瓷作品，以及富良野農家舊物。

Info

地址：北海道富良野市下五
電話：0167-22-8929
營運時間：4～6月0900-1430（周六、日0900-1800）；7～10月0900-1800(每月第2、4個周六0900-2300)；3及11月逢周六、日1000-2000
網址：https://furanocub.wixsite.com/noragama
消費：約¥500/位起
前往方法：JR富良野線「上富良野」駅出發，車程約6-8分鐘。

富良野拉麵No.1

支那虎

MAP: P.242 D3

日本食評網Tabelog的富良野拉麵榜No.1，北海道20大拉麵唯一富良野代表。魚介系湯頭，有味噌、鹽味、沾麵等6款，招牌「こげ塩ラーメン」（焦鹽拉麵），湯頭呈黑色的醬油拉麵，用「助六塩」調味，富濃厚蒜香，重口味得來毫不油膩。

招牌「こげ塩ラーメン」（焦鹽拉麵），黑色湯頭蒜香撲鼻，三層肉叉燒爽滑，香濃惹味。¥800

「支那そば」（支那麵），魚介醬油湯頭，味道醇厚，較女生的口味。¥800

支那虎是富良野家傳戶曉的拉麵店，食客很多都是本地人。

Info

地址：北海道富良野市幸町12番6
MAPCODE：349 001 659*67
電話：0167-23-2129
營業時間：1100-2000
休息：逢周一
消費：約¥800/位
前往方法：JR富良野線「富良野」駅，徒步約10分鐘。

富良野駅 富良野特產市集

Furano Marche

MAP: P.242 D2

2010年開業的富良野特產市集，由Marche1及2016年增建的Marche2兩區域組成，4棟建築集合21家商店，焦點包括手信物產中心「ARGENT」、富良野農產食品超市「HOGAR」，還有集合5家小吃餐飲的foodcourt「FURADISH」等等。本地新鮮農產、手信與道地小吃應有盡有，還附設休息空間與大型停車場。

由Marche1及Marche2兩區域組成，4棟建築集合21家各式商店與餐飲。

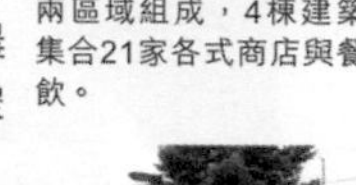

Marche1的中央廣場，假日常有特別活動，還設有露天茶座。

Info

地址： 北海道富良野市幸町13-1
MAPCODE： 349 001 685*03
北海道富良野市幸町8番5号
電話： 0167-22-1001
營業時間： 1000-1900（6/29～9/1 0900-1900、11/5～3/31 1000-1830）
休息： 11月下旬數天
網址： www.furano.ne.jp/marche/
www.furano.ne.jp/marche2/
前往方法： JR富良野線「富良野」駅，徒步約7分鐘。

農產食品超市

HOGAR

富良野農協直營的農產食品超市，提供超過80款本地農園直送的新鮮蔬果，以及加工農產品。

富良野農園直送蜜瓜，糖度高達16度。￥3,400/個

一店網羅本地農園直送的新鮮農產蔬果。

小蜜瓜，即是蜜瓜BB，本地人會做成醃菜，口感爽脆。￥200/袋

即食牛油男爵薯，手信佳品。特價￥93/個

當天鮮採的小番茄，甜如水果。￥150/杯

Info

地址： Marche1

手工麵包店

Cazeres

手工麵包工房，用100%富良野產的優質小麥麵粉、牛乳、牛油和生忌廉製，特別富麵粉香。附設Café，提供鮮榨果汁和特飲。

手工麵包工房，用100%富良野產優質食材炮製。

招牌牛角包，濃厚牛油香，口感酥脆。￥250/個

吐司（方包），用富良野牛乳製，口感柔軟滑嫩。￥1,080/條

每日供應約40款手工麵包，全日不停出爐。

Info

地址： Marche1

富良野特產中心
ARGENT

MAP: P.000 00:00

提供超過2,000種富良野品牌和特產，由菓子手信、加工食品、小吃、調味料、乳製品等等一應俱全，還有不少Furano Marche限定。並附設多家外賣小吃店，都一樣主打富良野產食材炮製。

集合超過2,000種富良野特產，並附設多家外賣小吃店。

Marche限定Hotcake粉，用本地小麥和旭川米粉混合，並以健康的甜菜糖調味。￥432

薯仔冬甩。用富良野薯仔做的炸薯球，炸得外脆內綿密香濃。￥380/3個

富良野牛乳，牧場直送，低溫殺菌處理，100%低脂肪牛乳。￥150

富良野限定半熟布甸，用本地牛乳、芝士和生忌廉製，滑嫩濃郁。￥378/瓶

富良野限定即食麵，用本地小麥製，有醬油、味噌等多款口味。￥177/包

Info

地址： Marche1

室內特產市集
Marche2

MAP: P.242 D2

2016年增建的室內市集，集合10家特色商店與餐飲，函蓋富良野特產、新鮮農產、菓子、本地品牌雜貨與手作，還有多家小吃、大型展覽和休息空間，風雨無阻任逛。

2016年增建的室內市集，佔地近400平方米，比Marche1地方更大。

開放式佈局，內有多家雜貨精品店，主打北海道本地工藝雜貨。

飯糰店乃場內人氣之選，用富良野米做，充滿媽媽的味道。枝豆飯糰￥190

鮑魚刷，天然材質，都以北海道動物為造型。￥800

場內也有新鮮農產店，富良野鮮採白粟米￥398。

Info

地址： Marche2
網址： www.furano.ne.jp/marche2/

牛タン+ソーセージカレー（牛舌香腸咖喱飯），牛舌軟腍入味、香腸皮脆鹹香，那黑黑的咖喱汁更是香辣濃郁。￥1,810（露筍+￥500）

富良野黑咖喱

唯我独尊

MAP: P.242 D2

昭和49年（1974年）開業，富良野家傳戶曉的咖喱飯名店，促使富良野變成「咖喱の町」。招牌黑咖喱，使用29種香料和高湯，加上炒了3小時的洋蔥燉煮兩天而成，所以呈深沉的黑色，味道濃厚而香辣。咖喱飯可自選配料，必選牛舌和自家製香腸，用山櫻柴燻製，再配本地啤酒更一流。

富良野地麦酒Pale Ale，富良野本地精釀啤酒，味道清爽。￥600

田園風原木屋內裝，牆身貼滿全球旅客留下的名片。

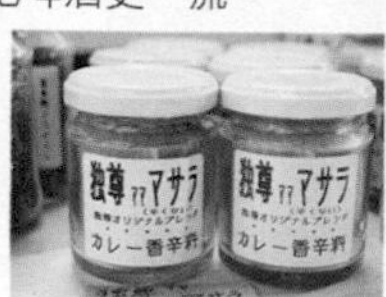

餐廳旁有唯我獨尊的特產店，有售自家秘製的香料咖喱粉，以及手工香腸。￥540

I Can Tips

咖喱飯可免費添汁，只要拿到櫃台説暗語：Rurururur即可。

Info

地址：北海道富良野市日の出町11-8
MAPCODE：349 032 065*44
電話：0167-23-4784
營業時間：1100-2100
休息：逢周一
網址：http://doxon.jp/
消費：約￥1,150/位起
前往方法：JR富良野線「富良野」駅，徒步約5分鐘。

《米芝連》鄉土料理

くまげら

MAP: P.242 D2

昭和55年(1980年)創業，《來自北國》劇中主角五郎與好友喝酒聊天的地方，《米芝連》1星創意鄉土料理老店。主打富良野和牛、鹿肉與道地酒菜等。招牌「和牛ローストビーフ丼」（生和牛丼），粉嫩雪花生和牛放在熱飯上，熱力融化油脂散發光澤，入口即化油香溢滿口腔，好吃到含淚！

サラダ（沙律），富良野產新鮮野菜，每一口都爽脆清甜。￥700

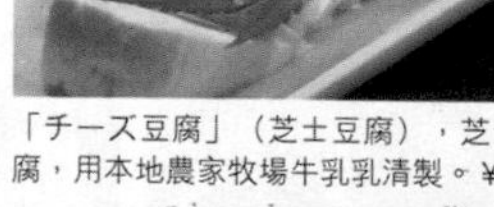
「チーズ豆腐」（芝士豆腐），芝士味的豆腐，用本地農家牧場牛乳乳清製。￥500

「和牛ローストビーフ丼」（生和牛丼），粉嫩和牛入口即化，油香豐腴，牛香餘韻悠長。￥1,980

店內家具都由富良野產木材打造，充滿農家味道。

Info

地址：北海道富良野市日齣町 3-22
MAPCODE：349 032 101*72
電話：0167-39-2345
營業時間：1130-0000
消費：約￥2,000/位起
前往方法：JR富良野線「富良野」駅，徒步約5分鐘。

時尚旅遊中心

MAP: P.242 D2

Concierge Furano

前身為已閉店的地元超市「旧三番舘」，2018年得經濟產業省補助，改造成綜合觀光中心兼飲食基地。樓高4層，1樓有觀光案內所、富良野物産商店、Café、本地旅行社和餐廳，裝潢時尚有型又舒適；樓上還有Hostel和廣播電台。

Café主打本地牛乳，附設偌大的自助休息區，還有免費Wi-Fi和電源插座。

位於富良野市中心的綜合觀光中心，內外都裝潢時尚。

物產商店，專售富良野農協推介的本地特產，很多都是小農之作。

提供單車租賃，除了一般單車和電動，還有巨型大車呔的爬山車￥7,000/日。

位於1樓的KITCHEN EVELSA，為半自助餐廳，裝潢時尚舒適。

Info

地址： 北海道富良野市本町2番27
MAPCODE： 349 032 300*81
觀光案內所： 0900-1900、1樓KITCHEN EVELSA 約0730-2130
網址： www.furano.ne.jp/furano-machi/conciergefurano.html
前往方法： JR富良野線「富良野」駅，徒步約3分鐘。

唯一迴轉壽司

MAP: P.242 C2

トピカル（Topical）

1996年開業，富良野市內唯一迴轉壽司店，食材都是當日進貨，除了富良野產時令蔬菜，也有從旭川等地運來的海產。壽司每碟從￥120-500不等，海膽也不過￥400，生日當天用餐送生啤，用料實在，抵吃！

アスパラ巻（露筍卷），初夏限定，本地鮮露筍清甜爽脆，出乎意料的好吃。￥170/碟

ズワイガニ（雪蟹），原條雪場蟹腳，鮮甜肉彈，啖啖肉。￥270/碟

ウニ（海膽），充滿海水味的鮮甜味美，便宜得沒話說。￥400/2件

ホタテ（扇貝），肉厚彈牙，鮮甜得溢滿口腔。￥270/碟

Info

地址： 北海道富良野市若松町9-6
MAPCODE： 349 031 018*64
電話： 0167-22-0070
營業時間： 1100-2030
網址： http://topical-sushi.jp/
消費： 約￥1,000/位
前往方法： JR富良野線「富良野」駅，徒步約8分鐘。

動物王國

旭川 あさひかわ/Asahikawa

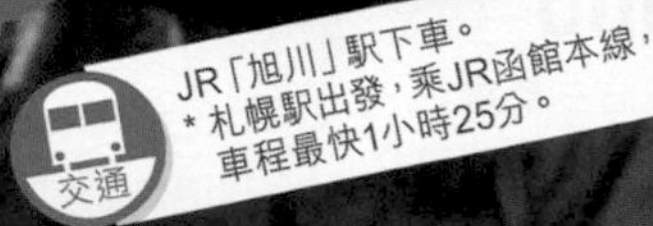

交通 JR「旭川」駅下車。
* 札幌駅出發，乘JR函館本線，車程最快1小時25分。

北海道第2大城市，位處北海道的正中央，是前往富良野、稚內、層雲峽、網走等地的交通樞紐。四周被雄偉的大雪山連峰包圍，還有超過120條大小河川流淌，素有「河的城市」和「藝術之城」美稱。名字源自原住民愛努語，意謂「有着波浪的河川」，日語誤傳成「日之川」。購物玩樂景點眾多，繁華程度不輸札幌，近年則以旭山動物園和旭川拉麵而聞名於世。

旭川観光コンベンション協会：www.atca.jp/

旭川市內交通：

旭川空港

旭川空港(AKJ)，位於距離旭川市中心30分鐘車程的神樂町。除了內陸客機，2006年開始經營國際航班，香港的國泰航空（CX）、台灣的虎航（IT）、長榮航空（BR）都有直航前往。

地址：北海道上川郡東神楽町東2線16号98番地

電話：0166-83-3939

網址：www.aapb.co.jp/

空港至市中心交通

旅客可乘搭多條路線巴士，前往旭川市內各地，車程約35～60分鐘。若乘的士，車費約¥4,100。

旭川駅

北海道境內第二大規模的車站，函館本線、宗谷本線與富良野線3線匯合的交通樞紐。

旭川駅是北海道中央的交通樞紐，也是北海道境內第二大規模的車站。

旭川市的巴士，由旭川電気軌道和道北兩家巴士公司營運。

的士（小型車）收費：首1.4公里起錶¥570，其後每316米¥80。

旭川駅旁邊便有兩家巴士公司的巴士總站，可購買往札幌、新千歲等地的高速巴士車票。

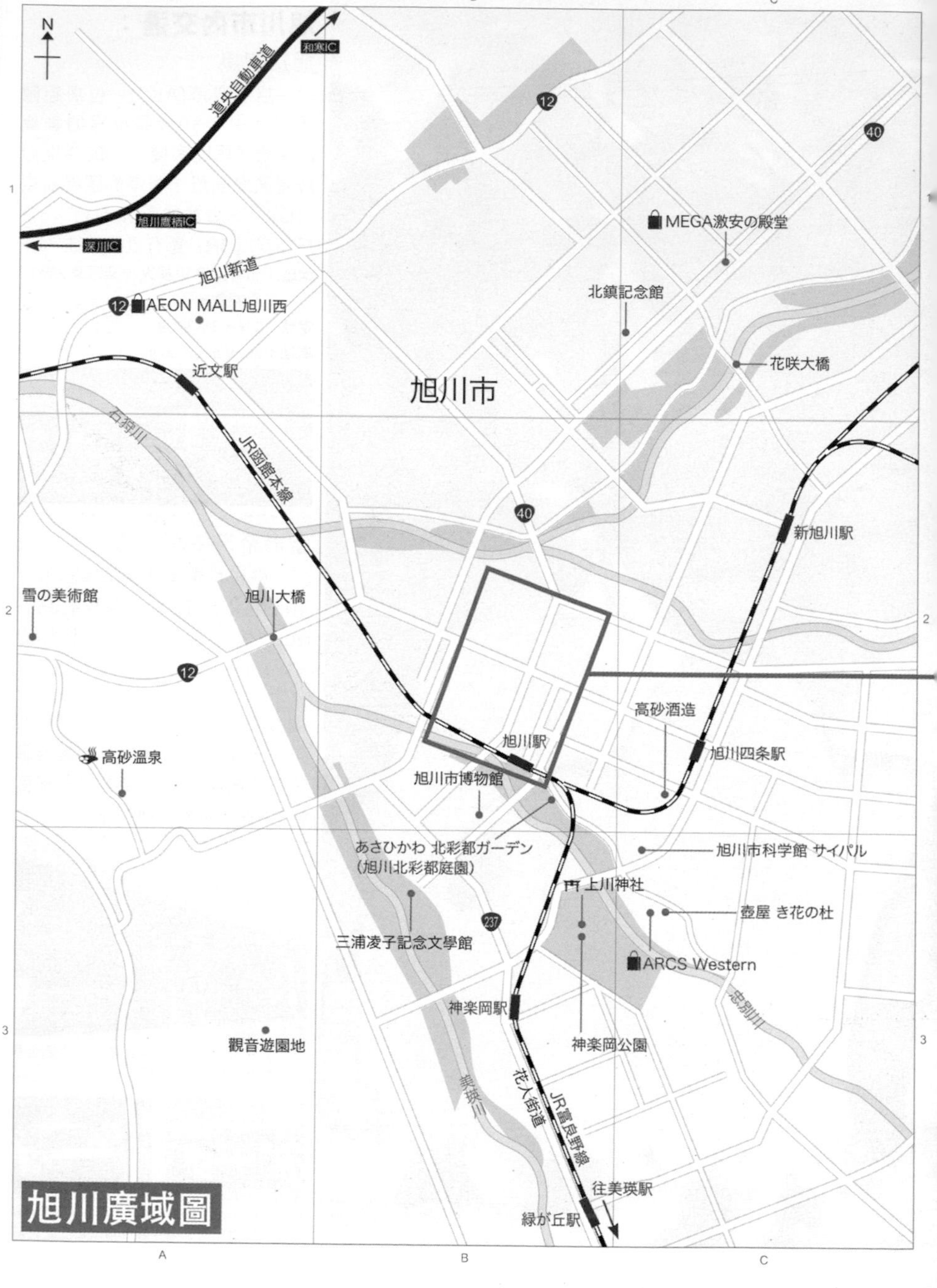
道央自動車道
和寒IC
旭川鷹栖IC
深川IC
旭川新道
AEON MALL旭川西
近文駅
旭川市
MEGA激安の殿堂
北鎮記念館
花咲大橋
石狩川
JR函館本線
新旭川駅
雪の美術館
旭川大橋
高砂酒造
旭川駅
旭川四条駅
高砂温泉
旭川市博物館
あさひかわ 北彩都ガーデン
(旭川北彩都庭園)
旭川市科学館 サイパル
上川神社
壺屋 き花の杜
三浦凌子記念文學館
ARCS Western
忠別川
神楽岡駅
神楽岡公園
觀音遊園地
美瑛川
花人街道
JR富良野線
往美瑛駅
緑が丘駅
旭川廣域圖

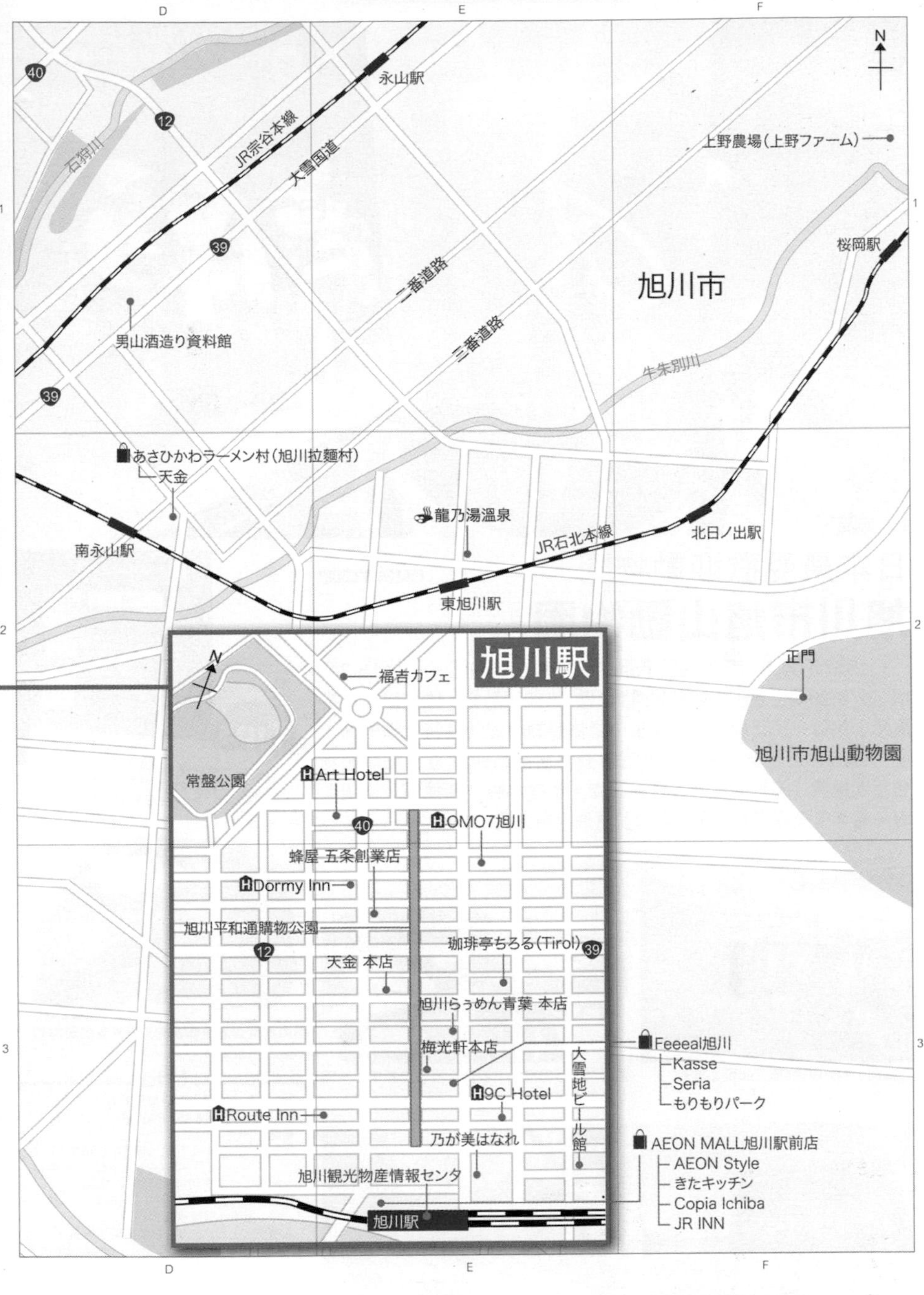

D
E
F
N
永山駅
40
12
石狩川
JR宗谷本線
大雪国道
上野農場(上野ファーム)
1
美瑛
39
桜岡駅
二番道路
旭川市
三番道路
男山酒造り資料館
牛朱別川
39
富良野
あさひかわラーメン村(旭川拉麵村)
天金
龍乃湯溫泉
JR石北本線
北日ノ出駅
南永山駅
東旭川駅
2
旭川駅
正門
福吉カフェ
旭川
常盤公園
Art Hotel
旭川市旭山動物園
40
OMO7旭川
蜂屋 五条創業店
Dormy Inn
層雲峡、黑岳
旭川平和通購物公園
珈琲亭ちろる(Tirol)
39
12
天金 本店
旭川らぅめん青葉 本店
3
Feeeal旭川
梅光軒本店
大雪地ビール館
Kasse
Seria
9C Hotel
もりもりパーク
旭岳
Route Inn
乃が美はなれ
AEON MALL旭川駅前店
AEON Style
旭川觀光物産情報センタ
きたキッチン
Copia Ichiba
旭川駅
JR INN
D
E
F
Tomamu

海豹館特設圓形水槽柱，裏面放滿玩具，讓海豹自由暢游，旅客也可近距離觀賞。

日本最受歡迎動物園

MAP: P.271 F2

旭川市旭山動物園

1967年開園，日本國民票選的最受歡迎動物園。佔地15.2公頃，分為26個主題區，飼有超過110種、650隻動物。園區以「行動展示」設計，不止模仿自然環境，還依照動物的活動特性來佈局，既可讓旅客近距離觀賞，亦能消解動物被觀察的壓力。星級動物包括北極熊、海豹、白狐等雪國動物，也有水豚、長頸鹿、小貓熊等，每年冬天限定的「企鵝散步」更是開創先河。

I Can Tips

1. 請勿使用閃光燈拍攝動物。
2. 各動物主題館的餵飼時間（もぐもぐタイム），每日會在官網和園區入口公布。

企鵝館，飼有超過4種、50隻企鵝。

園區以「行動展示」設計，模仿自然環境，而且活動空間寬敞。

園內飼有北海道鄂霍次克海常見的斑海豹，乃園內明星動物。

「旭山」是日本最北端的動物園，佔地15.2公頃，至少逛半天。

企鵝館特設水中隧道，旅客可在餵飼時間，一睹潛水員餵飼。

Info

地址： 北海道旭川市東旭川町倉沼
MAPCODE： 79 357 898*16
電話： 0166-36-1104
開放時間： 夏4月下旬-10月中0930-1714（8月加開0930-2100）；冬11月中旬-4月初1030-1530
休息： 12月30至1月1日、4月中下旬、11月上旬（留意官網公布）
入場費： 成人¥820、中學生以下免費
網址： www.city.asahikawa.hokkaido.jp/asahiyamazoo/
前往方法：

1. JR「旭川」駅前6番巴士站，乘旭山動物園線巴士(41或47番)，直達旭山動物園，車程約40分鐘，車費¥440。
   班次： www.asahikawa-denkikidou.jp/schedule/zoo-airport-timetable/
2. JR石北本線「北日ノ出」駅轉乘的士，車程約5分鐘。

冬天限定的「企鵝散步」，從遊園地巡行約200米，全程約30分鐘。

冬季限定「企鵝散步」

時間：每年12月中-3月中1100、1430（全程約30分鐘）

散步的都是Kings Penguin，原意其實是防止企鵝在冬天運動減肥。

北極熊館乃園區焦點之一，過往亦成功倍育多頭北極熊。

特意把水槽高度升高，在北極熊視覺看來，旅客頭頂恍如水面上的海豹。

旭山主張動物共生，像水豚便飼於蜘蛛猴館，兩者和平共存。

猛獸館，飼有瀕危的東北虎、雪豹、獅子等。

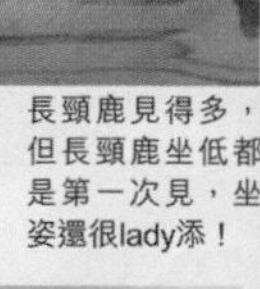

長頸鹿見得多，但長頸鹿坐低都是第一次見，坐姿還很lady添！

北極狐之家專飼雪國動物，其中北極狐的毛，冬天會由褐色變成白色。

旭山50周年限定北極熊Figure，海洋堂出品。¥3,888

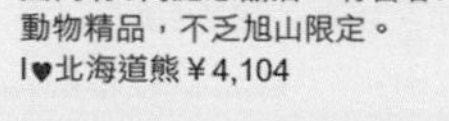

園內有6間紀念品店，有售各式動物精品，不乏旭山限定。

I♥北海道熊¥4,104

園內限定，海洋堂x旭山動物園扭蛋，現已出至第6代。¥500/次

弧形玻璃牆貼有200張白雪結晶照片，都從天女原山區所拍。

冰雪奇緣

MAP: P.270 A2

雪の美術館

1991年開館，耗資60億日圓打造，以白雪結晶為主題的私人美術館。宛如歐洲教堂的建築，通過各式冰雪裝置，介紹雪的各種知識，焦點包括展示62米寬冰柱的「冰之迴廊（氷の回廊）」、白雪結晶博物館、音樂堂等。宮殿般的華麗內裝，儼如《冰雪奇緣》場景，還有公主變身體驗，處處都是拍照打卡位。

零下15℃的「冰之迴廊」，60米長的迴廊，展出6米高巨型冰柱。

華麗的音樂堂為婚禮場地，設有流冰造型舞台，以及天空壁畫。

紀念品店有很多冰雪主題精品，風格浪漫。森の香蠟燭台￥2,200

白雪結晶博物館，介紹雪的各種知識，包括冰雪結晶種類。

館內設有公主變身體驗，提供各式禮服租借。收費￥3,240起

美術館位於近郊，雪白建築外形宛如歐洲教堂，後面還有尖塔。

美術館建在地下18公尺處，旅客需走過六角形的旋轉樓梯下達。

Info

地址：北海道旭川市南が丘3丁目1-1
MAPCODE：79 367 314*65
電話：0166-73-7017
開放時間：0900-1700（最終入場1630）
入場費：成人￥700、高校・大学生￥500、小・中学生￥400
網址：https://yukibi.marryblossom.com/
前往方法：JR「旭川」駅轉乘的士，車程約15分鐘。

旭川和菓子花園

MAP: P.270 C3

壺屋 き花の杜

昭和4年（1929年）創業的旭川菓子老店，2014年開設的分店「き花の杜」，原為旭川名酒廠「大雪乃蔵」的工場，請來隈研吾的建築事務所設計，以北海道產的松木材打造，挑高兩層，內部極富空間感，開放式的賣場，旅客可隔着玻璃一睹生產過程，還附設舒適Cafe、花店、圖書室、庭園，以及製作體驗。

樓底挑高，內裝以道產松木打造，落地玻璃窗引進陽光與庭園美景。

招牌 菓子「き花」（木花），杏仁脆餅夾着白朱古力，另有抹茶、冧酒等口味。¥1,000/6枚

開放式內裝，除了自家和菓子和甜點，還搜羅旭川著名特產手信。

原址前身為酒廠大雪乃蔵，附設偌大庭園，四周被一片綠林包圍。

成名和菓子「壺もなか」（壺最中），壺形脆威化夾住滿滿紅豆餡。¥1,900/12枚

工場限定「地酒ひらまんじゆう」（酒饅頭），以旭川清酒大雪乃蔵代替水製作。¥139/個

Info

地址： 北海道旭川市南6条通19丁目（大雪乃蔵跡）
MAPCODE： 79 315 036*56
電話： 0166-39-1600
營業時間： 0930-1900（Cafe 1000-1700）
休息： 不定休
網址： www.tsuboya.net/
前往方法： JR「旭川」駅出發，車程約5-8分鐘。

單是道北也有40多間分店，旭川更為總部。

道地連鎖超市

MAP: P.270 C3

ARCS Western北彩都

源自北海道的大型連鎖超市品牌「ARCS」（アークス），分店遍布全道以至東北，賣點是每日新鮮蔬果、肉類都有品質檢定，最重要是價格便宜。北彩都店就在壺屋旁邊，附設大型免費停車場，有齊生鮮肉食海鮮、壽司小菜、藥妝和特產部。

Info

地址： 北海道旭川市南6条通18丁目
MAPCODE： 79 314 059*71
電話： 0166-39-2111
營業時間： 0900-2145（周六0830-2145）
網址： www.arcs-g.co.jp
前往方法： JR「旭川」駅出發，車程約5-8分鐘。

大型超市佈局，特價區就在收銀台前面，即食麵、零食最抵買。

道產蜜瓜，每個只¥680。

12件握壽司只¥698，傍晚還有8折優惠！

Aune廣場內設有多個主題花壇，設有精緻的散步道，以及各式園藝造景。

日本最大車站花園

MAP: P.270 B2

あさひかわ 北彩都ガーデン (旭川北彩都庭園)

旭川素有「花園城市」美譽，市內擁有多個大型花園。其中座落旭川駅和忠別川旁的「北彩都」，2015年開園，免費開放，佔地12公頃，種有300種、8萬株四季花卉植物，乃全國最大的車站式花園。焦點包括木槿散步道「步北穗之路」、玻璃庭園，以旭川傳統工藝「優佳良織」為概念設計的「川的條紋花壇」等等。

園內種有300種、8萬株四季花卉植物，包括薰衣草、宿根草、木槿等。

最喜歡「北彩都」有許多動物建造型的裝置，儼如動物花園。

許多園藝造景都融入自然環境中，包括超神似的藤編鹿。

園內小橋流水，還設有大型人工湖「鏡池」，常有野鳥飛來。

園內設有完善單車徑，可通往忠別川畔，租車可到旭川駅觀光中心。

農の花園，種有北海道常見的蔬菜，觀賞與食用價值俱備。

入口處新增玻璃屋Café，擁有優雅的露天庭園美景。

Info

地址：北海道旭川市宮前2条1丁
MAPCODE：79 313 859*42
電話：0166-74-5966
開放時間：1月5日～12月29日0900-1800（11-4月0900-1700）
休息：逢周一
網址：www.asahikawa-park.or.jp/kitasaito/
前往方法：JR「旭川」駅南口直結。

拉麵名店全集合

MAP: P.271 D2

あさひかわラーメン村（旭川拉麵村）

一次過集合旭川8家排隊拉麵店，附設大型停車場。

旭川拉麵為北海道3大拉麵之一。村內集合8家排隊拉麵店，包括青葉、天金、梅光軒、山頭火等等，特點是份量較少，好讓你能試吃多幾家。其中本店位於4条通的「天金」，創業於昭和27年（1952年），湯頭以豚骨與雞骨熬煮2天而成，完全不使用魚介，還有正油（醬油）、塩和味噌3款口味。

假日氣氛濃厚，附近還有多家大型賣場，可順道掃貨。

Info

地址：北海道旭川市永山11条4丁目119-48
MAPCODE：79 410 454*04
電話：0166-48-2153
營業時間：1100-2000
網址：www.ramenmura.com/
前往方法：JR「旭川」駅出發，車程約15-20分鐘；或JR「南永山」駅，徒步8分鐘。

らーめんや天金

正油ラーメン，湯頭濃郁又醇厚，拉麵彈牙非常，是傳統旭川的味道。¥700

餃子，餃皮透薄，煎得香脆。¥210/3隻

「らーめんや天金」就位在拉麵村入口。

Info

網址：www.tenkin-asahikawa.jp/

旭川物產全集合

MAP: P.271 E3

旭川観光物産情報センター

由「旭川物產協会」開設的旅客中心，提供旭川市觀光情報與偌大的休息空間。重點是設有大型物產中心，搜羅超過1,000款旭川特產手信，更附設駅食堂，一次過便可買齊旭川名物。

中心提供一切旭川市觀光情報，並有外語職員駐守。

設有偌大的休息空間，落地玻璃窗採光一流，還有免費Wi-Fi。

旭川人氣麵店的即食麵全部有齊，很多都是旭川限定。各¥195

每年4至10月提供單車租賃。收費：一般¥500/日、運動車¥1,000

由「旭川物產協会」開設的物產中心，網羅全旭川的特產手信。

Info

地址：北海道旭川市宮前通西4153-1
電話：0166-26-6665
開放時間：0900-1900
網址：www.asahikawa-bussan.net/
前往方法：JR「旭川」駅東改札口。

北海道花園

MAP: P.271 F1

上野ファーム（上野農場）

北海道七大庭園之一，1906年開園，原是園主上野家的農場，因為上野媽媽愛種花，女兒便將之改造成花園。佔地超過7萬平方呎的歐式花園，種有超過900種來自世界各地的四季花卉，園內設有Caf ē，還有販賣新鮮蔬菜的周末市集，被譽為「北海道花園」。

園主上野砂由紀，參考英式庭園設計，種有超過900種四季花卉。

附設café NAYA，由舊農舍改造，供應本地食材炮製的輕食和甜點。

園主一家從宮城移居北海道，更打造成7萬平方呎的歐式花園。

園主特別修讀園藝設計，滿園春色、百花爭妍。

Info

地址：北海道旭川市永山町16丁目186番地
MAPCODE：79 508 621*23
電話：0166-47-8741
開放時間：花園4月20日～10月14日1000-1700；Cafe 4月末～10月中旬1000-1700
休息：冬季
入場費：成人￥800、小学生以下免費
網址：www.uenofarm.net/
前往方法：JR石北線「桜岡」駅，徒步約15分鐘；或宗谷線「永山」駅乘的士，車程約10分鐘。

酒廠見學

MAP: P.271 D1

男山酒造り資料舘

旭川最著名日本酒蔵，300多年前於兵庫縣伊丹創立，更是德川家康的指定「御免酒」（官用酒）。幕末時期遷移至旭川，利用大雪山的純淨地下水，在適宜釀酒的寒冷旭川釀出聞名全國的「男山」，更多次獲得世界酒類競賽。館內介紹整個釀造流程，還可品嚐由大雪山名水釀製的特級清酒。

男山酒造，旭川家傳戶曉的日本酒蔵。

2樓的資料館中，展出江戶時代各種工具，介紹整個釀造流程。

每年12月～3月是造酒季節，這時旅客可一睹真正的釀造流程。

男山招牌「純米大吟釀」，入口滑順，餘韻悠長，屢獲國際大獎。

Info

地址：北海道旭川市永山2条7丁目1番33号
MAPCODE：79 469 228*82
電話：0166-47-7080
開放時間：0900-1700（2月第2個周日1000-1500）
網址：www.otokoyama.com/museum/
前往方法：JR「旭川」駅乘道北巴士，在「永山2条6丁目」駅下車（車程約20分鐘），徒步約2分鐘。

太空漫遊體驗

MAP: P.270 C3

旭川市科学館 サイパル（SAIPARU）

2005年開館，前身為「旭川市青少年科学館」，常設展分為北國、地球和宇宙3區，強調學習與體驗，焦點包括美國太空總處（NASA）的無重力訓練體驗、零下30℃的低溫室體驗，還有可容納170人的天文館，以及各式體驗工房。

科学館擁有65cm的卡塞格林望遠鏡。

館內設有可容納170人的天文館，STARMASTER ZMP投影機放映360映象。

北國區，介紹北海道特有的氣象和大自然現象。

大堂置有巨型水簾瀑布，站在指定位置即有投影。

Info

地址：旭川市宮前1条3丁目3番32号
MAPCODE：79 314 447*61
電話：0166-31-3186
開放時間：0930-1700（最終入場1630）
休息：逢周一、每月月尾機器整備日
入場費：常設展示室￥400、天文館￥300；常設+天文館￥500
網址：www.city.asahikawa.hokkaido.jp/science/
前往方法：JR「旭川」駅前乘搭82或84番線巴士，於「科学館前」駅下車即達。

車站掃貨

MAP: P.271 E3

AEON MALL旭川駅前店

2015年才開業，連接JR旭川駅，方便就腳。樓高4層，網羅130家商店，包括DAISO、無印良品、WEGO、六花亭等人氣品牌全部有齊，焦點是1樓的AEON Style超市，旭川特產、道產食品手信應有盡有，還有大量餐飲和大型food court。

商場連接JR旭川駅，營業至晚上9時，是旭川最晚關門的購物場。

Tips

Tax free櫃台位於2樓。開放時間：0900-2030

1樓集合多家北海道人氣菓子手信店，包括六花亭、ROYCE'、柳月等。

樓高4層，門前和中庭廣場，假日常有主題展銷和活動舉行。

Info

地址：北海道旭川市宮下通7丁目2番5号
MAPCODE：79 343 370*45
電話：0166-21-5544
營業時間：0900-2100(餐廳約1000-2200)
網址：https://asahikawaekimae-aeonmall.com/
前往方法：JR「旭川」駅直達。

掃貨超市

AEON Style

位於1樓的AEON自家超市，無需多介紹，商品琳瑯滿目，尤以食品最便宜抵買，附設各大品牌的化妝品專櫃，還可以退稅，掃手信一流。

AEON超市向以食品最便宜抵買，還設有特產手信專區。

美瑛產特大番茄。¥98/個

吞拿魚壽司，有齊大、中拖羅和赤身。8件¥1,180

5公升SAPPORO SOFT燒酎，只售¥2,150，平過火酒！

Info

地址：AEON MALL旭川駅前店 1/F
網址：www.aeon-hokkaido.jp/home.html

旭川特產專門店

きたキッチン（Kita Kitchen）

一店網羅旭川本地、以至道北特產，由名店菓子、新鮮農產、乳製品、冷凍肉食，以至限定精品雜貨都應有盡有，經常有農產展銷或新產品試吃，一次過便可買勻全旭川。

精選旭川本地特產，尤以菓子手信最多最齊。

鶺鴒蛋布丁，來自室蘭的老牌鶺鴒園，口感滑嫩、味道醇厚。¥451

北海道18市限定Totebag，旭川以零下41℃的旭橋為圖案。¥1,620

旭川菓子老牌The • Sun蔵人，招牌軟曲奇「蔵生」，內藏黑、白朱古力。¥1,350/12枚

Info

地址：AEON MALL旭川駅前店 1/F
網址：www.facebook.com/kitakitchen.asahikawa

打卡人形燒Cafe

MAP: P.271 E2

福吉カフェ（Fukuyoshi Cafe）

由旭川餡子屋老舖「福居製餡所」，與茶舖「吉川園」聯合打造的Cafe，店面以大正13年（1924年）所建的「旧北島製粉所」改造，招牌包括使用茶舖的抹茶、美瑛產紅豆及北海道牛乳製成的「紅豆抹茶鮮奶」（福吉らて）；以及現點現做的酥皮人形燒「ときわ焼き」，已成旭川打卡熱點。

招牌酥皮人形燒「ときわ焼き」¥230，以旭川地標的旭橋為造型，外皮酥脆，包住綿密的美瑛紅豆；配福吉らて（紅豆抹茶鮮奶¥480），一流。

內部仍保留懷舊裝潢，傳統障子窗配上旭川職人打造的家具。

建築原為近百年歷史的「旧北島製粉所」，配上新派招牌勁有型。

エツグカレー（蛋咖喱），秘製咖喱加有小茴香、荳蔻、香菜等大量香料，可以自選辣度，配生雞蛋更滑更香。送沙律¥880

Info

地址：北海道旭川市常盤通2-1970-1
MAPCODE：79 373 717*64
電話：0166-85-6014
營業時間：0900-1800
網址：https://fukuyoshicafe.com/
消費：約¥1,000/位
前往方法：JR「旭川」駅出發，車程約9分鐘。

海膽涮涮鍋

MAP: P.271 E3

天金本店

昭和12年（1937年）創業，樓高4層共200席，但晚市沒預約一定沒位，80多年來一直是旭川人喜慶祝壽的首選。除了各式會席料理套餐，必試招牌「海膽涮涮鍋」（うにしゃぶ），用金黃色的海膽湯，來涮鯛魚、帆立貝，以至海膽，鮮上加鮮。最後加上米飯煮成雜炊，絕對是最高級享受。

除了傳統和式料理，也有燉牛尾、麻米薯豬排等西式創作料理。

用海膽湯來涮海膽，鮮甜味沒有最濃只有更濃，堪稱最高級享用。

金黃而濃稠的湯用海膽、海膽肝、白身魚和貝類熬煮，甜美creamy。

最後，必加點一碗白飯，煮成海膽雜炊，吃至一滴不剩。

「海膽涮涮鍋」（うにしゃぶ），的食材有鯛魚、帆立貝、北寄貝、蔬菜，以及「海膽」。一人前¥2,200

Info

地址：北海道旭川市三条通7丁目左5号
MAPCODE：79 343 857*65
電話：0166-22-3220
營業時間：1130-1400、1630-2230
網址：www.tenkin.info/
消費：約¥2,500/位起
前往方法：JR「旭川」駅，徒步8分鐘。

旭川拉麵第一名

MAP: P.271 E3

蜂屋 五条創業店

昭和22年（1947年）創立，超過70年歷史，日本食評網Tabelog的旭川拉麵No.1！只有兩家分店，其中「五条」為創業本店。以大雪山的山水煮麵，特色是湯底加有炒得略焦的豬油，香而不苦，薄切的叉燒爽口得來有咬勁，高手！蜂屋最初是賣蜂蜜冰淇淋起家的，現在店內仍有提供復刻版。

餃子，煎得香脆如鍋貼，餃皮彈牙餡鮮。¥450/6隻

蜂屋最初是賣蜂蜜雪糕起家的，現在店內仍有售復刻版蜂蜜雪糕。¥300

「五条」為創業本店，被公認為旭川拉麵No.1！

醬油拉麵，豬油香撲鼻，湯頭濃郁但清爽不油膩，麵條掛湯又彈牙。¥750

Info

地址：北海道旭川市五條通7丁目右6
MAPCODE：79 373 112*60
電話：0166-22-3343
營業時間：1030-1950
休息：逢周四
消費：約¥750/位起
前往方法：JR「旭川」駅，徒步10分鐘。

名著中的喫茶店

MAP: P.271 E3

珈琲亭ちろる（Tirol）

1939年創業，三浦綾子代表作小說《氷点》登場的老字號喫茶店。最初開在旭川四条，戰後遷到現址的紅磚屋，樓高兩層，紅磚牆身的內裝，一室優雅。自家焙煎的珈琲，口感強烈深蘊，還有供應檸檬鬆餅等多款甜點。

藍莓餡餅，餅底酥脆富牛油香，跟酸甜的藍莓醬絕配。¥550

紅磚牆身的內裝，加上懷舊卡座，像置身小說中的喫茶店。

樓高兩層紅磚牆，日本經典小說《氷点》都有登場。

焙煎珈琲，日式咖啡常見的濃香，味道醇和。¥450

Info

地址：北海道旭川市3条通8丁目左7（3・4仲通）
電話：0166-26-7788
營業時間：0830-1800
休息：逢周日
網址：http://cafe-tirol.com/
消費：約¥450/位起
前往方法：JR「旭川」駅，徒步10分鐘。

日本最好吃吐司

MAP: P.271 E3

乃が美はなれ 旭川店

2013年在大阪創立，只賣生吐司，但天天大排長龍，被譽為「日本最好吃的吐司」，曾奪Yahoo!食品金賞。使用加拿大100%小麥粉，不使用雞蛋製作，但添加蜂蜜，做出綿滑鬆軟，柔軟中卻有彈性的吐司麵包，號稱不需要烘烤即可享用的「生」吐司。

常溫可保存3天，冷凍可保存1星期。

號稱不需要烘烤即可享用，用手輕易撕開，柔軟中帶有彈性，且富含水分。

乃が美分店通常都在住宅區，難得旭川店就位於旭川駅旁邊。

生吐司有1kg（¥432）和2kg（¥864）選擇，1kg的方形吐司大小剛剛好。

Info

地址：北海道旭川市宮下通9-2-17 TSURUHA BLDG.1/F
MAPCODE：79 343 292*15
電話：0166-22-7077
營業時間：1100-1900
網址：http://nogaminopan.com
前往方法：JR「旭川」駅北口東側。

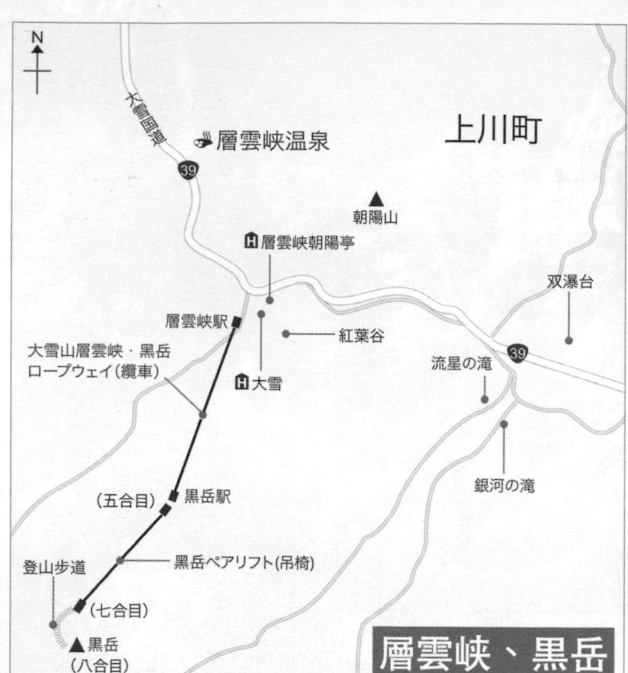

只需7分鐘，即可從層雲峽溫泉街，登上海拔1,300米的黑岳5合目。

登山吊椅（ペアリフト/Chair Lift），只需15分鐘，即從5合目登上7合目。

纜車站位於層雲峽遊客中心旁邊，每逢秋天紅葉滿山，景色絕美。

黑岳纜車全長1.65km，高低落差629米，每20分鐘一班，每輛可盛載101人。

空中漫遊大峽谷

MAP: P.286

大雪山層雲峽・黒岳ロープウェイ

(大雪山層雲峽 ·黑岳纜車)

要近觀大雪山群峰之美，可乘坐黑岳纜車，全程只需7分鐘，即可抵達黑岳海拔1,300米的5合目，沿途賞盡崇山峻嶺，秋天紅葉流丹景色更美。再轉乘15分鐘的登山吊椅（ペアリフト），即達黑岳海拔1,520米的7合目。7合目設有展望台、食堂和手信店，還有登山道可通往海拔1,984米的黑岳山頂。

Info

地址：北海道上川町層雲峽溫泉
MAPCODE：623 204 543*20
電話：0165-85-3031
營運時間：
纜車（ロープウエイ）4-5月、10月中-11月0800-1630；6-9月0600-1800；10月初-中旬0600-1700；
吊椅（ペアリフト）（夏）0630-1730（10月初-中旬0630-1630）；（冬）0900-1520（1-3月中停運）
票價：纜車 往復￥1,950、單程￥1,100；吊椅（夏）往復￥600、單程￥400；（冬）1回券￥400、5回券￥1,800、1日券￥3,800
網址：www.rinyu.co.jp/kurodake/
前往方法：纜車站位於層雲峽遊客中心旁邊。

紅葉名山

MAP: P.286

黑岳

大雪山脈由旭岳、上川岳、黑岳等20多座連綿山峰組成，其中海拔1,984米的黑岳，是大雪山群峰中較易攀登的一座，適合新手登山。由登山吊椅的7合目站起步，至黑岳山頂全長約1.3km，步行需時約1.5小時。登山季由夏天開始，6月仍有殘雪，9月中旬已紅葉流丹。

高低落差約480米，路況以碎石步道為主，請穿着合適登山鞋。

6月初，黑岳山上仍有殘雪，但高山植物已恣意盛放，花紅柳綠。

黑岳頂上可通往西面的旭岳，全長14km，乃登山老手的熱門路線。

黑岳頂上（山頂）海拔標高1,984米，北鎮岳等大雪山連峰盡入眼簾。

Info

地址： 北北海道上川郡上川町黑岳
黑岳天氣查詢： https://tenkura.n-kishou.co.jp/tk/
前往方法： 層雲峽溫泉乘纜車、登山吊椅至7合目，再徒步登山。

層雲峽溫泉泉質溫和，對神經痛、關節炎、五十肩等都有療效。

北海道5大溫泉

層雲峽溫泉

MAP: P.286

北海道5大溫泉之一，離旭川只有1.5小時車程，藏身峽谷內，旁邊盡是100公尺高的斷崖峭壁，秋天紅葉滿山、冬天白雪茫茫，風景優美。山上有多家大型溫泉旅館，也有公眾溫泉浴場「黑岳の湯」，日歸泡湯收費只￥600。

山上溫泉旅館林立，每年冬季還有層雲峽冰瀑祭舉行。

Info

地址： 北海道上川郡上川町層雲峽
MAPCODE： 623 203 832*45
網址： 層雲峡観光協会www.sounkyo.net/
前往方法：「層雲峽」巴士站即達。

流星瀑布，從約90公尺的高處一瀉千里，水量豐沛，氣勢雄偉。

日本百名瀑

MAP: P.286

銀河の滝•流星の滝

層雲峽谷著名瀑布，雙雙入選日本百大瀑布，又名男滝•女滝和夫婦瀑。銀河瀑水流纖細如絲綢，被稱為女滝；流星瀑則強勁有力，被稱為男滝，兩滝並稱為夫妻瀑。停車場附近還有食堂、手信店。

銀河瀑布涓涓細長，水流纖細緩慢，溫柔婉轉如女生。

Info

地址： 北海道上川郡上川町字層雲峽
MAPCODE： 623 177 694*71
前往方法：
1.「層雲峽」巴士站徒步約35分鐘，乘車車程約5分鐘。
2.7～10月可於層雲峽巴士站，乘「大雪湖行き」的道北巴士，於「滝見台站」下車。

北海道第一高峰

旭岳 あさひだけ/Asahidake

大雪山為日本最大國立公園，由標高2,000公尺以上的山峰組成，當中主峰「旭岳」，標高2,291公尺，為北海道最高峰，並入選日本百名山。旭岳為北海道著名登山勝地，山上擁有360種高山植物，還有棕熊、蝦夷花栗鼠、北狐等動物。登山季每年夏秋季限定（6月下旬～10月初），6月尚有殘雪，7、8月百花綻放，9、10月紅葉滿山，又是另一份美。

N
噴気口
登山道
(往旭岳山頂)
姿見の池
登山道
(往裾合分岐)
5合目
愛の鐘
姿見展望台
旭岳石室
第4展望台
第5展望台
鏡池
すり鉢池
第3展望台
第2展望台
滿月沼
第1展望台
登山道
(往天女ケ原、旭岳溫泉)
姿見駅
大雪山旭岳ロープウェイ
(大雪山旭岳纜車)
旭岳

JR「旭川」駅前9號巴士站，乘搭「旭川電汽軌道巴士（旭川電気軌道バス）」66番「いで湯号」，至終站「旭岳纜車站（旭岳ロープウエイ）」前下車即達。一天4班，票價￥1,430，車程1小時35分。再轉乘旭岳纜車（旭岳ロープウエイ）登山。

旭川電汽軌道巴士：
www.asahikawa-denkikidou.jp/

旭岳空中漫遊

MAP: P. 289

大雪山旭岳纜車
（大雪山旭岳ロープウェイ）

全長2.36km、高低差490米的登山纜車，從海拔1,100米的「山麓」駅，登至海拔1,600米的5合目「姿見」駅，全程10分鐘，15-20分鐘一班，沿途賞盡森林美景，夏天滿眼翠綠、秋天紅葉層巒疊嶂、冬天白雪皚皚，美不勝收。

「山麓」駅內設有食堂和特產店，有售旭岳限定的雪山源水。￥150

沿途賞盡森林美景，6月尚有殘雪，跟參天高樹對比強烈。

位於5合目的「姿見」駅，海拔標高1,600米，觀景平台可眺望旭岳。

旭岳纜車全程10分鐘，特大玻璃窗盡覽群山美景。

Info

地址：北海道上川郡東川町旭岳
營運時間：約0630-1730
6/1～10/20（15分鐘一班）；
10/21～11/10、12/11～5/31（20分鐘一班）
票價：成人往復￥1,900、單程￥1,300
旺季（6/1～10/20）成人往復￥2,900、單程￥1,800
網址：http://asahidake.hokkaido.jp/ja/

瀑布一樣的「太平洋雲海」，氣勢磅礴猶如騰雲駕霧，被稱為「TOMAMU特有的雲海」。

天堂邊的觀景平台

雲海平台（雲海テラス/Unkai Terrace）

每年只限初5月中旬～9月底開放，坐落海拔1,088公尺的TOMAMU山上，堪稱最接近天堂的觀景平台，每年夏天到秋天清晨，可一睹猶如仙境般的雲海美景，被日本旅遊網站評為「北海道感動の瞬間100選」！雲海出現機率只有5成，真正可遇不可求！但平台上還有大量景點，包括雲海吊床Cloud Pool、空中步道Cloud Walk、空中咖啡店等等，值得專程前往。

前往雲海平台，必先乘載雲海纜車，全程約13分鐘，仿如猶如竄入雲霧間。

2019年7月新登場的Cloud Bar，旅客可坐在3米高的高腳椅上欣賞雲海，膽小勿試。

日出前是觀賞雲海的最佳時間，雲量過多時，連雲海平台也處於雲層之中。

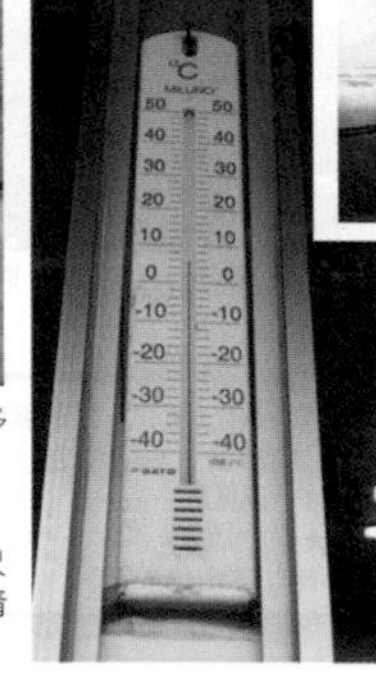

平台位處1,088公尺高的山上，6月中清晨氣溫也只得6℃。

注意，JR TOMAMU駅為無人車站，乘車請留意方向。

整個星野度假村佔地1,000公頃，內設滑雪場、兩間酒店及大量玩樂設施。

度假天堂

TOMAMU トマム

位於北海道中部的勇払郡，夾在富良野與帯広之間，原住民愛努語中解作濕地（即沼澤），漢字其實可寫作「苫鵡」，現在是星野度假村所在，備有滑雪場、牧場等大量玩樂設施。

JR「トマム」(TOMAMU) 駅下車。

i. 札幌駅出發，乘JR千歲線特急，車程約1小時45分。
ii. TOMAMU駅設有巴士往返園區，車程約5-10分鐘；冬天滑雪季期間，札幌市內及新千歲機場還有Ski Bus直達。

白雲形狀的空中步道，凌空伸出山坡，橋身以檜木製作，離地最高10米，猶如騰雲駕霧，挑戰膽量。

Cloud Walk

步道可欣賞210度的雲海景色，冬天雖沒雲海，但白雪茫茫又是另一份美。

雲朵造型的巨大繩網吊床，離地8米伸出平台，每次可容納10人，乃打卡熱點。

猶如撲進白雲內，網下便是一片白茫茫的雲彩，相當膽戰心驚。

Info

地址：北海道勇 郡占冠村字中トマム 星野リゾートトマム
MAPCODE：608 510 338*21
開放日期：每年5月上旬～10月中旬 約0500～0800*（雲海纜車0400-0800）
收費：住客免費；非住客（雲海纜車）成人￥1,900、小學生￥1,200
網址：www.snowtomamu.jp/summer/unkai/
* 詳細時間請查詢官網。
前往方法：JR「トマム」（Tomamu）駅，設有免費巴士，請於纜車站（山麓站）下車，車程約5-10分鐘。

I Can Tips

- 出發前可登入官網的雲海預報，每日詳列出現機率及日出時間。雲海預報：www.snowtomamu.jp/unkai_terrace/unkai/
- 山上的清晨，即使盛夏氣溫也可能降至攝氏零度，平台有免費禦寒衣服提供，也請準備保暖衣物。
- 注意，回程的尾班纜車時間為0800。

朝聖大師之作

水の教会

1988年建成，由日本殿典級建築大師安藤忠雄打造，以「自然共生」為主題，招牌清水泥結構，佐以玻璃幕牆。將建築融入自然環境中，巨型十字架矗立池塘中，取名「水の祭壇」，饒富禪意。跟大阪的「風の教会」和神戶的「光の教会」，合稱為「安藤忠雄教堂三部曲」。

每當有婚禮舉行，4x15米的玻璃幕牆便會打開，早上雲霧繚繞。

冬季池塘結冰，還會化身成雪の祭壇，窗外一片雪白。

巨型十字架矗立池塘中，加上翠綠白樺倒映，晚景更富禪意。

教堂可容納80人，梁靜茹MV《崇拜》就在這裏取景。

I Can Tips

免費見學
每日有1至2個時段開放見學參觀，詳情請查詢官網。

Info

見學時間：
5月上旬～10月中旬0630～0715
5月上旬～10月中旬逢周日1130～1200(4月27日～5月6日黃金周特別見學)
12月～3月、4月下旬～10月2030～2125
網址：https://tomamu-wedding.com/waterchapel/
前往方法：JR「トマム」駅設有巴士連接；Tomamu住客可免費乘搭。

食盡北海道食材

Buffet Dining hal

整個度假村擁有超過20間餐飲，推介位於水の教会旁邊的自助餐廳。名字「hal」愛努語解作豐富食物的祝願，主打北海道時令新鮮食材，菜色選擇豐富到不得了，帝王蟹腳堆到比山高，還有大量廚師即席烹調，手卷、和牛排、甜點全部現點現做。

主打北海道時令新鮮食材，菜色選擇豐富到不得了。

帝王蟹腳堆到比山高，就看你能吃多少。

手卷吧有本地三文魚配野山葵，都是廚師即席手造。

現場即煎和牛排，油脂超豐富。

Info

開放時間：早餐0630-1000；晚餐1730-2100
收費：
早餐成人￥2,500、小学生￥1,800、幼兒（4歲以上）￥1,400、3以下免費
晚餐成人￥5,400、小学生￥3,900、幼兒（4歲以上）￥2,700、3以下免費
網址：https://risonare.com/tomamu/summer/restaurant/hal/
前往方法：JR「トマム」駅設有巴士連接；Tomamu住客可免費乘搭。

道の糧倉

十勝、帯広

とかち/Tokachi、おびひろ/Obihiro

十勝、帯広兩地相鄰，位處北海道東南部的「十勝平原」，一直是北海道、以至日本首屈一指的糧倉，農業、畜牧業興盛，盛產優質小麥、紅豆、乳製品與肉食等，因而孕育六花亭、柳月、花畑牧場等北海道殿堂級菓子名牌。其中「帯広」街道布局模仿美國華盛頓，棋盤狀市景優美，放眼阡陌縱橫、碧草如茵，還隱藏大量美食。

帯広観光コンベンション協会：http://obikan.jp/

交通
JR「帯広」駅下車。
* 札幌駅出發至帯広駅，乘JR千歳線特急，車程最快2小時40分。

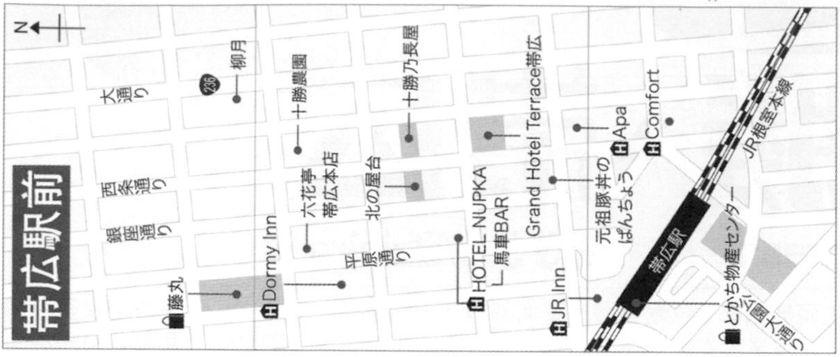

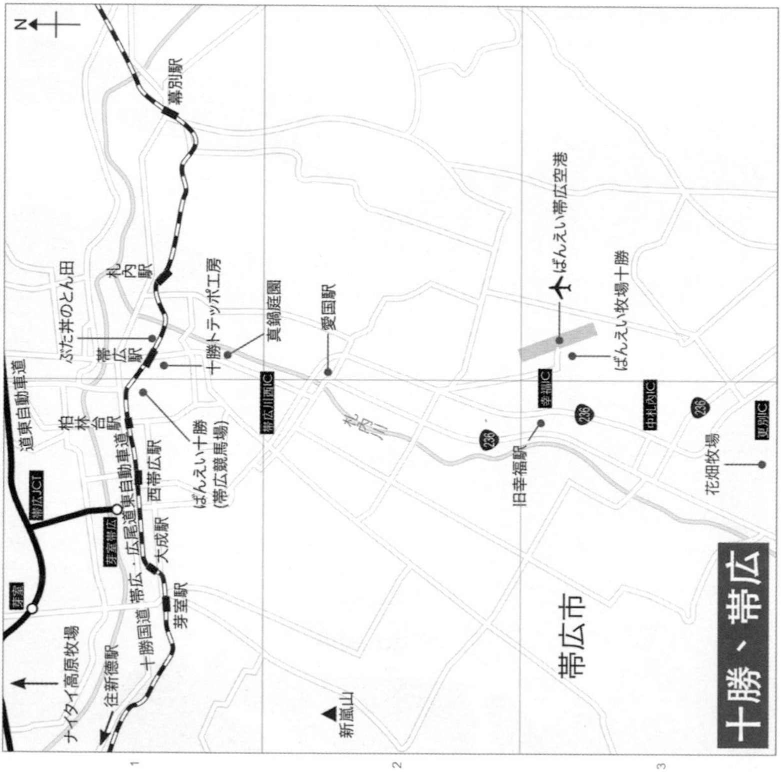

十勝、帯広

帯広駅前

帯広區內交通：

最佳交通必定是自駕。若然沒駕照，可乘搭巴士，但班次疏落；或者乘搭的士，收費：（小型車）首1.4公里起錶￥560，其後每303米￥80。

JR「帯広」駅。

騎師站在雪橇上策騎，賽時沙塵滾滾，場邊叫聲響徹，現場觀看更覺震撼！

小童亦可入馬場，但20歲以上才可下注，投注金額由¥100起。

競馬是北海道特有的農耕馬，體積比一般馬匹大2倍，體重高達1噸。

全球唯一 拉爬犁賽馬

MAP: P.300 A1

ばんえい十勝（帯広競馬場）

世界僅存唯一的「拖曳賽馬」，源自19世紀明治時代，馬匹拖着鐵雪橇，騎師則站在雪橇上操控競賽。競馬是北海道特有的農耕馬，體積比一般馬匹大，負重力強。賽事逢周六、日、一舉行，男女老幼都可入場，現場觀看更覺震撼！場內還設有資料館、食堂、特產店和動物園，小朋友也可親親馬BB。

每個鐵橇至少重400kg，再加上騎師的重量，足見馬匹爆炸力驚人。

15歲以下或非賽事日免費入場，還附設資料館、食堂和動物園。

200米的筆直賽道，其實設有兩個斜坡關卡，最後一個高達1.6米！

Info

地址：北海道帯広市西13条南9丁目帯広競馬場
MAPCODE：124 622 189*10
電話：0155-34-0825
開放時間： 馬場 夏季1310-2045、冬季1000-1730；商店 夏季1000-1900、冬季1000-1800
比賽日：逢周六、日、一
入場費：¥100
網址：www.banei-keiba.or.jp/
前往方法：JR「帯広」駅出發，車程約7分鐘。

日本最大公共牧場

MAP: P.300 A1

ナイタイ高原牧場（NAITAI高原牧場）

昭和47年（1972年）開園，位於帯広市北部、標高1,332公尺的ナイタイ山，佔地廣達1,700公頃，約為東京巨蛋的358倍，乃日本國內最大的公共牧場。2,000頭乳牛自由放養，旅客可自由見學，牧場內設有展望台、展望Cafe和商店，可一嚐牧場新鮮牛乳做的雪糕和乳製品。

牧場內飼有2,000頭乳牛，都是自由放養，靠好山好水長大。

I Can Tips

位處高原，氣溫比地面地區低10℃以上，即使盛夏也請注意保暖。

設有展望台，可俯瞰山下的十勝平原，以及阿寒諸山美景。

佔地廣達1,700公頃的高原牧場，真正天然零污染。

附設展望Café，必嚐牧場新鮮牛乳做的雪糕和乳製品。

Info

地址：北海道河東郡上士幌町字上音更85-2
MAPCODE：679 099 768*17
電話：090-3398-5049
開放時間： 牧場6-9月0700-1900（4-5、10月0700-1800）；Cafe 4月下旬～10月下旬0900-1700
前往方法：JR「帯広」駅出發，車程約1.5分鐘。

簡陋的木車站，因為1973年的旅遊節目而爆紅，至今仍是戀人聖地。

戀人聖地

MAP: P.300 A3

旧幸福駅（幸福鉄道公園）

原為JR於1987年廢線的広尾線車站，因為日本NHK電視台一齣以愛國至幸福駅為題的旅遊節目，令荒廢的小車站一夕爆紅，連帶本來一年才賣7張的車票，竟賣出300萬枚，變成愛情護身符。

幸福町原名「幸震町」，由於多福井人移居，為思念故鄉而改名「幸福」。車站內外貼滿粉紅色的車票，旁邊有2台舊火車和「幸福の鐘」等打卡位，還有紀念品店和Café，已成戀人聖地。

車站裏裏外外都貼滿粉紅色的車票，乃IG打卡勝地。

站旁商店有售幸福車票、心型繪馬，以及各式愛情護身符。

廣場上設有「幸福の鐘」，傳説戀人一同敲響鐘聲的話，便會獲得幸福。

現場一共有兩個幸福駅看板，都是打卡位。

巨型版的「愛國－幸福」車票，已成愛情護身符，寫滿愛侶誓言。¥180

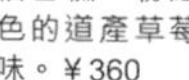

Café有售幸福雪糕，粉紅色的道產草莓味。¥360

月台上停泊了兩台橘色舊火車，乃昔日広尾線所用列車。

Info

地址：北海道帯広市幸福町東1線
MAPCODE：396 874 115*31
開放時間：24小時
網址：www.koufuku-eki.com/koufukuinfo
前往方法：JR「帯広」駅前乘搭往広尾（60號）的十勝巴士，於終站「幸福」下車，徒步約5分鐘。可購買¥900的巴士1日券，車程長達45分鐘，但沿途可賞十勝平原美景。

從愛国到幸福

MAP: P.300 B2

旧愛国駅（鉄道博物館）

同様因為NHK電視台的旅遊節目「幸福への旅」而爆紅的另一舊車站，距離旧幸福駅約11公里，現在已改建成露天的鉄道博物館。設有站舍、候車舍、恋人の聖地記念碑和心形水池廣場，還停了一台舊蒸氣火車。

月台停泊了一台旧国鉄蒸気機関車19671号，乃人氣打卡位。

站旁置有「恋人の聖地登録記念碑」。

巨型幸福車票，上面刻有「從愛国到幸福」字句。

距離旧幸福駅約11公里的「愛国駅」，名氣雖不夠響，但一定要走勻才能幸福。

車站一帶已改建成露天鉄道博物館，旁邊廣場還有心形的噴水池。

Info

地址：北海道帯広市愛国町基線39-40
MAPCODE：124323141*03
開放時間：24小時
網址：www.koufuku-eki.com/aikokuinfo
前往方法：JR「帯広」駅前乘搭往広尾（60號）的十勝巴士，於「愛国」站下車，徒步約2分鐘。

帯広屋台村

MAP: P.300 C2

北の屋台/十勝乃長屋

座落帯広市中心的熱鬧屋台村。「北の屋台」跟對面街的「十勝乃長屋」，各有20家屋台小攤聚集，由帯広豚丼、爐端燒、烤肉、薄餅店，到海鮮居酒屋俱備，都標榜使用十勝的新鮮食材炮製，風味道地，氣氛超熱鬧。

Info

北の屋台
地址：北海道帯広市西1条南10丁目7番地
MAPCODE：124 624 206*04
網址：http://kitanoyatai.com/

十勝乃長屋
地址：北海道帯広市西1条南10丁目
MAPCODE：124 624 209*87
網址： www.tokachinonagaya.com/

營業時間：約1700-0000
休息：不同店各異
前往方法：JR「帯広」駅，徒步約5-7分鐘。

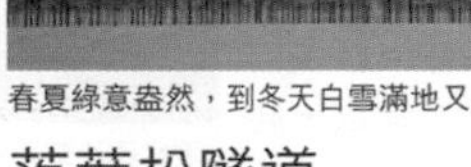

春夏綠意盎然，到冬天白雪滿地又是另一份淒美。

落葉松隧道

カラマツ防風林

真鍋庭園外的寧靜馬路，有一條500米長的落葉松林隧道，春夏綠意、秋天楓紅、冬天雪景一樣迷人，已成打卡勝地。其實，帯広市內還有多個打卡「防風林」，熱爆IG！

全長500米的落葉松林隧道，就在真鍋庭園外邊。

本店限定的現造「蘭姆葡萄奶油夾心餅」，酥脆曲奇夾住冰凍的葡萄乾奶油，淡淡酒香。¥220

帯広菓子大王

退稅 MAP: P.300 C2

六花亭 帯広本店

昭和8年（1933年）於帯広市創立，現在已是北海道No.1菓子名牌。前身為千秋庵，為日本第一間白朱古力創始店，開創白朱古力熱潮，招牌「蘭姆葡萄奶油夾心餅」（マルセイバターサンド），已取代白い恋人，成為北海道必買手信。位於帯広市中心的本店，樓高4層，附設喫茶室，可一嚐本店限定的現造「蘭姆葡萄奶油夾心餅」。

除了全線菓子，還有名畫家坂本直行，為六花亭繪畫的花草圖案精品。

六花亭薯片，選用道產薯仔加上米油來炸。¥150

蛋糕甜點隨季節轉換，圖中的「立夏」，綿滑忌廉內藏軟糯紅豆，極富層次。¥430

本店樓高4層，1樓賣場、2樓喫茶室，3、4樓還有Gallery。

Info

地址：北海道帯広市西2条南9丁目6
MAPCODE：124 624 352*67
電話：0155-24-6666
營業時間：0900-1900（喫茶室1100-1730，逢周三休）
網址：www.rokkatei.co.jp/
前往方法：JR「帯広」駅，徒步約10分鐘。

農園直送食材

十勝農園

十勝農園協會直營的大型餐廳，3層紅磚建築樓底挑高，內裝儼如歐洲古堡。主打十勝農園直送的新鮮食材，菜式都以十勝芝士、十勝薯仔、十勝和牛等入饌，香腸、煙肉、麵包也是自家製。並附設酒吧，供應十勝葡萄酒和本地啤酒。

MAP: P.300 C2

3層紅磚建築餐廳，門前置有一台拖拉機。

4種Cheese Pizza，用Mozzarella、Camembert等4款芝士，現點現做，熱辣辣還有拉絲。S¥780

樓底挑高，內裝儼如歐洲古堡。

Grilled raclette cheese with Potato，十勝契約農園直送薯仔，加上Raclette芝士在席上烤焗，香味傳遍一室。¥980

十勝Tokappu白葡萄酒，味道纖細醇香，口感清爽，配芝士、野菜皆宜。¥500/杯

Info

地址：北海道帯広市西1条南9丁目6番地
MAPCODE：124 624 358*05
電話：0155-26-4141
營業時間：1730-2300
休息：逢周日
網址：http://tokachinouen.com/
消費：約¥1,800/位
前往方法：JR「帯広」駅，徒步約8分鐘。

年輪蛋糕專家

MAP: P.300 C1

柳月 大通本店

帯広另一菓子老店，昭和22年（1947年）創立，使用十勝酪農乳製品製作，跟六花亭齊名。招牌年輪蛋糕「三方六」，以白樺樹樹幹為造型，名字源自當地砍木材的尺寸，曾奪世界糕點博覽會金牌。其餘和式、西式菓子一樣高水準。

十勝限定芝士脆片「Garitto Cheese」，超濃郁芝士完全滲進脆片中。￥550/10枚

招牌年輪蛋糕「三方六」，白樺樹樹幹造型，口感細膩鬆軟，屢獲大獎。小片裝￥750

帯広另一家傳戶曉的菓子老店，本店就在六花亭本店附近。

和菓子「夜空の月子」，軟糯餅皮包住鹹香的十勝酪農生芝士。￥125

Info

地址：北海道帯広市大通南8丁目15
MAPCODE：124 625 452*74
電話：0155-23-2101
營業時間：0800-1730
網址：www.ryugetsu.co.jp/
前往方法：JR「帯広」駅，徒步約7分鐘。

帯広豚丼發祥店

MAP: P.300 C2

元祖豚　のぱんちょう

帯広是豚丼的發源地，以蒲燒鰻魚飯的做法炮製豬肉，瘋行全日本。昭和8年（1933年）開業，乃帯広豚丼的發祥店，日本食評網Tabelog的帯広豚丼榜3甲。有バラ（五花）和ロース（里肌肉）選擇，可選集合兩款的「半ばら豚丼」，網燒豚肉散發濃濃炭火香。

雜錦豚丼「半ばら豚丼」，肉質柔軟多汁，秘製醬汁甜鹹交錯而濃郁。8片（華）￥1,300（味噌湯另計）

I Can Tips

豚丼的松、竹、梅、華，分別指四、五、六、八片肉。

帯広豚丼的發祥店，現已傳至第3代。

豚肉豬味濃郁，淋上秘製醬汁後，更佐飯非常。

網燒豚肉每片都烤得仔細，散發濃濃炭火香。

Info

地址：北海道帯広市西一条南11-19
MAPCODE：124 624 026*54
電話：0155-22-1974
營業時間：1100-1900
休息：逢周一及每月的第1和第3個周二
消費：約￥900/位起
前往方法：JR「帯広」駅，徒步約2分鐘。

長龍豚丼新貴

MAP: P.300 B1

ぶた　のとん田

2002年開業的人氣豚丼，位置遠離帯広駅，交通極不方便，但天天大排長龍。老闆肉店出身，2017年遷至現址，故能買入十勝產的上質生肉，肉類選擇亦較多，除了バラ（五花）、ロース（里肌），還有肉質特別軟嫩的ヒレ（菲力），每隻豬只有兩條的腰內肉，再加上特製醬汁，好吃至含淚！

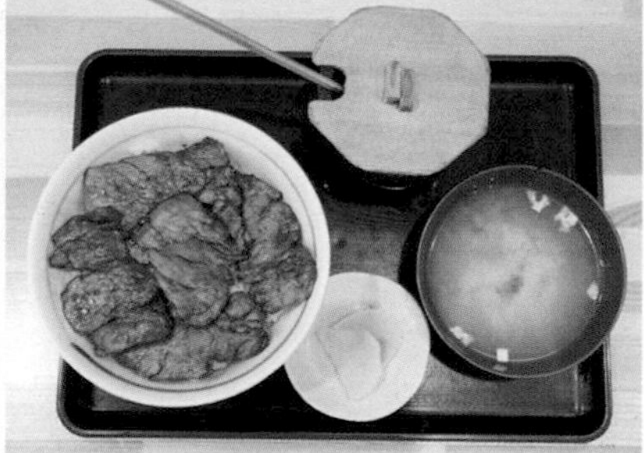

ヒレぶた丼（菲力豚丼），腰內肉肉質軟嫩，配熱騰騰、晶瑩剔透的白米飯，好吃至停不了口。連味噌湯￥780

吃時自行淋上特製醬汁，再撒點山椒粉或胡椒粉提味更佳。

不是說笑，午市未到已大排長龍，很多都從日本各地慕名而來。

Info

地址：北海道帯広市東10条南17-2
MAPCODE：124 597 338*60
電話：0155-24-4358
營業時間：1100-1800
休息：逢周日
消費：約￥780/位
前往方法：JR「帯広」駅出發，車程約8分鐘。

濕原都市

釧路

くしろ/Kushiro

交通

JR「釧路」駅下車。
*札幌駅出發，需在帯広駅轉乘JR千歳線特急，帯広至釧路車程最快4小時23分。

以面向太平洋的釧路港爲中心，自19世紀末已作爲農產轉運的小鎮而發展起來，現在是北海道第四大都市，也是道東的經濟、旅遊重心與交通樞紐。景點眾多，區內擁有日本最大的濕地—釧路濕原，還有北海道最大的漁港，盛產鱈魚、秋刀魚、烏賊等，連續13年成為日本第一的港口。

釧路観光コンベンション協会 ：
http://ja.kushiro-lakeakan.com/

釧路區內交通：

最佳交通必定是自駕。若然沒駕照，可乘搭巴士，但班次極疏落；或者乘搭的士，收費：（小型車）首1.4公里起錶￥550-560，其後每308米￥80。

JR「釧路」駅。

「釧路湿原国立公園」面積廣達28,788公頃，乃日本面積最大的濕地。

日本最大濕地 MAP: P.309 A3-A4;B3-B4;C3-C4

釧路湿原

佔地18,290公頃，東西最寬25公里、南北最長36公里，乃日本面積最大的濕地。1987年劃為「釧路湿原国立公園」，面積廣達28,788公頃，足足有四分之一個香港大。濕地內擁有超過700種植物、約1,100種昆蟲、200種鳥類、39種哺乳類、38種魚類、9種兩棲爬蟲類等，包括瀕危的丹頂鶴。園內設有多個觀景台，還有多條木棧步道貫穿，旅客亦可乘坐「釧路濕原慢車號」火車漫遊其中。

釧路川源自屈斜路湖，穿越濕地、蜿蜒延綿154 km，最後流入太平洋。

JR釧網本線「釧路湿原」駅，原木屋建築乃打卡熱點。

要近觀濕地，旅客可遊走木棧道，甚或扒獨木舟漫遊釧路川。

黃昏時份，斜陽將釧路川映出一片金光，景致浪漫醉人。

濕地內擁有超過700種植物，更可一睹瀕危的丹頂鶴等動物。

濕地東西最寬25公里、南北最長36公里，四季景色各異。

Info

網址：www.env.go.jp/park/kushiro/
前往方法：JR釧網本線「釧路湿原」～「塘路」駅下車。

展望台座落「釧路湿原」駅附近，可飽覽釧路湿原全景。

濕地全景

MAP: P.309 B4

細岡展望台

位於釧路湿原東部的展望台，視野廣闊，可俯瞰蜿蜒的釧路川，以至雄阿寒岳、雌阿寒岳也一覽無遺，素有「大観望」別稱，尤以傍晚的夕陽美景聞名。

登上展望台，蜿蜒曲折的釧路川盡收眼底，常有野鳥飛過。

Info

地址：北海道釧路郡釧路町字達古武22-9
MAPCODE：149 654 432*32
開放時間：24小時
網址：www.kushiro-shitsugen-np.jp/tenbou/hosooka/
前往方法：JR釧網本線「釧路湿原」駅下車，徒步約10-12分鐘。

紅磚展望台

MAP: P.309 A4

釧路市湿原展望台

座落釧路湿原西部的展望台，1984年落成，3層高紅磚建築，1樓免費入場，內有休憩室、餐廳和紀念品店；2樓有濕原動植物與歷史展覽；頂樓則可眺望整個濕原全景。附近還有2.5km長的木棧步道「北斗木道」。

圓頂紅磚建築外形酷似天文台，1樓免費入場；2樓以上則要收費。

頂樓設有屋望室和觀景天台，可眺望整個濕原全景。

Info

地址：北海道釧路市北斗6-11
MAPCODE：149 548 538*72
電話：0154-56-2424
開放時間：5月～10月0830-1800；11月～4月0900-1700
入場費：成人¥470、高校生¥250、小中学生¥120
前往方法：JR「釧路」駅前乘55番阿寒巴士，至「釧路市湿原展望台」駅下車，車程約40分鐘。

原木建築的遊客中心，免費入場。

溫暖休息站

MAP: P.309 C3

細岡ビジターズラウンジ（細岡遊客中心）

鄰近細岡展望台的遊客中心，原木建築內有舒適溫暖的休息大廳，展出濕地風景與動植物的相片，紀念品店還有葡萄軟雪糕售賣。

樓底挑高，中央置有大型火爐，即使外面多冷，也一室溫暖。

「釧路湿原」限定毛巾。¥500

Info

地址：北海道釧路郡釧路町字達古武22番地9
MAPCODE：149 654 674*64
電話：0154-40-4455
開放時間：4～5月0900-1700、6～9月0900-1800、10～11月0900-1600、12～3月1000-1600
網址：www.kushiro-shitsugen-np.jp/kansatu/hosooka/
前往方法：JR釧網本線「釧路湿原」駅，徒步約5分鐘。

漫步濕地

MAP: P.309 B3

温根内木道

釧路湿原內設有多條木棧步道，其中位於濕地西側的「温根内木道」，全長3.1公里，走畢需時約1.5小時，沿途鳥叫蟲鳴，6-9月更為花季。

全長3.1公里的木棧步道，走進濕地漫遊，沿途鋪青疊翠。

Info

地址：北海道阿寒郡鶴居村温根
GPS：43°06'36.7"N 144°19'38.6"E
網址：www.kushiro-shitsugen-np.jp/kansatu/onnenaiv/
前往方法：JR「釧路」駅出發，車程約40分鐘。

平成元年（1989年）起運行，日本唯一穿越釧路濕原的觀光列車。

Tips

乘車日1個月前，可在JR各駅的綠色窗口，或透過香港的旅行代理商，預約指定席車票。

唯一濕原觀光列車

MAP: P.309 B2-B3;C3

くしろ湿原ノロッコ号（釧路濕原慢車號）

穿越釧路濕原的觀光列車，行駛JR釧網本線的釧路駅～塘路駅之間，每年只限春天到秋天營運，全程長27.2km，車程約50分鐘。為方便賞景，特別以平均時速30公里緩慢前進，乘客可透過特大車窗細賞濕原美景。

每天往返1-2班，春季每天往返各一班；夏季每天往返各2班；秋季會作為「釧路濕原紅葉觀光號」，從釧路駅開往川湯溫泉駅，每天往返各一班。車上有紀念品和特產售賣，乘客還可獲發「乘車証明書」。

4節車廂：3卡指定席皆為展望車廂，只有1號卡為普通車廂自由席。

展望車廂擁有特大窗戶，一邊座椅設置餐枱；一邊座椅則面向車窗。

乘車位置在釧路駅3號月台，月台上還置有一座「湿原の鐘」。

列車沿住蜿蜒曲折的釧路川，以平均時速30公里緩慢前進，橫跨整個濕原。

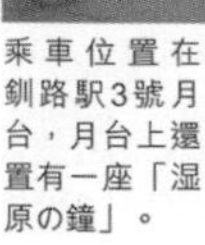

必吃釧路濕原慢車號限定布丁。¥360

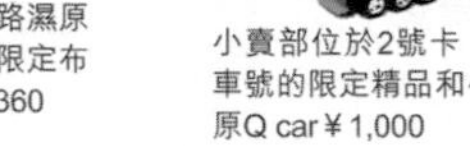

小賣部位於2號卡，有售慢車號的限定精品和小吃。濕原Q car ¥1,000

乘客還可獲發「乘車証明書」，僅記去程和回程有不同款式。

Info

運行期間：每年4月下旬～10月上旬
運行區間：釧路駅～塘路駅（秋季限定～川湯溫泉駅）
乘車位置：釧路駅3號月台
車費：釧路～塘路駅單程¥1,070（乘車券¥540+指定席¥520）
網址：www.jrhokkaido.co.jp/travel/kushironorokko/index.html

班次：

期間	班次
4月下旬～6月中旬；9月下旬～10月（每日往返各1班）	釧路發車1106 塘路發車1217
6月中旬～9月中旬（每日往返各2班）	釧路發車1106、1335； 塘路發車1217、1448

冬季限定 懷舊火車

SL冬季濕原號（SL冬の湿原号）

釧路濕原號的冬季限定列車，2000年起運行，採用復刻C11型蒸氣火車，來往釧路駅至標茶駅之間，每天只對開一班，沿途馳騁在一片雪白的濕原上。全車指定席，車上有導遊講解釧路濕原，乘客還可獲發「乘車証明書」。

2000年起運行，冬季限定，是北海道內唯一行駛的SL蒸汽火車。

裊裊白煙，劃過冰天雪地的釧路濕原，幸運的話可看到丹頂鶴。

懷舊設計的車廂中設有炭火式暖爐，還可體驗在車廂內烤魷魚。

乘客可獲發「乘車証明書」，每年設計都不同。

Info

運行期間：每年1月下旬～2月
班次：釧路發車1105；標茶發車1400
票價：單程￥1,890（乘車券￥1,070＋指定席￥820）
網址：www2.jrhokkaido.co.jp/global/chinese/train/guide/sl.html

近觀日本國鳥

MAP: P.309 A4

釧路市丹頂鶴自然公園

1958年開園，以丹頂鶴為主題的公園。「丹頂鶴」是日本的國鳥，被視為幸福與長壽的象徵，全球數量只剩約3,000隻，已被列為瀕危物種，但單是釧路就有1,600隻。公園佔地9.6公頃，目前約有20隻丹頂鶴常棲公園，均採自由放養，並且成功進行人工孵化，一年四季皆可觀賞。

因為丹頂鶴是一夫一妻制，更以專一聞名，故看到的必定是一雙一對。

養殖區以鐵絲網圍封，貼心地開有小窗讓人拍照，頂部漏空故丹頂鶴可自由進出。

公園於1970年首次以人工成功孵化丹頂鶴，長大後會放回野外。

網外有500米的通道讓旅客觀賞，每日0945也有工作人員餵飼。

園內還有展望室、丹頂鶴資料室、相片展和紀念品店。

Info

地址：北海道釧路市鶴丘112
MAPCODE：630 504 603*78
電話：0154-56-2219
開放時間：4月10日～10月第2個周日 0900-1800；10月第2個周日～4月9日 0900-1600
入場費：成人￥480、小中学生￥110
網址：www.kushiro-park.com/
前往方法：JR「釧路」駅乘阿寒巴士，至「鶴公園前」駅下車，車程約60分鐘；自駕則約40鐘。

漁人碼頭座落釧路川河畔、幣舞橋旁，「MOO」是Marine Our Oasis的縮寫。

漁人碼頭

MAP: P.309 B2

釧路Fisherman's Wharf MOO

座落釧路川河畔、幣舞橋旁的漁人碼頭，分為商場MOO和植物園EGG兩部分。MOO樓高5層，1樓市場區，網羅釧路海鮮、特產、手信與道地小吃，並提供退稅；2樓有海鮮食堂和室內屋台村「港の屋台」；3樓則是啤酒園「霧のビール園」。附設觀光中心、郵局甚至按摩店，戶外還有夏季限定的戶外爐端燒帳蓬「岸壁炉ばた」（碼頭爐端）。

1樓市場區名為「釧路市場」，網羅釧路海鮮、特產、手信與菓子。

觀光中心，有售各式優惠車券，場內消費超過￥2,000有免費泊車。

場內有幾個海鮮攤，主打一夜干、魚子、貝類等海產。ほつけ（鯱魚）一夜干￥680

市場主張地產地消，本地海產乾物特別便宜，乾瑤柱抵買。

MOO名物，現做芝士仙貝（米餅），香脆美味。￥110

昆布和薯仔燒酎，水瓶包裝附有孖帶和杯，賞花小酌最方便。￥1,944

夾蟹機，內有多隻生猛毛蟹和花咲蟹，￥500可夾2次，幾忍與否見仁見智。

Info

地址：北海道釧路市錦町2-4
MAPCODE：149 226 464*70
電話：0154-23-0600
營業時間：1樓商店1000-1900、2樓餐廳約1100-2145（港の屋台1700-0000）；植物園4月～10月0600-2200；11月～3月0700-2200
網址：http://moo946.com/
前往方法：JR「釧路」駅，徒步約15分鐘。

夏季限定 爐端燒帳蓬

岸壁炉ばた

每年5月中旬～10月，都有限定的戶外爐端燒帳蓬。帳蓬座落釧路川河畔，採食券消費，場內有6、7個食物攤，串燒￥100起、新鮮帆立貝￥400、大蝦￥200、一夜干￥650，用傳統炭火網燒，風味一流！

戶外爐端燒帳蓬，每年只在非下雪季節營業，就在釧路川河畔。

Tips
禁止自攜飲料。

用餐流程：

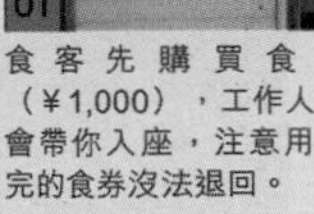

01 食客先購買食券（￥1,000），工作人員會帶你入座，注意用不完的食券沒法退回。

02 用傳統炭火網燒，特別夠風味，現場氣氛也熱鬧非常。

02 食客拿住食券到攤檔挑選食材，肉類串燒￥100起、一夜干￥650。

Info

地址： 釧路Fisherman's Wharf MOO 1/F釧路川河畔
營業期間： 約5月中旬～10月
營業時間： 1200-1600、1700-2200
消費： 約￥1,500/位起

室內屋台村

港の屋台

位於MOO 2樓的室內屋台村，昭和風懷舊街道設計，內裏集合10家小店，由壽司、串燒、海鮮丼、居酒屋，到成吉思汗烤羊肉俱備，食材新鮮又便宜，真正道地風味。

懷舊風設計，還有多個打卡位，包括這巨型招財貓。

場內集合10家餐飲小店，傳統掛簾、燈籠高掛，人聲鼎沸，熱鬧熱鬧。

小店食材新鮮又便宜，特別是酒菜，很多上班族晚上都來小酌兩杯。

場內有一迷你神社，稱為「MOO神社」。

Info

地址： 釧路Fisherman's Wharf MOO 2/F
營業時間： 1700-0000（部分店攤加開1130-1400）
消費： 約￥1,200/位起

老字號烤雞

鳥政

源自釧路市內著名酒場街道——「新榮町銀座」、老字號烤雞肉串專門店的分店，1975年創業，選用本地雞肉和道產蔬菜，師傅燒烤火喉控制得宜，美味還來自鎮店的調味醬汁。

鳥政就在屋台村入口，乃場內人氣店，全店只由一位師傅主理。

鳥串，雞肉嫩滑爽彈；銀皮，即砂肝的皮，軟糯惹味，佐酒非常。各￥110

生啤，竟然不是SAPPORO。￥500

師傅燒烤火喉控制得宜，坐在吧台更能感受炭香撲鼻。

Info

地址： 釧路Fisherman's Wharf MOO 2/F港の屋台
消費： 約￥1,000/位起

溫室植物園

EGG

MAP: P.309 B2

跟MOO相連的溫室植物園，玻璃外裝拱形建築，出自釧路市出身的建築師毛綱毅曠。全天候綠地，四季恒溫，即使室外大雪粉飛也溫暖如春。園內種有35種北方樹木，高樹參天綠意盎然，還常有迷你音樂會舉行。

園內種有35種北方樹木，還設有環迴步道和座椅，給你靜心欣賞。

玻璃拱頂建築，全天候綠地，四季恒溫，一年到晚為居民提供溫暖花園。

「EGG」是Ever Green Garden的縮寫，座落MOO旁邊，2樓有通道相連。

高樹參天綠意盎然，還常有迷你音樂會舉行。

Info

開放時間： 4月～10月0600-2200；11月～3月0700-2200

北海道三大名橋

幣舞橋

MAP: P.309 B2

1976年落成，全長124公尺，橫跨釧路川最下游的一道歐式橋樑，跟札幌的豊平橋、旭川的旭橋並稱為「北海道三大名橋」。橋上置有代表春夏秋冬的4座女性雕像，名為「道東四季之像」，也是釧路最著名的觀賞夕陽勝地。

橋上有4座女性雕像，分別為表春夏秋冬四季，名為「道東四季之像」。

Info

地址： 北海道釧路市幣舞橋
MAPCODE： 149 226 382*20
前往方法： JR「釧路」駅出發，車程約15分鐘。

地上可找到以丹頂鶴為主題圖案的水渠蓋。

幣舞橋一名，源自釧路川南岸的舊地名，愛奴語意思是祭神之處。

幣舞橋座落釧路川最下游的出海口，可欣賞到優美的夕陽。

俯瞰釧路港

米町公園

MAP: P.309 A3

米町是釧路市的發祥地。園內築有燈塔造型的米町展望台，可俯瞰整個釧路港與夕陽美景，附近還有釧路最古老的木造民房「米町故鄉館」（米町ふるさと館），館內展出釧路市的舊街道照片。

公園入口有一棟精緻的西式木平房，其實是公廁。

園內常見北海道狐狸、松鼠、野鳥等小動運出沒。

仿燈塔造型的米町展望台，樓高3層，還有沿旋轉樓梯可供打卡。

登上塔頂，可360度俯瞰整個釧路港美景，還有夕陽可賞。

Info

地址： 北海道釧路市米町1-1-21
MAPCODE： 149 195 399*40
電話： 0154-41-2032
開放時間： 5月～9月1000-1500
休息： 10月～4月休園；5月～9月逢周一
前往方法：
1. 釧路駅乘啄木線巴士，於「米町公園」駅下車，再徒 25-30分鐘。
2. JR「釧路」駅出發，車程約10分鐘。

1樓有日本最大規模的室內砂場，一年四季都有沙可玩，頭頂的半球體乃投影天文館。

好玩兒童遊學館

MAP: P.309 A1

釧路市こども遊学館

北海道的親子景點特別多，最重要是抵玩又益智。2005年開館的「釧路市兒童遊學館」，前身為青少年科學館，樓高5層，免費入場，設有日本最大規模的室內砂場、偌大的室內遊樂場、投影天文館（收費區）、科學展示室（收費區）等，還有創作、體驗、實驗工房。展品和設施都強調體驗和啟發，益知又好玩，現場小朋友都玩到不捨得走。

5層高玻璃圍幕建築，採盡天然光，地下設有蓄熱槽，曾奪北海道建築賞。

遊樂場內有很多介紹科學原理的打卡設施，像這Led鏡房。

場內還有大量針對幼兒的設施，包括親子玩具室、親子手工區等。

紀念品店有售日本太空人食品，包括即食宇宙飯和章魚丸燒。¥400

1、2樓有偌大的室內遊樂場，巨型繩網、滑梯、攀石牆通通任玩。

幼兒免費變裝體驗，有甲蟲、公主、忍者裝車等給小朋友角色扮演。

遊玩設施應有盡有，現場所見，小朋友都玩到不捨得走。

Info

地址：北海道釧路市幸町10丁目2
MAPCODE：149 255 118*75
電話：0154-32-0122
開放時間：0930-1700
休息：逢周一
入場費：免費
展示室成人¥590、高校生¥240、小中学生¥120、小学以下免費
天文館成人¥470、高校生¥180、小中学生¥120、小学以下免費
網址：http://kodomoyugakukan.jp/
前往方法：JR「釧路」駅，徒步約8分鐘。

爐端燒發祥店
くしろ 炉ばた

「爐端燒」起源自仙台，但卻成名於釧路，市內大小爐端燒店超過150間。相傳釧路漁民捕魚歸航，把賣剩的鮮魚，即席架起炭火網燒，與親朋圍在爐邊歡聚享用。1953年創業的「くしろ」，被公認為釧路爐端燒的發祥店，古民家建築，現在內部仍保留傳統佈局，食客圍圈而坐，老奶奶就端坐中央爐火網烤，風味一流。

MAP: P.309 B1

內部仍保留傳統爐端燒佈局，食客圍圈而坐，天花牆身都燻得黑漆漆。

Tips
旅客可到官網預約。

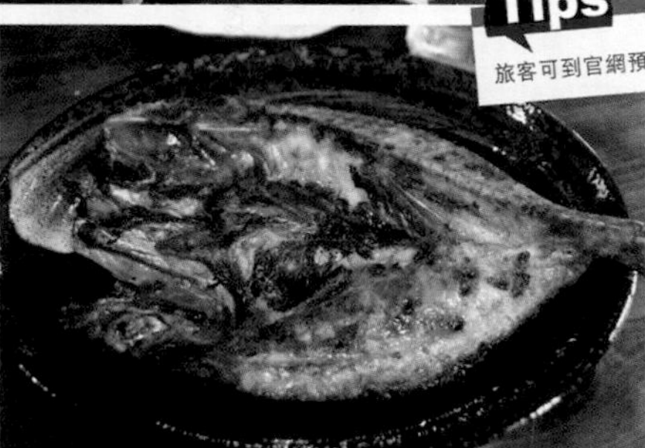

喜知次（キンキ）一夜干，北海道沿岸盛產，乃最高級的一夜干，炭烤火喉控制得宜，肉質細膩而濕潤，風乾熟成後味道更鹹香更鮮美。時價￥6,000

開業半世紀的「くしろ」，風味一流。

老奶奶就端坐中央，從容不迫地以炭爐網烤，炭香瀰漫全店。

辣椒しし唐(青辣椒)，青爽微辣，吃時蘸點味噌，即成最佳下酒物。￥500

Info

地址：北海道釧路市栄町3-1
MAPCODE：110 228 280*06
電話：0154-22-6636
營業時間：1700-0000
休息：逢周日（8～10月中旬無休）
網址：www.robata.cc/
消費：約￥5,000/位
前往方法：JR「釧路」駅，徒步約15分鐘。

釧路拉麵老店
銀水

MAP: P.309 A1

昭和10年（1935年）創業，已傳承3代的老店，乃最古老的釧路拉麵店。被譽為北海道四大拉麵的「釧路拉麵」，以鰹魚湯頭為基調的醬油拉麵，特徵是捲曲的幼細麵條，原因是昔日漁民捕魚歸航後餓極，麵店便將麵做幼以縮短烹煮時間。銀水的湯頭以鰹魚和雞熬煮，配自家製麵，北海道版《米芝蓮》都有收錄。

餃子，鐵板火爐上枱，餃皮富彈性，吃至最後也熱辣香脆。￥450

醬油ラーメン（醬油拉麵），湯頭清爽而甜，細長的麵條爽口如港式雲吞麵，跟一般日本拉麵截然不同。￥700

只此一家，藏身市中心的住宅區，當地很多名店都師承銀水。

Info

地址：北海道釧路市浪花町12-1
MAPCODE：149 255 171*46
電話：0154-24-7041
營業時間：1100-2045
休息：逢周三
網址：www.946ginsui.com/
消費：約￥700/位起
前往方法：JR「釧路」駅，徒步約9分鐘。

隱世火山湖

阿寒湖、

あかんこ/Akanko、

摩周湖

ましゅうこ/Mashūko

位於道東川上郡的「摩周湖」，水質澄清的破火山口湖，水平如鏡，被譽為全世界透明度最高的湖泊，成為《米芝蓮》綠色指南的3星推介。附近還有屈斜路湖、神の子池、硫黄山與川湯温泉等眾多天氣美景，儘管交通略有不便，更能領略道東的天然純淨美。

I Can Tips

自駕注意：
11～4月大雪期間，部分道路通行禁止。

交通

摩周湖　JR「摩周」駅下車。
* 札幌駅出發，需在釧路駅轉乘JR釧網本線，釧路至摩周車程約1小時18分。

阿寒湖　JR「釧路」駅前，乘搭阿寒巴士的阿寒線，至終點站下車，車程約2小時。

阿寒湖、摩周湖

摩周湖區內交通：

最佳交通必定是自駕。若然沒駕照，可乘搭巴士，但班次極少；人多可選擇乘搭的士，收費：（小型車）首1.4公里起錶￥550-560，其後每308米￥80。

JR「摩周」駅，駅旁還有免費足湯。

觀光巴士

阿寒巴士也有提供觀光巴士，「釧路濕原～摩週湖～阿寒湖1日遊線路」，全程約9小時，夏季收費￥4,600；冬季收費￥6,000，包含午餐；還有冬季限定的丹頂號巴士旅遊。*需預約。

網址：www.akanbus.co.jp/sightse/

硫磺活火山 MAP: P.322 C1

硫黃山

夾在摩周湖和屈斜路湖中間的活火山，海拔512米高，由於含有豐富的硫磺資源，自明治時代便用作硫磺礦開採，直至1950年代才結束。山上寸草不生，一片荒涼，故昔日愛努族稱之為「裸山」。還佈滿大大小小的噴氣孔，終年煙霧裊裊，瀰漫濃烈的硫磺味。

1700年前，由於火山爆發而形成的活火山，終年硫磺煙霧裊裊，儼如地獄。

山上籠罩濃烈的硫磺氣味，高溫危險地方都圍有欄杆，禁止進入。

地上佈滿大大小小的噴氣孔，不斷噴出硫磺蒸氣，部分甚至有溫泉湧出。

停車場旁邊的休息站，除了特產、紀念品，還有溫泉蛋賣。¥100

由於硫磺造成土壤酸化，山上寸草不生，昔日愛努族稱之為「裸山」。

Info

地址：北海道川上郡弟子屈町町硫黃山
MAPCODE：731 713 770*66
前往方法：JR「川湯温泉」駅出發，車程約5分鐘。

日本最大火山湖

屈斜路湖 MAP: P.322 B1-B2

釧路川的源頭，周長57公里，乃日本最大的破火山口湖。飄浮在湖中心的中島，周長約12公里，夏季可划獨木舟；冬季則可賞天鵝、綠頭鴨等野鳥。西側湖畔有獨特的「砂風呂」，只要在沙地挖坑，即會湧出溫泉，變身露天溫泉。

青山碧水的屈斜路湖，為道東三大湖之一，列入阿寒國立公園範圍。

每逢冬季，皆有大群白天鵝飛來屈斜路湖渡冬，已成名景。

總面積約80平方公里，冬季湖面結冰，冰封世界更覺靜謐。

日本最大的破火山口，河水晶瑩剔透，夏季可一睹飛魚濺水。

Info

地址：北海道川上郡弟子屈町屈斜路湖
MAPCODE：638 148 559*13
前往方法：JR「川湯温泉」駅出發，車程約10分鐘；或作JR「摩周」駅附近的「摩周 業所」，乘搭阿寒巴士的屈斜路線，於「屈斜路プリンスホテル」下車，車程約30分鐘，車費¥101，但每日只得兩班。

終年水平如鏡，即使在寒冷的冬天，湖面也很難結冰。

《米芝蓮》3星藍湖

MAP: P.332 C2

摩周湖

《米芝蓮》綠色指南三星推介，7,000年前因火山爆發而形成的破火山口湖，昔日愛努人稱為「山神之湖」。周長20公里、面積19.6平方公里，終年水平如鏡，即使在寒冷的冬天，湖面也很難結冰，其透明度更是世界第一。

由於湖水清澈透明，陽光照射下呈現宛如寶石般的獨有藍色，被專稱為「摩周藍」(摩周ブルー)。但其實摩周湖也以雲霧瀰漫聞名，傳說情侶同遊若遇上起霧，愛情反而會長長久久。摩周湖總共有3個展望台，景觀各有特色。

陽光照射下，湛藍的湖水如藍寶石般，彷佛有種攝人的魔力。

四周被300-400米高的絕壁環繞，周長20公里、最深達212公尺。

摩周湖水深211米，湖水透明度高達41.6米，號稱世界第一。

展望台旁、近休息站位置，新置有著條3兄弟的看板。

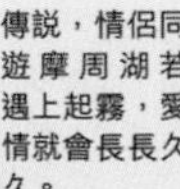

傳說，情侶同遊摩周湖若遇上起霧，愛情就會長長久久。

摩周湖畔，常有松鼠，甚至梅花鹿出沒，記得只可遠觀喔！

Info

地址：北海道川上郡弟子屈町
網址：摩周湖観光協会www.masyuko.or.jp/tow_lakes/
前往方法：JR「摩周」駅前乘搭阿寒巴士的摩周線，於終站下車，車程約25分鐘，車費￥57，但每日只得兩班。

第一展望台面積最大，由於有巴士直達，故最人氣。

人氣第一

摩周第一展望台

座落摩周湖西南端，是最受歡迎、面積最大、設施最多的展望台，內設大停車場、餐廳和大型特產店，湖畔常有松鼠出沒。

展望台四周群山環抱，腳下湖水湛藍而平靜。

MAP: P.332 C2

Info

地址：北海道川上郡弟子屈町 摩周第一展望台
MAPCODE：613 781 375*75
前往方法：JR「摩周」駅前乘搭阿寒巴士的摩周線，於終站下車，車程約25分鐘，但每日只得兩班。

第三展望台座落摩周湖中間位置，可看到湖中央的卡姆依修島。

俯瞰湖中島

MAP: P.332 C2

摩周第三展望台

座落摩周湖西端，規模雖小但海拔最高，因為位處中間位置，可清楚看到湖中央的卡姆依修島和對岸的摩周嶽，據説6月至8月特別容易起霧。

望台座規模雖小但海拔最高。

Tips

11～4月大雪期間通行禁止

Info

地址：北海道川上郡弟子屈町 摩周第三展望台
MAPCODE：731 743 170
前往方法：沒有巴士直達，必需自駕或包車：JR「摩周」駅出發，車程約20分鐘。

必吃摩周藍雪糕

MAP: P.332 C2

摩周湖レストハウス

位於第一展望台旁的休息站，內有大型特產店，有售各式摩周湖限定手信。必吃限定「摩周藍」（摩周ブルー）雪糕，還有罐頭形的明信片「霧罐」，以及摩周本地牧場直送的鮮牛乳等等。

限定「霧罐」，罐頭造形明信片，貼上郵票即可寄出，至於裏面是否有霧……。¥216

摩周湖限定「綠球藻茶」，茶色呈摩周藍。¥410

限定「摩周藍」雪糕（摩周ブルー），湖水顏色其實是利久酒加牛乳，味道像汽水。¥300

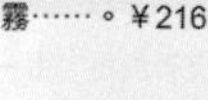

摩周波子汽水（摩周ラムネ），藍得浪漫。¥200

摩周本地牧場「渡辺」，直送的鮮牛乳。¥180

Info

地址：北海道川上郡弟子屈町 摩周第一展望台
MAPCODE：613 781 375*75
電話：01548-2-1530
營業時間：0830-1730(10月下旬～4月下旬0800-1700)
前往方法：JR「摩周」駅前乘搭阿寒巴士的摩周線，於終站下車，車程約25分鐘，但每日只得兩班。

北海道5大淡水湖

MAP: P.332 A3

阿寒湖

北海道5大淡水湖之一，是雄阿寒岳爆發後形成的堰塞湖，名字來自原住民愛努語的「akam」（車輪）。海拔標高420公尺，周長約26公里，四周群山環繞，湖水清澈，盛產稀有的綠球藻，向以風景秀麗而聞名。旅客可乘坐遊覽船漫遊，湖畔也有溫泉旅館；冬季湖面結冰，冰層可厚達1公尺，期間會有冰上垂釣、冰上電單車等大量玩樂。

冬季的阿寒湖，冰層可厚達1公尺，期間會設有冰上垂釣、冰上帆船等玩樂。

Info

地址：北海道釧路市阿寒町阿寒湖
MAPCODE：739 342 488*33
電話：0154-67-3200(阿寒觀光協會)
網址：釧路観光コンベンションョン協会 http://ja.kushiro-lakeakan.com/
前往方法：JR「釧路」駅前，乘搭阿寒巴士的阿寒線，至終點站下車，車程約2小時。

夏季的阿寒湖，蔚藍的湖水，隨四季更迭變化，風景秀麗如風景畫。

傍晚，湖面倒映七色彩霞，加上薄霧輕籠，美如仙境。

漫遊冰湖

MAP: P.332 A3

阿寒觀光汽船

遊覽船環繞阿寒湖一圈，約18公里，全程約85分鐘，約每小時一班。途中會停泊忠類島，遊客可登島參觀「綠球藻展示觀察中心」（マリモ展示察センター）。每年4月中旬復航，湖面還有留冰，儼如破冰船。

遊覽船全程約85分鐘，途中會參觀綠球藻展示觀察中心。

Info

地址：北海道釧路市阿寒町阿寒湖溫泉1-5-20
MAPCODE：739 342 730*18
電話：0154-67-2511
營運時間：5月1日～9月25 0600-1700；9月26～10月20 0600-1600；10月21日～11月10日 0600-1500；11月11日～11月30 0900-1500
休息：12～4月
船費：成人￥2,000、小童￥1,040
網址：www.akankisen.com/
前往方法：阿寒湖公車站（阿寒湖バスターミナル），徒步約10分鐘。

愛努文化村

MAP: P.332 A3

阿寒湖アイヌコタン（阿寒湖愛努Kotan村）

以北海道原住民——愛努族為主題的文化村，內有約30家傳統工藝店，附設大型劇院，定時上演愛努族傳統舞蹈，還有祭典重演，並提供各式體驗活動。

村內有約30家愛努族傳統工藝店，售賣木雕。

Info

地址：北海道釧路市阿寒町阿寒湖溫泉4-7-19
電話：0154-67-2727
網址：www.akanainu.jp/
前往方法：阿寒湖公車站（阿寒湖バスターミナル），徒步約18分鐘。

大廳的足湯「和気の湯」，阿寒湖美景盡收眼底，還有阿寒湖百年水可喝。

阿寒湖温泉名宿

MAP: P.332 A3

あかん鶴雅別荘 鄙の座 （阿寒湖鶴雅別荘 鄙之座）

座落阿寒湖畔的高級旅館，自電影《非誠勿擾》取景後更大人氣，據説舒淇亦曾入住。僅有25間客房，全部附設私家露天風呂、按摩椅等，設計舒適而奢華，住客還可自選浴衣。位於頂樓的温泉風呂「石室の湯 金の弓」，坐擁阿寒湖全景，嵐影湖光盡收眼底，並提供岩盤浴、水療等服務。

每位住客皆可自選浴衣，提供超過20款選擇，女生一定開心死。

每間客房，都附設私家露天風呂，部分更是檜木浴室，還有按摩椅。

不論房內、晚餐時間，或是酒吧休息處「座•BAR」，皆有免費飲料和酒精供應。

最大的天の座，超過1,100平方呎，和風內裝配SIMMONS高級床墊。

日語中的「鄙」字解作故鄉，旅館正希望提供賓至如歸的服務。

選用道東優質食材的餐點，精緻如藝術品。

Info

地址：北海道釧路市阿寒町阿寒湖温泉2丁目8番1号
MAPCODE：739 342 576*32
電話：0154-67-5500
房價：風の座一泊二食每位￥35,500 /晚起；湖景の座一泊二食每位￥51,500 /晚起
網址：www.hinanoza.com/
前往方法：JR「釧路」駅、「帯広」駅皆設有接駁巴士，收費￥1,000。

十勝、帶広
釧路
阿寒湖、摩周湖
網走

流冰小鎮

網走 あばしり/Abashiri

交通

1. JR「網走」駅下車。
* 札幌駅出發，需至旭川駅轉乘JR石北本線，全程最快5小時35分。
2. JR「札幌」駅前巴士總站（BT）乘搭高速巴士，車程約6小時，車費¥6,510。

位於北海道東部、北緯44度，面朝鄂霍次克海，寧靜的小鎮向以流冰而聞名。

每年1月下旬，源自西伯利亞黑龍江河口的流冰，便會抵達鄂霍次克海，旅客可乘坐破冰船出海觀賞。此外，自然美景與歷史景點亦豐富，包括昔日讓日本罪犯聞風喪膽的網走監獄，還有流冰館、能取岬、能取湖等等數之不盡。

網走市観光協会：www.abakanko.jp/

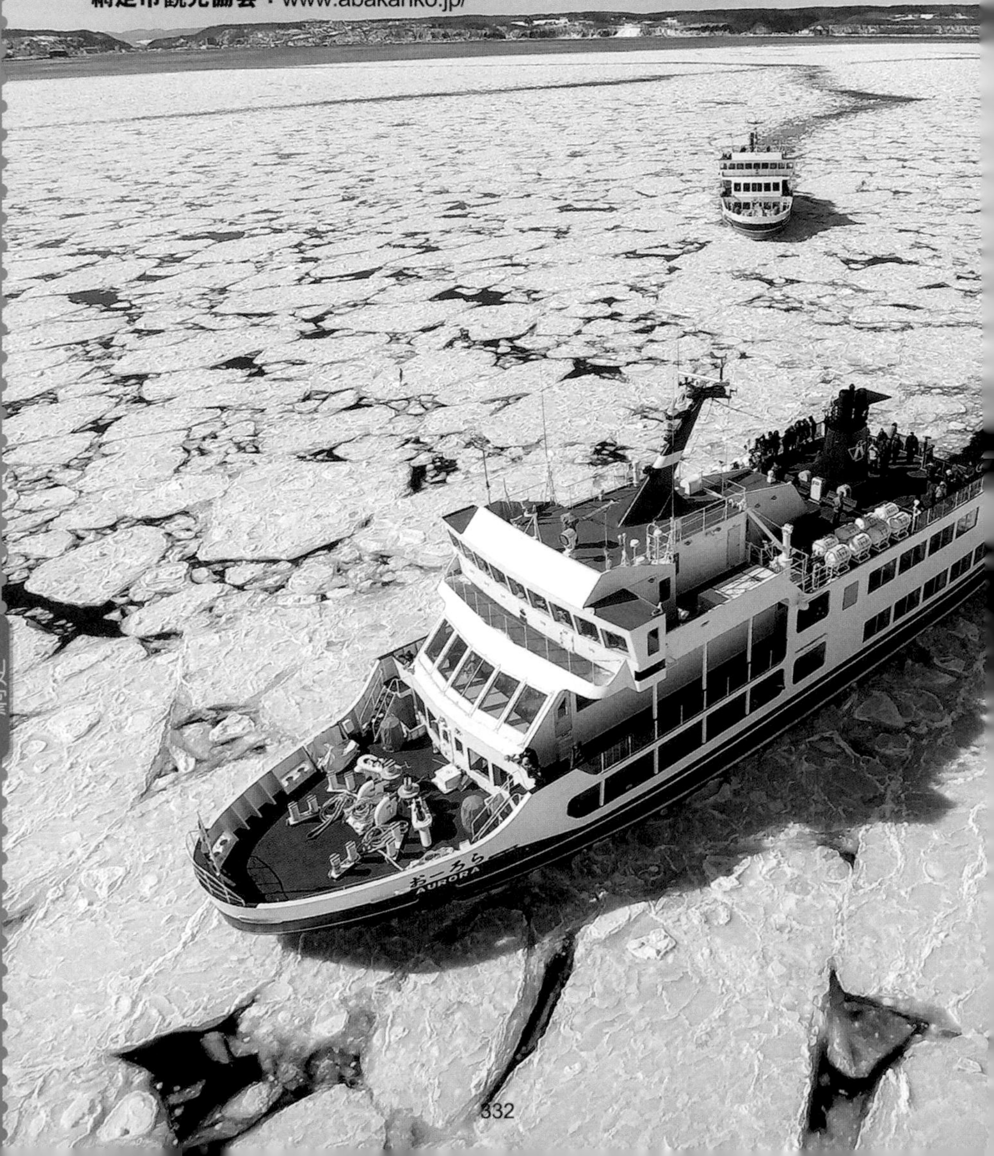

網走區內交通：

最佳交通必定是自駕。若然沒駕照，可乘搭巴士，但班次較疏落；或者乘搭的士，收費：（小型車）首1.4公里起錶￥560，其後每305米￥80。

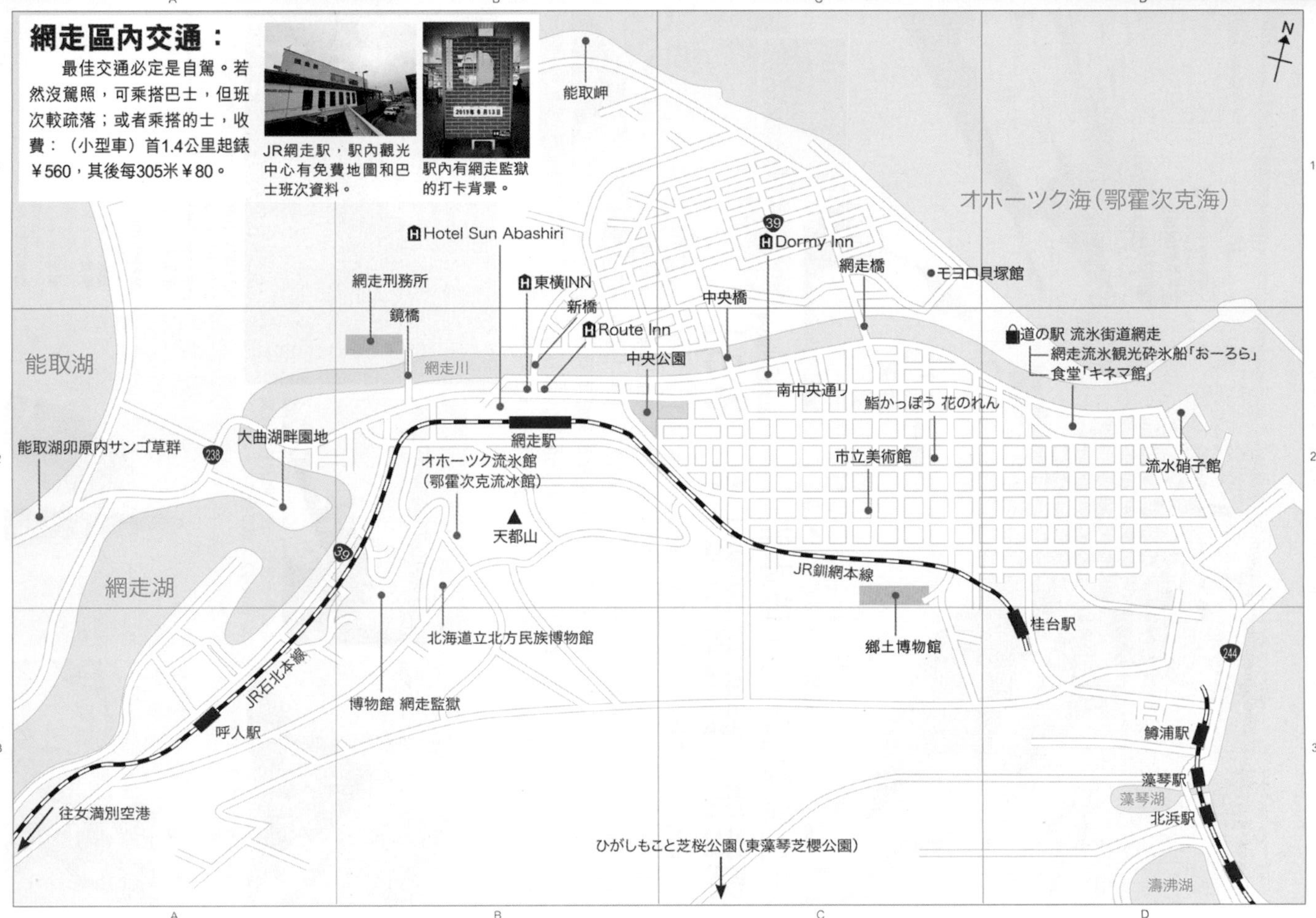

JR網走駅，駅內觀光中心有免費地圖和巴士班次資料。

駅內有網走監獄的打卡背景。

網走破冰船「おーろら号」（極光號）共有兩艘，利用船身的重量壓破冰體而前行。

一生總要試一次「破冰船」

MAP: P.333 D2

網走流氷観光砕氷船「おーろら」

網走位於北緯44度，乃大海凍結的南限，每年1月下旬，源自西伯利亞的流冰，便會抵達網走的鄂霍次克海，旅客可乘坐破冰船出海觀賞。網走破冰船「おーろら号」（極光號），每年1月20日～4月3日運行，採用大型船，利用船身的重量壓破冰體而前行。全程約1小時，每天4-5班，航道視乎當天流冰狀況而定，也有可能看不到，最佳觀賞期是2月。但運氣好的話，還能看到流冰上有野生海豹，或瀕臨絕種的虎頭海鵰。

流冰除了呈魚鱗片狀，間中也會看到迷你冰山。

1、2層船艙都有暖氣，內有洗手間和小賣部，但大部分人都擠在甲板。

站在甲板視野一流，但由於海風猛烈，故現場人人都冷得發抖。

黃昏班次可順道看夕陽，若然當天沒流冰，船費會便宜一點。

置身船上，可清楚感受到船身壓破冰體的震動，還聽到咯咯聲！

流冰源自西伯利亞黑龍江河口，看到與否取決於風向與水流。

Info

乗船場：道の駅 流氷街道網走（北海道網走市南3条東4丁目）
MAPCODE：305 678 310*25
運行期間：1月20日～4月3日0900-1530
班次：每天4-5班（全程約1小時）
船費：成人¥3,300、小学生¥1,650（特別席+¥400）
網址：www.ms-aurora.com/abashiri/departures/
前往方法：JR「網走」駅，乘網走巴士的観光施設めぐり線（車程約8分鐘），至「道の駅流氷砕氷船乗り場」站下車即達；若轉乘的士，車費約¥1,000。

「おーろら号」每艘可乘載450人，全長45米、闊10米，重達491噸。

「おーろら号」外形其實沿襲日本自衛隊的南極觀測船「しらせ号」。

乘船場位於「道の駅 流氷街道」，內有食堂和特產中心。

運氣好的話，還能看到流冰上有海豹，或瀕臨絕種的虎頭海鵰出現。

Tips

1. 完全予約制，旅客可於官網或電話預約。
2. 流冰不一定天天有，出發前請登入官網查詢流冰情況。
3. 航行時甲板非常冷，請準備足夠保暖衣物，請準備冷帽、面罩甚或暖包。

乘破冰船，揀網走、還是紋別？網走和紋別皆有破冰船，紋別的用螺紋鑽子破冰，乘坐時可清楚感到冰體破開的震撼；網走的則以船身的重量壓破冰體，優點是交通方便，旅客可乘JR直達網走，紋別則需轉乘巴士，適合時間較充裕者。不過流冰不是每天都有，取決於水流，出發前宜先上官網，看看哪裏有流冰才前往。

提提你

紋別破冰船，用螺紋鑽子來劃破冰體而前進，乘船時可清楚聽到破冰的聲響！

紋別 世界初破冰船

MAP: 封底地圖

紋別流氷砕氷船「ガリンコ号II」

距離網走約2小時車程的紋別，也有破冰船。紋別流氷砕氷船「ガリンコ号II」，是全世界第一艘流冰觀光船。全程1小時，實際在流冰航行約45分鐘，使用螺紋鑽子來劃破冰體而前進，乘坐時可清楚感受到冰體被破開的震撼。

「ガリンコ号II」全長35米，重達150噸，每艘可乘載195人。

1987年首航，乃全世界第一艘流冰觀光船。

破冰船由阿拉斯加油田開發用的試驗船改造，船頭裝有阿基米德螺旋鑽。

Tips

完全予約制，至少1日前電話預約，可請下榻的酒店職員代勞。

Info

乘船場： 北海道紋別市海洋公園1番地
MAPCODE： 801 615 009*32
電話： 0158-24-8000
運行期間： 冬季1～3月（2月加開日出日落班次）
班次： 每天2-5班（全程約1小時）
船費： 成人¥3,000、小学生¥1,500（沒流冰成人¥1,500、小学生¥1,250）
網址： https://o-tower.co.jp/
前往方法： JR石北本線「遠軽」駅下車，轉乘紋別行的路線巴士，於「オホーツクタワー入口」駅下車（車程約70分鐘），再徒步約15分鐘。

每年2月中旬，更會舉行「紋別流氷祭り」，展出各式冰雕。

1樓設有大型特產中心，網羅本地特產和食品，還有海鮮攤和小吃店。

網走名物總匯

MAP: P.333 D2

道の駅 流氷街道網走

網走破冰船碼頭旁邊的休息站。2009年落成，樓高兩層，1樓有大型特產中心、小吃店和觀光中心；2樓則有食堂，以及甲板陽台，可眺望網走港灣與帽子岩美景。駅內必吃網走名物——流氷咖喱，還有藍色的流氷啤酒和流氷雪糕。

2009年落成的道の駅，網走破冰船也在這裏乘搭。

鄂霍茨克海域魚產豐富，盛產大翅鮶鮋，與鄂霍茨克三文魚。

觀光案內所除提供旅遊資訊，還有行李寄存和單車租賃，收費￥2,000/日。

場內有大量試吃，天寒地凍喝杯溫暖的昆布味噌湯，一流！

網走限定的流氷啤酒￥432，以及網走麥芽啤酒￥514。

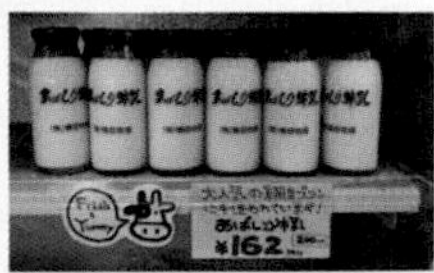
網走本地「楠目牧場」直送鮮牛乳，脂肪含量達3.5。￥162

網走另一名物——流氷飴，是梳打汽水糖味的硬糖。小包￥216

Info

乘船場： 北海道網走市南3条東4丁目（道道網走港線沿い）
MAPCODE： 305 678 310*08
電話： 0152-67-5007
營業時間： 4～10月0900-1830；11～3月0900-1800；
觀光案內所0900-1800；休憩•飲食コーナー1100-1630；外賣部1000-1730
網址： www.hokkaido-michinoeki.jp/michinoeki/2986/
前往方法： JR「網走」駅，乘網走巴士的觀光施設めぐり線（車程約8分鐘），至「道の駅流氷砕氷船り場」站下車即達。

限定流氷咖喱

食堂「キネマ館」

位於2樓的食堂，又名「映画館」，以網走取景的舊電影為主題，落地大玻璃窗，坐擁網走港灣美景。提供本地食材炮製的海鮮丼、定食等。招牌名物是藍色的咖喱「流氷カリー」（流氷咖喱），還有網走牛丼、網走炸魚丼等等。

食堂以網走取景的舊電影為主題，招牌充滿昭和風。

落地大玻璃窗，可眺望網走港灣與帽子岩美景。

網走啤酒「流氷DRAFT」，淡藍色調，用流冰溶化的雪水釀造，加上螺旋藻調色，味道清爽。￥550

招牌「流氷カリー」（流氷咖喱），藍色咖喱顛覆想象，用天然植物色素調味，香料味濃而creamy，白色的流冰則是雞肉，意外地好吃。配大大塊焦香的印度烤餅，加上薯仔沙律，抵吃。￥1,200

Info

地址：道の駅 流氷街道網走2/F
消費：約￥1,000/位起

網走ザンギ丼(炸魚丼)

MAP: P.333 C2

鮨かっぽう　花のれん

「ザンギ丼」（炸魚丼）乃網走道地名菜，使用鄂霍次克海捕獲的鮭魚，以天然的白魚醬油醃漬，炸成金黃色再鋪米飯上，吃時配網走產的山藥蓉與山葵。昭和48年（1973年）創業的「花のれん」，招牌「ザンギ丼」，更提供原條山藥給你自磨，還有另一名菜「網走最寄鍋」。

店家提供原條新鮮山藥給你自磨，格外新鮮清香。

套餐附送的味噌湯，用大大隻扇貝熬煮，超豪華。

「ザンギ丼」（炸魚丼），新鮮現炸鮭魚外脆內滑嫩，鮮甜味美，跟北海道產的白米飯是絕配，還連湯和漬物，超抵吃。￥1,026

「炸魚丼」由來
其實源自釧路的炸雞「ザンギ」，傳遍北海道後還發展出炸鯨魚、炸鹿肉等，2008年網走市為了推廣鄂霍次克海食材，於是指定為炸鮭魚。

Info

地址：北海道網走市南５条東２丁目
MAPCODE：305 677 175*21
電話：0152-44-7576
營業時間：1100-1430、1700-2100
網址：www.hananoren.co.jp/
消費：約￥1,026/位起
前往方法：JR「網走」駅，徒步約18分鐘。

I Can Tips

1.官網有9折優惠券可供下載。
2.監獄提供免費導賞。
時間：1000、1130、1430

「五翼放射状舍房」，模仿比利時的魯紋中心監獄設計，五棟舍房以中央看守所為中心、呈放射狀展開。

日本最難逃脱監獄
博物館 網走監獄

日本境內最北的監獄，原名「網走刑務所」，建於1896年，原位於天都山中腹，昭和58年（1983年）原裝移築、改造成博物館。話説，明治時代的北海道東部仍是蠻荒之地，專門囚禁重犯，由於苦寒難耐，加上勞役嚴酷，號稱「日本最難逃脱監獄」。園區廣達17公頃，昔日的牢房、裁判所、獄警室都一一重現，焦點包括放射型建築的牢房「五翼放射状舍房」、浴場等，還有大量蠟像重現獄中生活，甚至可一嚐「監獄食」。

MAP: P.333 B2

舍房：

「五翼放射状舍房」，明治45年（1912年）重建的獄舍，每棟獄舍長58.2米或72.7米。

「中央見張所」，五棟舍房中心設有八角形的警衛亭，讓獄警可同時看到任何一棟舍房的情況。

第4舍房屋頂的是「昭和越獄王」白鳥，是網走監獄第一個成功脱逃的犯人，靠用味噌塗抹監視窗的鐵枝逃走。

舍內有大量蠟像，重現獄中生活，多人牢房每間只有3坪大。

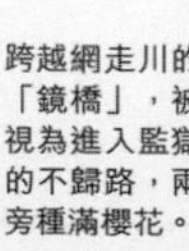

跨越網走川的「鏡橋」，被視為進入監獄的不歸路，兩旁種滿櫻花。

Info

地址：北海道網走市字呼人1-1
MAPCODE：305 583 180*45
電話：0152-45-2411
開放時間：5～9月0830-1800；10～4月0900-1700（最後入館：關門1小時）
入場費：成人￥1,080、大学•高校生￥750、小中学生￥540
網址：www.kangoku.jp/
前往方法：JR「網走」駅，乘網走巴士的観光施設めぐり線（車程約10分鐘），至「網走監獄」站下車即達；若乘的士，車費約￥1,500。

浴場：

「浴場」，服刑人夏天每月入浴5次，其餘月份只得1次，已是獄中最快樂時光。

「独居房」，煉瓦造的單人囚室，沒有窗戶內部全黑，連伙食也減半，藉此懲罰犯錯的囚犯。

庁舍：

「庁舍」，網走刑務所的辦公廳，瓦葺廡殿木建築，內有獄長室和資料展，為重要文化財。

「庁舍」內設有紀念品店，售賣網走監獄官方精品，還有真正服刑人製作的工藝。

地方裁判所，原棟復原舊網走區法院，展現昔日的法庭、拘留室等。

網走監獄限定「獄」字斜孭小袋，由函館少年刑務所出品。¥2,210

網走監獄服刑人製作的木雕「ニポポ」（Nipopo），乃愛努人的傳統玩偶。¥756

通稱「紅磚門」的監獄正門，擁有釉藥般的黑煉瓦，原因是窯烤時摻入鹽。

一嚐「監獄食」

監獄食堂

2017年在入口處加開的監獄食堂，原名「番外地食堂」，提供昔日的「監獄食」，有A、B兩款選擇。其餘還有監獄咖喱、網走和牛丼。

主食的「麥飯」，米和麥的比例為7：3，其實相當有營養。

監獄食B，全份包括一夜干、麥飯、漬物、小菜和味噌湯，昔日的份量其實沒這樣豐盛，而且菜單十年如一。¥820

Info

營業時間： 1000-1430
消費： 約¥720/位起

電影取景勝地
能取岬

MAP: P.333 B1

位於網走北方的斷崖岬角，從河口一直延伸至鄂霍次克海。岬頂築有21米高的燈塔，天氣晴朗時可眺望到知床半島的連綿山脈；冬季則可俯瞰鄂霍次克海的流冰，景色壯麗，堺雅人主演日本電影《南極料理人》、Arashi(嵐)日航廣告、馮小剛電影《非誠勿擾》等也曾取景。

斷崖岬角長40～50米，從河口一直延伸至浩瀚的鄂霍次克海。

燈塔高21米，因馮小剛電影《非誠勿擾》取景而變成打卡勝地。

每年1月下旬至3月中旬，可俯瞰鄂霍次克海的流冰，甚至還可見海豹。

Arashi（嵐）的日航廣告。

天氣晴朗時，可眺望到知床半島的連綿山脈，附近也綠意盎然。

Info

地址：北海道網走市能取岬
MAPCODE：991 104 380*71
前往方法：JR「網走」駅乘的士，車程約20分鐘。

火紅色的珊瑚草，跟藍天碧海形成強烈對比。

紅色珊瑚草
能取湖 卯原内サンゴ草群生地

MAP: P.333 A2

能取岬附近的海水湖，周長31公里，和網走湖、Saroma湖，並列鄂霍次克海岸的「3大海跡湖」。南部湖畔擁有4公頃的珊瑚草。珊瑚草其實是海草的一種，又名海燕窩，富含豐富的鈣質，夏季一片翠綠，到秋天8月下旬～9月下旬，則變成鮮艷的火紅色。

湖畔築有木製遊步道，漫遊其中儼如穿越紅海。

Info

地址：北海道網走市卯原 60-18
MAPCODE：525 359 376*33
前往方法：JR「網走」駅乘的士，車程約15分鐘。

日本最靠近海的車站，距離鄂霍次克海的海岸只有20公尺。

日本最近海車站
北浜駅

MAP: P.333 D3

從釧路往網走途中必經的無人小車站，乃日本最靠近海的車站，距離鄂霍次克海的海岸只有20公尺，比四國的下灘駅更近。駅舍內貼滿世界各地旅客的名片，月台還設有展望台，2月上旬到3月上旬，有機會看到流冰經過。自國內人氣電影《非誠勿擾》取景後，名氣更大。

無人車站，月台可自由出入，駅舍內貼滿世界各地旅客的名片。

Info

地址：北海道網走市字北浜365-1
電話：0152-46-2410
前往方法：JR「北浜」駅即達。

日本最北端

稚內 わっかない/Wakkanai

位處北海道最北端，也是日本領土的最北，遙望俄羅斯的庫頁島（日語舊名為樺太島）。向以風大聞名，素有「風之鎮」別稱，年均氣溫只有7℃，但漁業資源豐富，盛產海蟹、扇貝等，尤以區內的利尻島、礼文島的海膽聞名全國。市內所有事物皆被冠上「日本最北」稱號，包括日本最北鐵路駅、最北食堂、最北油站等等，成為旅人的終極打卡目標。

稚內観光協会：www.welcome.wakkanai.hokkaido.jp/

提提你

日本最北——「樺太島」？

稚內北面的「庫頁島」，日本稱「樺太島」；俄羅斯稱「薩哈林島」，曾是日本領土的最北端，現為俄羅斯最大島嶼，俄語名為「薩哈林島」。日本曾在1905年和1918～1925年間，佔領庫頁島全境，惟二戰戰敗後被蘇聯佔據，目前兩國就庫頁島問題，一直存在主權爭議。

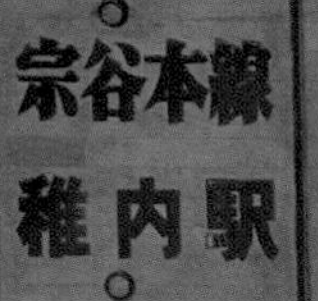

定期觀光巴士

宗谷巴士設有兩條觀光巴士路線，車程約4-4.5小時，途經稚內公園、野寒布岬、宗谷岬等景點，途中設下車遊覽時間，車上還有導遊講解（日語）。

乘車處：JR稚內駅前1號巴士站
票價：稚内A)成人￥3,300、小童￥1,700
稚内B)成人￥3,600、小童￥1,800
電話：0162-22-3114
網址：www.soyabus.co.jp/teikan/course

需電話預約，可請酒店職員幫忙。乘車日再到宗谷Bus Terminal櫃台付款取車票。

1. JR「稚內」駅下車。
* 札幌駅出發，需至旭川駅轉乘JR宗谷本線特急，全程最快5小時25分。
2. 札幌大通巴士總站（BT），乘搭高速巴士，車程約6小時，車費￥6,200。

稚內區內交通：

最佳交通必定是自駕。若然沒駕照，可乘搭宗谷巴士，基本所有景點皆能抵達；或者乘搭的士，收費：普通車首1.4公里起錶￥620，其後每270米￥80。

宗谷巴士：www.soyabus.co.jp/

JR稚內駅旁有宗谷巴士的Bus terminal（BT），可乘搭高速巴士往札幌。

兩層高特產市場，位置就在稚內駅後面，橙色外牆好易認。

就腳特產市場

MAP: P.344 A3

夢食館 北市場

緊鄰稚內駅的綜合市場，樓高兩層，1樓「北市場」，集合10多家特產店和海鮮攤，由稚內漁港直送的新鮮海產、海產乾貨、加工食品，到本地菓子手信俱全；2樓「夢広場」則為海鮮食堂。名氣雖不及副港市場，勝在遊客較少，且就近JR稚內駅。

各式利尻昆布，不同級數選擇眾多。

稚內產新鮮海膽，只售￥4,000。

除了海鮮，也有道產水果。蜜瓜￥4,500

稚內漁港直送的長腳蟹，只售￥8,800。

號稱「日本最北端魚乾店」，主打一夜干。

稚內名物「帆立貝鹽」，醃海鮮、煮粥、拌意粉都一流。￥600

2樓有海鮮食堂「夢広場」，海膽定食￥3,300、刺身定食￥1,800。

Info

地址：北海道稚內市開運2丁目1番5
MAPCODE：353 876 683*15
營業時間：1/F市場0800-1700（冬季0900-1500）；2/F食堂1100-2030
休息：市場年中無休；食堂12月31日～1月3日
網址：www.kitaichiba.co.jp/
前往方法：JR「稚內」駅，徒步1分鐘。

稚内港地標

MAP: P.344 A2

稚内港北防波堤ドーム（Dome）

昭和11年（1936年）落成，歷時5年打造的防波堤，全長427米的半圓拱型長廊，由帝國大學畢業的建築師土谷實設計，哥德式風格，築有72根羅馬式石圓柱，乃稚內地標。二戰前，防波堤為連接樺太島的物流港，見證昔日稚內的繁榮。

防波堤一共擁有72根羅馬式石圓柱，已成打卡勝地。

防波堤全長427米、高13.6米，旁邊有遊步道供旅客觀浪。

為紀念昔日連接樺太島的港口，現在堤前置有「稚泊航路記念碑」。

Info

地址： 北海道稚內市開運1丁目
MAPCODE： 964 007 125*18
前往方法： JR「稚內」駅，徒步約7分鐘。

正宗俄國家常菜

MAP: P.344 A3

ペチカ（Pechka）

稚內跟俄羅斯遙遙相對，故稚內甚受俄國文化影響。位於副港市場波止場橫丁的「Pechka」，正是稚內最著名的俄羅斯餐廳。由俄國廚師主理，供應正宗羅宋湯等俄國家常菜，還有俄羅斯直送的伏特加酒。

店名「Pechka」，俄羅斯語解作暖爐，就位於副港市場的屋台村。

ボルシチ（羅宋湯），正宗俄羅斯風味，用紅菜頭加上酸忌廉，清爽又健康。¥650

チエフチエリ（Noisettes），包入米飯的豬肉糰子，乃俄國家常菜代表。¥1,000

Info

地址： 北海道稚內市港1丁目6番28号 稚內副港市場 波止場橫丁
MAPCODE： 353 846 769*18
電話： 0162-23-7070
營業時間： 1700-2200
休息： 逢周日
消費： 約¥1,800/位
前往方法： 稚內副港市場旁邊。

魚舖直營海鮮食堂

MAP: P.344 A3

うろこ亭（うろこ市）

副港市場附近的著名食堂，由稚內港水產加工老舖直營，開業超過60年，主打爐端燒、定食等等，尤以海膽、海鮮丼最抵吃。白天，食客可免費參觀工場見學，也有提供一夜干、鹽漬魷魚等D.I.Y體驗。

海鮮燒き，迷你爐端燒，包括大蝦、蟹腳和原隻鮑魚，烤得嫩香鮮甜，連鐵鍋底的芽菜也好吃。¥3,980

加工工場併設的海鮮食堂，可眺望稚內港美景。

プチうに（小海膽），新鮮海膽入口即化，鮮美溢滿嘴巴。¥600

うろこ市丼（海膽雜錦丼），紫海膽4-9月限定；馬糞海膽則4-8月限定。¥2,580起

Info

地址： 北海道稚內市中央5-6-8
MAPCODE： 353 876 083*40
電話： 0120-211-911
營業時間： 0900-2100(商店0900-1700)
網址： http://sakanaya.uroco1.com/
消費： 約¥1,500/位起
前往方法： JR「稚內」駅，徒步約10分鐘。

三角錐形的紀念碑高4.53米，以北極星的稜角設計，圓形基座則代表「和平和協調」。

日本最北端 宗谷岬

日本最北端の地の碑

MAP: P.344 D2

日本國土最北端的海岬角，位處北緯45度31分22秒、東經141度56分11秒，現場築有三角錐狀的紀念碑「日本最北端の地の碑」，天朗氣清時，遠至43公里外的庫頁島（日本稱樺太島）也可看到。宗谷岬一帶有很多景點與商店，都冠以「日本最北」稱號，像最北食堂、最北廁所、最北油站等，紀念品店還可買到日本最北的「到着證明書」。

三角錐中央的「N」字形指標，代表北方，日本人都喜歡繞到指標前打卡。

紀念碑旁置有探險家間宮林像，「間宮海峽」便以他的名字命名。

I Can Tips
宗谷岬終年刮起強風，請準備防風衣物，建議戴冷帽！

旅客請到JR「稚內」駅旁的宗谷巴士總站（BT），乘搭天北宗谷岬線，直達宗谷岬。

天朗氣清時，可看到43公里外的庫頁島（樺太島），紅色的是海藻。

宗谷岬音樂碑，按下按鈕即會播放名為〈宗谷岬〉的日本演歌。

往宗谷岬巴士單程車費¥1,390，建議購買紀念車票，來回只¥2,500。

現場所有景物都被冠以「日本最北」稱號，包括這日本最北廁所。

Info

地址：北海道稚內市宗谷岬
MAPCODE：998 067 327*83
前往方法：JR「稚內」駅旁巴士總站，乘搭宗谷巴士的天北宗谷岬線，至「宗谷岬」駅下車，車程約50分鐘，單程車費¥1,390，總站有售紀念車票，來回只¥2,500。
班次：www.soyabus.co.jp/zh-TW/teikan/souyacape

「祈りの塔」（祈願塔），昭和58年落成，以紀念「大韓航空機撃墜事件」死難者遺族，塔高近20米。

打卡丘陵公園

MAP: P.344 D2-D3

宗谷岬平和公園

位於宗谷岬後方小丘的公園，1966年開園，佔地3.8公頃，可俯瞰整個宗谷岬、宗谷灣與鄂霍次克海美景。園內綠草茸茸、花團錦簇，還置有「世界平和の鐘」、「祈りの塔」（祈願塔）、「あけぼの像」（曙光像）、「海軍戦没者慰霊碑」等眾多紀念雕塑。

「世界平和の鐘」，昭和63年（1988年）打造，祈願世界和平。

17米高的宗谷岬灯台，也是日本最北端的燈塔，守護宗谷海峽航道。

「子育て平和の鐘」（育兒和平的鐘），由稚內市全民募捐￥10（共￥150萬）打造。

園內種滿「アルメリア」（Almeria），原產北歐，每逢夏天一片粉紅花海。

公園內的人氣拉麵店「間呂堂」，必吃招牌帆立貝拉麵。營業時間：1000-1600

「あけぼの像」（曙光像），昭和46年設置，以紀念北海道牛乳生產量突破100萬噸。

園內綠草如茵，打卡位眾多，包括這世界城市的距離指標。

Info

地址：北海道稚內市宗谷村大岬
MAPCODE：998 068 121*31
前往方法：JR「稚內」駅前巴士總站，乘搭宗谷巴士的天北宗谷岬線，至「宗谷岬」站下車，車程約50分鐘，單程車費￥1,390。

瞭望台樓高兩層，設有6個窗口的監視室，已列為有形文化財。

舊帝國遺跡

MAP: P.344 D2

旧海軍望楼

明治35年（1902年）落成的防備要塞，作為日俄交戰時期，舊日本帝國海軍的瞭望台。座落宗谷岬的最高點，可監視從俄國增緩的艦隊調動情況，為稚內市唯一現存的明治時代建築，已列為有形文化財。

登上樓頂，可俯瞰整個宗谷灣，以至庫頁島。

Info

前往方法：宗谷岬平和公園內。

展望室設有落地玻璃窗，飽覽整個宗谷灣美景。

冷氣展望室

MAP: P.344 D2

宗谷岬展望台

宗谷岬平和公園旁的大樓，2樓設有玻璃窗展望室，天氣晴朗時能看到俄羅斯的庫頁島。賣點是自由參觀，最重要是冷暖氣開放，不怕風吹日曬。

平和公園有小路直達2樓展望室，自由參觀。

Info

前往方法：宗谷岬平和公園旁邊。

必買「日本最北端到着証明書」，真正限定紀念品。¥100

座落「日本最北端の地の碑」旁邊，店面還刻有宗谷岬座標。

日本最北商店

MAP: P.344 D2

柏屋

宗谷岬著名紀念品店，號稱「日本最北端商店」。除了特產手信外，還有大量日本最北端紀念品，必買「日本最北端到着証明書」。館內還附設「宗谷岬流氷館」。

自家出品的「日本最北端曲奇」。¥650/20塊

各式宗谷岬主題貼紙，大可當手信。¥270-435

證明書本身是一張紀念卡，店家提供紀念章印，可以給你寫上日期。

Info

地址：北海道稚內市宗谷岬3-1
電話：0162-76-2212
營業時間：4月～11月0800-1800；12月～3月0900-1600
前往方法：「日本最北端の地の碑」旁邊。

免費流冰館

MAP: P.344 D2

宗谷岬流冰館

柏屋附設的小型流冰館，房內溫度保持-9至-13℃，旅客可觸摸來自鄂霍次克海的流冰，其實更像雪房，勝在免費參觀，且「冷氣」長開。

雖名流冰館，其實更像雪房，內部溫度保持-9至-13℃。

不止流冰，房內還置有北海道常見的極地動物像，不知是否標本！？

房內置有從鄂霍次克海採集的流冰，旅客可自由觸摸，感受透心涼。

Info

地址：北[illegible]道稚內市宗谷岬3-1
電話：0162-[illegible]12
開放時間：0900-1[illegible]
入場費：免費
前往方法：「日本最北端の地の碑」旁邊。

日本最北的拉麵

食堂 最北端

1985年開業，座落「日本最北端の地の碑」對面，名副其實的日本最北端食堂。招牌「ほたてラーメン」（帆立貝拉麵），用稚內產的新鮮帆立貝，加上滿滿海藻和昆布，就變成「日本最北的拉麵」。

MAP: P.344 D2

宗谷岬區內最接近海邊的拉麵店，名副其實的最北端食堂。

招牌「ほたてラーメン」（帆立貝拉麵），鹽味湯頭用利尻昆布熬煮，配彈牙鮮帆立貝和拉麵。¥800

宗谷岬限定清酒，旭川男山酒釀出品，號稱「日本最北清酒」。¥350

座落「日本最北端の地の碑」對面，窗口可眺望宗谷岬。

Info

地址：北海道稚內市宗谷岬2-10
電話：0162-76-2222
營業時間：夏季0630-2000；冬季0800-1800
休息：12月上旬～3月下旬
消費：約¥800/位
前往方法：「日本最北端の地の碑」對面。

「日本最北」貼紙

MAP: P.344 D2

えぞや

特產手信店，宗谷岬另一間有發售「日本最北端の到達証明書」的地方。店內售各式稚內手信菓子，還有大量「日本最北」主題貼紙、鐵牌等，成為飛車族的入貨點。

「日本最北端の到達証明書」一共有2款，店家還有紀念印章。¥100

橙色建築，就座落「日本最北端の地の碑」對面。

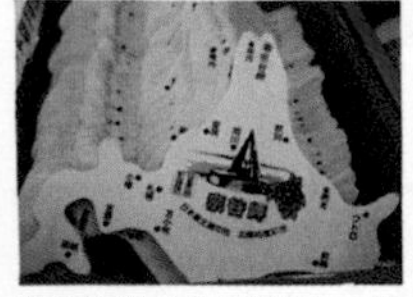

宗谷岬紀念木板明信片，店內有郵票賣。¥450

宗谷岬、日本最北主題貼紙選擇極多。¥350-850

Info

地址：北海道稚內市宗谷岬2-2-7
營業時間：0800-2000
前往方法：「日本最北端の地の碑」對[illegible]

日本最北端神社

MAP: P.344 D2

宗谷岬神社

號稱「日本最北端的神社」，座落「日本最北端の地の碑」停車場一角，明治22年（1889年）始建於稚內大岬地區，2001年才遷至宗谷岬。主祭市杵島姫命，祈求安産、商賣繁盛和旅行交通安全。

主殿面積不大但簇新華麗，主祭市杵島姫命。

社前鋪了精緻的碎石路，還有純白色的鳥居。

Info

地址：北海道稚內市宗谷岬1
MAPCODE：998 067 319*37
電話：0162-24-1216
前往方法：JR「稚內」駅前巴士總站，乘搭宗谷巴士的天北宗谷岬線，至「宗谷岬」站下車。

日本最北加油站

MAP: P.344 D2

安田石油

本是地方小油站，全因「日本最北端的加油站」而聞名，加油即會送你「日本最北端給油証明書」，還有免費的交通安全貝殼護身符。

日本最北端的加油站，成為北海道自駕遊的打卡勝地。

「日本最北端給油証明書」。

Info

地址：北海道稚內市宗谷岬3-7
電話：0162-76-2326
營業時間：0800-2000
網址：www.idss.co.jp/
前往方法：柏屋附近。

漫步大風車

MAP: P.344 D3

宗谷丘陵

平緩起伏的丘陵地帶，由於土中水份反覆結凍、融化而形成的「周冰河地形」。1,500公頃的大草原，設有3公里長、由貝殼鋪成的白色步道，還有57座風力發電機，配襯藍天白雲，構成如畫般美景。

宗谷岬附近的丘陵地帶，向以風景和牧牛而聞名。

風力發電機高68公尺，[illegible]徑長達61.4公尺，為[illegible]供7成的耗電量。

Info

地址：北海道稚內市大字宗谷村峰岡
前往方法：JR「稚內」駅乘車，車程約40分鐘。

俯瞰稚內港

MAP: P.344 A2

稚內公園

昭和29年（1954年）開園，佔地45.2公頃，位於高台位置，是俯瞰稚內港與市街美景的最佳位置。曾作為南極探險隊的樺太犬訓練所，園內四季花卉盛放，還有氷雪の門、南極観測樺太犬記念碑、樺太犬供養塔等紀念景點。

公園地標「氷雪の門」，石門高8米，以悼念二戰喪生的樺太居民。

置身公園，稚內港與市街美景盡收眼底。

Info

地址：北海道稚內市中央 1 丁目
MAPCODE：353 875 705*60
開放時間：24小時
休息：11月中旬～4月中旬休園
前往方法：JR「稚內」駅乘的士，車程約10分鐘。

一生總要去一次

利尻島 りしりとう/Rishiritō

位於稚內西南面的圓形小島嶼，周長63km，人口只有5,400，向以風景秀麗而聞名。家傳戶曉的「白い恋人」包裝上的雪山，正是別稱「利尻富士」的利尻山。天然零污染的水質，孕育聞名全國的優質海膽和昆布，成為饗客慕名而來的隱世秘境，被日本人譽為一生一定要去一次的夢幻小島。

利尻島観光案内：www.rishiri-plus.jp/

往香深港
往稚內港
往沓形港
鴛泊港碼頭
觀光案內所
定期観光巴士
利尻空港
Maruzen pension RERA MOSIR
姫沼口
ポン山
甘露泉水
姫沼
栄浜
ミルピス商店
觀音岩
鴛泊登山道
沓形港碼頭
大漁亭
沓形
味楽
沓形登山道
利尻山
神居海岸パーク
どんと美咲喜(北利ん道)
利尻島
利尻町立博物館
石崎灯台
寝熊の岩
人面岩
鬼脇
オタトマリ沼
北のいつくしま弁天宮
わかさんの店
利尻亀一
白い恋人の丘 (沼浦展望台)
仙法志
南浜
畑宮食品
仙法志御崎公園

不同等級客艙的座位不同，最便宜的2等客艙可躺在地板上。

乘坐的是巨型汽車渡輪，船內有小賣部，也有電視看。

前往利尻島交通：

內陸機

島上北部設有利尻空港，每逢夏季有從新千歲機場出發的內陸機，由全日空營運，航程只20至25分鐘，但航班常受天氣所限。

網址：www.ana.co.jp/ja/jp/

渡輪

旅客可從稚內港乘搭渡輪前往利尻島，島上有「鴛泊港」和「沓形港」兩個碼頭，航程分別是1小時40分及2小時，每日2至4班，但沓形港只在5月下旬～9月下旬旺季營運。利尻島也有渡輪前往礼文島的「香深港」，航程約48分鐘，旅客可在官網預訂船票（英語）。

旅客可從稚內港碼頭乘搭渡輪，前往利尻島。

11月到2月季候風強勁，渡輪有機會停航，出發前請留意官網公布。

Heart Land Ferry
船票：（稚內 — 鴛泊）2等客艙￥2,500、1等和室￥4,440、1等Lounge￥5,090
（鴛泊 — 香深）2等客艙￥910、1等和室￥1,620、1等Lounge￥1,920
網址：www.heartlandferry.jp/

Info

稚內港渡輪碼頭（稚内港フェリーターミナル）
地址：北海道稚內市開運2-7-1
前往方法：JR「稚內」駅，徒步約15分鐘。

鴛泊港渡輪碼頭（鴛泊港フェリーターミナル）
地址：北海道利尻郡利尻富士町鴛泊

沓形港渡輪碼頭（沓形港フェリーターミナル）
地址：利尻郡利尻町沓形

島上交通：

1. 宗谷巴士

利尻島上交通只能靠巴士，由宗谷巴士營運，分為A（經鴛泊）、B（經仙法志）兩條路線，環島一周，逆向開出，全程約1小時50分，旅客可購買一日券，只￥2,000。

車費：單程￥150-2,260、一日券￥2,000

網址：www.soyabus.co.jp/routebus/rishiri

2. 定期觀光巴士

宗谷巴士於利尻島、設有兩條定期觀光巴士路線，車程約3.5-4小時，途經姫沼、タトマリ沼等景點，途中設下車遊覽時間，車上還有導遊講解（日語）。

注意：需電話預約，可請酒店職員幫忙。乘車日再到鴛泊港碼頭的觀光巴士櫃台付款取車票。

乘車處：鴛泊港碼頭旁

網址：www.soyabus.co.jp/teikan/course

利尻A

需時：3小時35分

票價：成人￥3,300、小童￥1,900

行程：鴛泊港碼頭→姫沼→野塚展望台（車上）→利尻島郷土資料館→オタトマリ沼→仙法志御崎公園→利尻町立博物館（5～7月）→人面岩、寝熊の岩（車上）→利尻空港→鴛泊港碼頭

班次：5月1日～6日、5月20日～31日0925発、1300着；6月1日～9月30日0910発、1245着

利尻B

需時：3小時55分

票價：成人￥3,300、小童￥1,700

行程：鴛泊港碼頭→野塚展望台（車上）→オタトマリ沼→仙法志御崎公園→人面岩、熊の岩（車上）→沓形岬公園→鴛泊港碼頭

班次：1235着；6月1日～9月30日1425発、1705着

定期觀光巴士全程有導遊講解（日語）和帶領，旅程結束還有昆布贈送。

3. 的士

島上也有的士，普通車首1.4公里起錶￥620，其後每270米￥80，一般停泊在碼頭，旅客有需要請電召，不另收費。

網址：www.keihi.com/300178

富士ハイヤー株式会社：0163-82-1181

4. 單車

島內設有長達25公里的單車路線，連接鴛泊港和沓形港。

路線：www.town.rishirifuji.hokkaido.jp/rishirifuji/1404.htm

45° N Hopping Pass

專為稚內跳島遊而設的Pass。可在4天內不限次數搭乘稚內、利尻島、禮文島區間的渡輪；連同利尻島內、禮文島內的公車1日券（￥2,000×2張），兼附送Coupon Book。

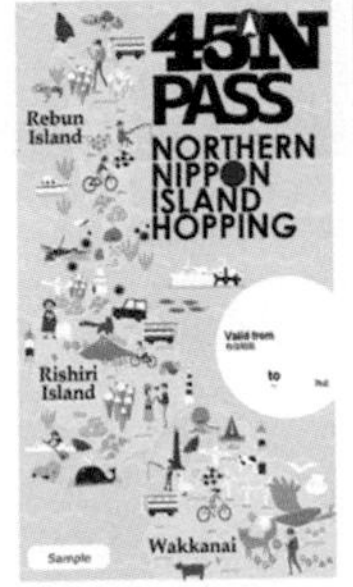

注意：必須網上預約，每年2月開始接受申請。

運用期間：5～10月

票價：￥10,000

售賣點：JR「稚內」駅1F（キタカラ/KITAColor内）稚內市観光案内所

網址：http://45npass.jp/

必買「來島証明書」

MAP: P.358 B1

鴛泊港

利尻島最主要的渡輪碼頭，全年開放，是利尻島真正的玄關。碼頭大樓內設有偌大的候船空間、食堂和紀念品店。重點是觀光中心，可購買定期觀光巴士券，以及利尻島「來島証明書」，還有限定紀念品。

利尻島「上陸証明書」，一共有3款，職員還會打上你的名、當天日期，以及觀光局印鑒。￥100

鴛泊港內設有觀光中心、商店和休息設施等。

觀光中心可索取免費地圖，兼售觀光巴士券，還有電動板車租賃。

觀光中心還有售限定紀念品，包括利尻島海膽殼做的紙鎮。￥400

Info

地址：鴛泊港フエリーターミナル

冬季的利尻山，白雪茫茫，正是「白い恋人」包裝盒上的雪山。

白之戀人山

MAP: P.358 B2

利尻山

利尻島上最高山峰，座落島的正中央，標高海拔1,721米，日本百名山之一。因山上常有殘雪，對稱的山形優美如富士山，故別稱「利尻富士」。北海道殿堂級手信「白い恋人」包裝盒上的雪山，正是利尻山。

利尻登山：

利尻山上遍布高山植物，一直是北海道的登山熱點，分別有鴛泊和沓形兩條登山路線，標高差分別1,490m和1,280，需時長達10-11小時（上山6小時；下山4小時），屬高難度路線，而且需在島上住宿2晚。

從稚內遠望，利尻山像浮在海上的富士山，故又名「海上富士」。

山麓的甘露泉水，終年水溫保持5.5℃，更選入日本名水百選。

Info

網址： www.rishiri-plus.jp/shima-no-susume/tozan/
www.town.rishirifuji.hokkaido.jp/rishirifuji/1397.htm
前往方法： 鴛泊路線路線港出發至登山口（利尻北麓野営場），車程約10分鐘。

親親斑海豹

仙法志御崎公園

沿岸布滿火山噴發時形成的奇岩怪石，還可眺望利尻山。

利尻島最南端的自然公園，沿岸布滿由利尻山火山噴發時形成的奇岩怪石。由於海水清澈，能見度極高，隨便一看已發展滿滿海膽和昆布。園內還有海豹池，飼有多隻從鄂霍次克海來的斑海豹，旅客可購買飼料餵飼。

MAP: P.358 B3

海豹池內，飼有多隻從鄂霍次克海來的斑海豹，可購買飼料餵飼。

斑海豹是道北常見物種，一般超活潑，間中會載浮載沉地曬日光浴。

由於海水清澈，隨便一看已發展滿滿海膽。

奇岩怪石上還滿布野鳥與海鷗。

Info

地址： 北海道利尻郡利尻町仙法志御崎
MAPCODE： 714 042 745*40
電話： 0163-84-2345（利尻町役場）
開放時間： 5月～10月
網址： www.rishiri-plus.jp/shima-place/279/
前往方法： 宗谷巴士「仙法志」駅下車，車程約40分鐘。

青翠欲滴的利尻山，倒映湖面形成獨一無異的「逆富士」絕景。

「逆富士」名景

MAP: P.358 B1

姫沼

座落利尻山麓標高130米的人工湖，乃觀賞利尻山的最佳位置。原為3個小沼澤，大正6年（1917年）興建堤壩，蓄水成湖，因湖中飼有姫鱒魚（紅鱒）而命名。水深2～4米，周長800米，湖畔築有精緻的環湖步道，走一圈需時只20分鐘，沿途草木欣榮、山清水秀。碧青的利尻山，倒映湖面更形成著名的「逆富士」絕景。

從停車場進入姫沼，會先穿過一道鐵吊橋。

沿途萬木崢嶸、鳥叫蟲鳴，放眼山清水秀，美得出塵。

展望台附近的「姫沼休憩舍」，有售冷飲和利尻島風景明信片。

周長800米的姫沼，築有精緻的環湖步道，走一圈約20分鐘。

Info

地址：北海道利尻郡利尻富士町鴛泊湾内
MAPCODE：714 494 866*77
開放時間：5月～10月
前往方法：宗谷巴士「姫沼口」駅下車，徒步約10分鐘

白之戀人展望台

MAP: P.358 C3

白い恋人の丘（沼浦展望台）

座落利尻島南部，標高約43米的展望台，正是眺望「白い恋人」包裝盒上雪山的位置，故又名「白之戀人之丘」。情侶若在這裏求婚並拍下照片，交到碼頭的觀光中心，就會獲得一張「石屋製果」頒發的「求婚証明書」。

沼浦展望台，眺望利尻山之餘，還有「オタトマリ沼」相伴。

「白い恋人」。

Info

地址：北海道利尻郡利尻富士町鬼脇沼浦
開放時間：5月～10月
前往方法：宗谷巴士「南浜」駅，徒步約30分鐘。

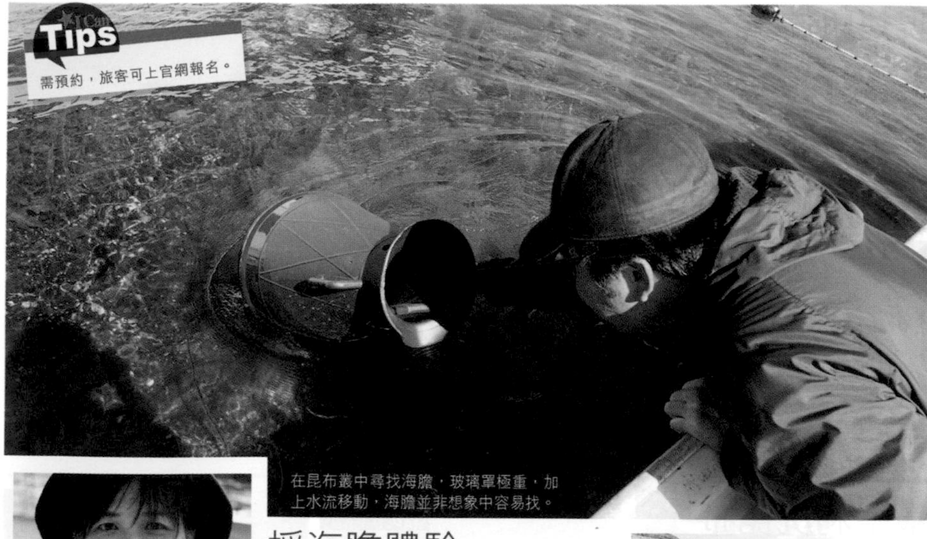

在昆布叢中尋找海膽，玻璃罩極重，加上水流移動，海膽並非想象中容易找。

剛剛撈捕的海膽，刺還不停郁動，自己親手開的海膽，亦自然更鮮美！收費：¥1,500

採海膽體驗

MAP: P.358 A2

神居海岸パーク（神居海岸公園）

實不相瞞，筆者在稚內天天都吃海膽丼，但自己採海膽還是第一次！海岸提供「うに採り体験」（採海膽體驗），學員先在岸邊昆布叢中尋找海膽，用網打撈起來，再親手打開海膽殼，挑出海膽肉，最後做成海膽壽司。即場品嚐，格外鮮甜味美。

神居海岸公園座落沓形港南部，沿岸海水清澈，滿布孕育海膽的利尻昆布。

Info

地址：北海道利尻郡利尻町沓形字神居149-2
MAPCODE：714 272 257*02
電話：090-6994-2255
體驗時間：6月～9月0900-1600（約30分鐘）
採海膽收費：¥1,500(1個海膽)
網址：http://kankou-k.wixsite.com/kamui-kaigan-park
前往方法：宗谷巴士「第一神居」駅，徒約5分鐘（沓形港徒步約45分）。

體驗過程：

1 學員先登上小船，用當地漁民專用的玻璃罩放大鏡，在水底尋找海膽。

2 千辛萬苦終於找到紫海膽，趕緊用網打撈起來，海膽刺還不停郁動。

3 把專用鉗置於海膽頂部，用力壓下，插開一點點便順勢分成兩邊。

4 接着拿去沖洗，把海膽的內藏和昆布殘渣清除乾淨，只留下黃色的肉。

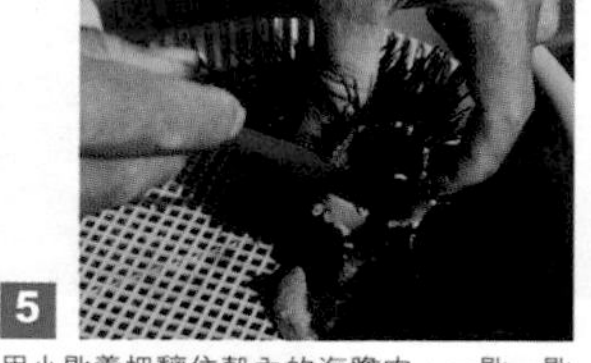

5 用小匙羹把黐住殼內的海膽肉，一匙一匙舀出來，清洗完便吃得。

6 最佳吃法，是加上醋飯和紫菜，做成海膽軍艦壽司，格外鮮甜味美。

島民聚居地

MAP: P.358 A2

沓形港

座落利尻島西海岸的地方碼頭，平日主要為遊輪碼頭，每年5月下旬～9月下旬的旅遊旺季，會有渡輪往返稚內港。沓形港附近的本町一帶，才是利尻島民的主要聚居地，道地食堂、商店集中，純樸而寧靜。

港口早在大正時代已形成，新的碼頭大樓2015年才落成。

沓形港附近的沓形岬公園，築有沓形岬灯台。

每年6月，本町都有大量祭典舉行，街上還有小吃攤。

街上仍保存大量昭和、大正年間的舊建築。

Info

地址：北海道利尻郡利尻町沓形字本町
MAPCODE：714 361 331*52（碼頭）
前往方法：乘宗谷巴士從鴛泊港前往，車程約25分鐘。

《米芝蓮》拉麵

MAP: P.358 A2

味楽

利尻島上的著名拉麵店，曾獲北海道《米芝蓮》的「Bib Gourmand」推介，營業時間只得2.5小時，加上座落利尻島，被譽為「最難去的拉麵名店」。招牌「焼き醤油ラーメン」（燒醬油拉麵），湯頭用高級利尻昆布熬煮，加上炒香的醬油，味道濃郁而帶焦香。

Info

地址：北海道利尻郡利尻町沓形字本町67
MAPCODE：714 331 777*41
電話：0163-84-3558
營業時間：1130-1400
休息：逢周四
消費：約¥800/位起
前往方法：沓形港徒步約12分鐘。

家庭式麵店，座落本町住宅區，營業時間只得2.5小時。

3色餃子，3色餃皮包括原味、熊笹茶和香辣，餃皮軟糯富麵粉香，肉餡鮮美多汁。¥400

招牌「焼き醤油ラーメン」（燒醬油拉麵），湯頭濃郁富焦香，中粗麵彈牙非常，跟爽脆的蔥絲是絕配。¥850

海膽昆布雪糕

MAP: P.358 A2

どんと美咲喜（北利ん道）

利尻島的海膽和昆布，聞名全日本，島上還有大量利尻限定的吃法。就在沓形港碼頭的土產店，便有全日本獨家的「昆布塩アイス」（海膽昆布塩雪糕），奶滑雪糕用道產牛乳製，灑上昆布鹽和煮至軟腍的利尻昆布，最後加上原粒乾燥海膽，還要用昆布芯做的專用「匙羹」舀來吃。

Info

地址：北海道利尻郡利尻町沓形富士見町136
電話：0163-84-3011
營業時間：6月～9月1000-1700
網址：www.shokokai.or.jp/01/0151810005/index.htm
前往方法：沓形港徒步約1分鐘。

店內有售自家製的昆布特產。

匙羹用昆布最硬的芯部製成，店主教含在嘴巴軟化慢慢嚼。

「昆布塩アイス」（海膽昆布雪糕），牛乳雪糕加上鹹香的昆布塩，更突顯甜美，昆布碎更添咬口，意外的好吃。¥500

天皇弟的蒸海膽

MAP: P.358 A3

大漁亭

沓形港著名的海膽料亭，明治41年（1908年）創業，女將店主柿元宏美已經是第三代傳人。招牌名物「うに土瓶蒸し」（土瓶蒸海膽），用利尻昆布高湯來蒸海膽，估不到熟海膽味道更濃郁，還可以加點白飯，做成海膽茶泡飯。初代老闆就用這道菜招待明仁天皇的弟弟，一吃難忘。另外還有多款海膽丼和海膽刺身。

海膽可以拌飯吃，還可以做成海膽茶泡飯，即變優雅清淡之味。

三代店主柿元宏美很健談親切，還向筆者多番問候香港。

名物「うに土瓶蒸し」(土瓶蒸海膽)，用雲丹土瓶蒸煮的海膽，口感比生海膽略結實，但味道更濃郁，一壺多達25片海膽肉。￥7,000

Info

地址：北海道利尻郡利尻町沓形本町42
電話：0163-84-2308
營業時間：1100-2000
消費：約￥4,000/位起
前往方法：沓形港徒步約10分鐘。

海中社殿

MAP: P.358 A3

北のいつくしま弁天宮

座落利尻島西海岸的海邊神社，株紅色的迷你社殿，築在海中的「龍神の岩」上，善信需走過一道任由海浪拍打的石橋，才能參拜。附近還有「寝熊の岩」、「人面岩」等著名奇岩怪石。

穿過紅色鳥居，再走過海浪拍打的石橋，才能參拜。

附近還有「寝熊の岩」、「人面岩」等著名奇岩怪石。

Info

地址：北海道利尻郡利尻町仙法志久連
前往方法：人面岩、寝熊の岩附近。

利尻島限定

手工乳酸「ミルピス」

「ミルピス」（Milpis），利尻島家傳戶曉的乳酸飲料，只限島上發售。製作的商店位於沓形港以北，昭和40年已開始，一直堅持手工製作，故產量有限，現在碼頭對面的紀念品也有少量發售。

手工乳酸「ミルピス」，味道天然清新，酸酸的不過甜。￥400（帶走瓶子加￥50）

碼頭對面的紀念品也有少量發售。

Info

地址：北海道利尻郡利尻町沓形字新湊150（道道105号線沿い）
營業時間：0700-2000
網址：https://pucchi.net/hokkaido/foods/milpis.php
前往方法：沓形港徒步約45分鐘，乘車車程約10分鐘。

利尻山下溫泉の宿

Maruzen pension RERA MOSIR

座落利尻山腳，距離鴛泊港約7分鐘車程，3層高歐洲莊園風建築，盡賞「利尻富士」美景。附設男女別露天溫泉風呂，還有天然檜木檜の湯，以及鐵卵石鉄平の湯兩款特色風呂，都可邊泡邊賞利尻山美景。只有10間客房，但舒適溫馨。最大賣點還是晚餐的海膽丼，多次奪得「全國當地名物錦標賽」大賞。 MAP: P.358 B1

3層高歐洲莊園風建築，就座落利尻山腳，盡賞「利尻富士」美景。

食堂樓底挑高兩層，裝潢溫馨如家，還有自助飲料和湯提供。

附設男女別露天溫泉風呂，屬塩化物、炭酸水素塩溫泉，還有利尻山美景相伴。

食堂外設有木板陽台「風の陽台」，白天眺望利尻山；晚上則有星空美景。

只有10間客房，和、洋式設計俱備，Wi-Fi、電視等也一應俱全。

晚餐的海膽丼，選用利尻新鮮海膽，加上道北剣淵町的有機米和魚子，鮮美到不得了。

Info

地址：北海道利尻郡利尻富士町鴛泊字栄町227-5
MAPCODE：714 551 792*40
電話：0163-82-2295
房價：一泊二食每位￥9,900/晚起
網址：www.maruzen.com/tic/oyado/
前往方法：鴛泊港乘的士，車程約7分鐘。
画像依頼：溫泉風呂、客室、外観、設備、風のテラス、食事

「海膽」小知識：

- 海膽日文漢字寫作「雲丹」，生長於近岸水深20米左右的礁岩，靠吃昆布長大。漁師只能開着小艇，用人手逐隻撈捕，而且必須長到5厘米以上，才可捕捉，因此特別矜貴。
- 利尻、禮文島一帶，盛產日本質素最高的蝦夷馬糞海膽，以及北紫海膽。體積比起一般的馬糞同紫海膽更大，味道更濃。
- 海膽有禁捕期，每年只在夏季解禁，也是海膽最肥美的時候。
- 利尻島6～8月；禮文島4～9月，便會開始捕捉北紫海膽。而蝦夷馬糞海膽則只限7～8月才有。
- 黃色的海膽肉，其實是海膽的生殖腺，每隻只有5瓣。雌海膽肉呈橙紅色，味道較濃；雄海膽則較為淺色，鮮味淡雅一點。

食用海膽分類：

「板海膽」，香港可買到的，製法是起肉後，浸泡在名為明礬的稀釋保鮮劑，以加長保存期至3、4天，缺點是有一點化學味，即是我們吃到的苦味。

「鹽水海膽」，較高級的製法：起肉後，直接以海水或鹽水浸泡，不含防腐劑，但保存期只得2天。

「原隻海膽」，由上水至食用，保鮮期只得1至2天，絕對最新鮮。

花の浮島

礼文島 れぶんとう/Rebuntō

距離利尻島約10公里，座落北緯45度30分14秒，乃日本最北端的離島。狹長形的小島，周長約72公里，人口只有3,000多。海蝕崖的海岸線，奇岩怪石盛產海膽。由於位處於高緯度，故擁有超過300種高山野生植物，到處百花爭妍，素有「花の浮島」別稱。

礼文島観光協会 ：www.rebun-island.jp

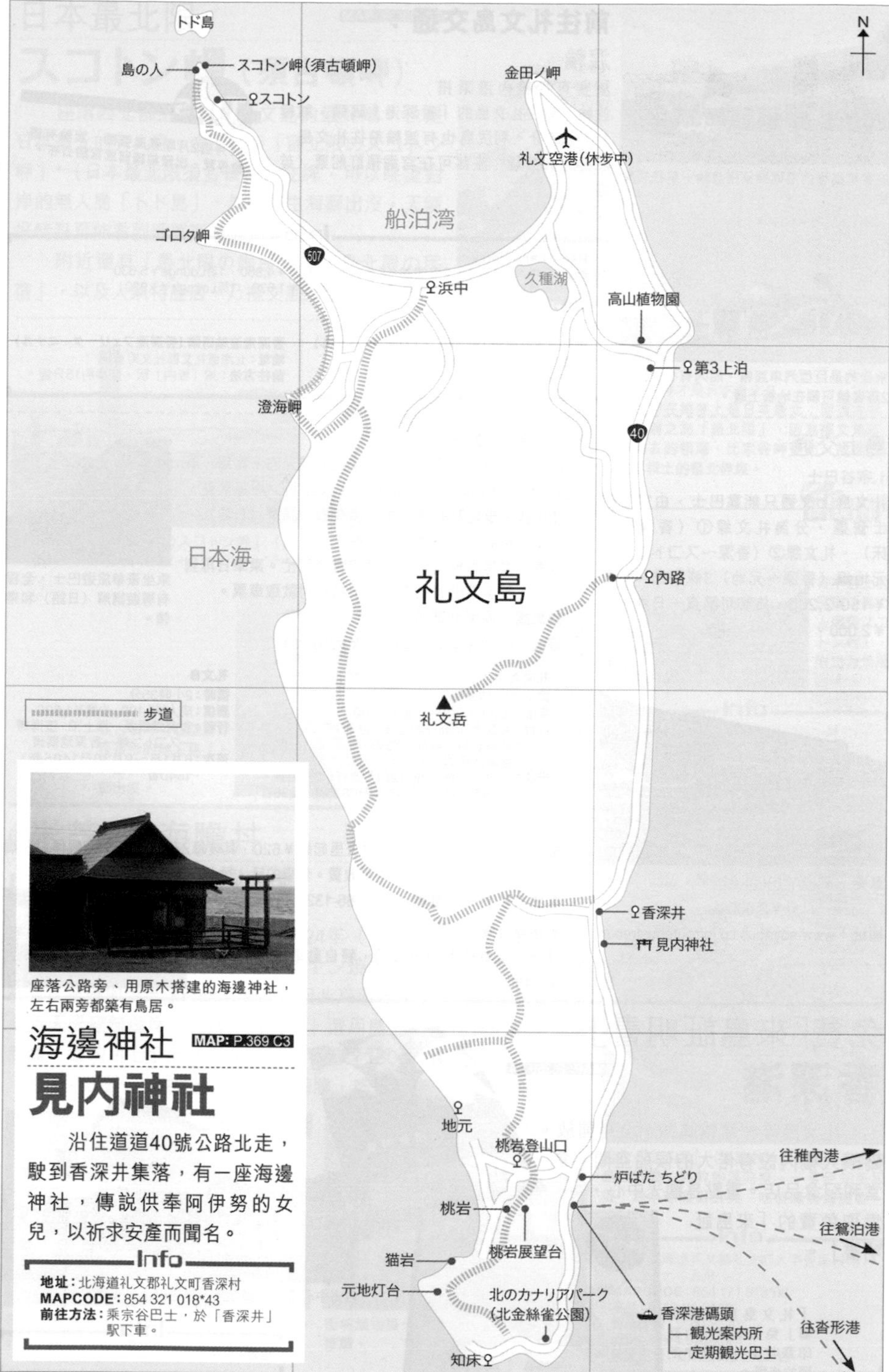

座落公路旁、用原木搭建的海邊神社，左右兩旁都築有鳥居。

海邊神社 MAP: P.369 C3

見內神社

沿住道道40號公路北走，駛到香深井集落，有一座海邊神社，傳説供奉阿伊努的女兒，以祈求安產而聞名。

Info

地址：北海道礼文郡礼文町香深村
MAPCODE：854 321 018*43
前往方法：乘宗谷巴士，於「香深井」駅下車。

橙紅色的單層建築，戶外還有木板陽台雅座，惟海風實在太猛。

「昆布ソフトクリーム」（昆布軟雪糕），甜美中帶淡淡的獨特「鮮味」，必試。¥400

必吃昆布雪糕

MAP: P.369 A1

島の人 礼文島本店

新千歲機場的人氣特產店，向以優質見稱，本店就位於礼文島，早在昭和年代已在須古頓岬擺攤。橙紅色的建築，專售礼文島盛產的海膽、昆布，以及魷魚等海產。還附設食堂，必吃礼文島限定的昆布軟雪糕，還有自家精釀的「礼文啤酒」和海獅肉包。

除了加工海產食品，還有售冰鮮的長腳蟹、魷魚、三文魚、蝦等。

利尻昆布乾，價格便宜高質。¥2,000-3,000

島の人自家精釀的「礼文啤酒」，特別加入利尻昆布的提取物。¥550

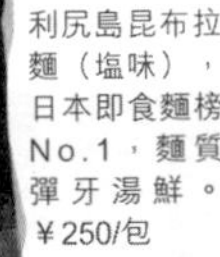

利尻島昆布拉麵（塩味），日本即食麵榜No.1，麵質彈牙湯鮮。¥250/包

礼文島產鹽水海膽，不含防腐劑，兩盒只售¥9,999。

礼文島限定「海獅肉罐頭」，海獅是島民的傳統肉食，殘忍與否就仁見智了。¥1,200

Info

地址：北海道礼文郡礼文町船泊字須古頓
MAPCODE：854 761 496*71
電話：0163-87-2198
營業時間：4月～10月0700-1800
休息：11月～3月
網址：http://shop.rebun.jp/
前往方法：乘宗谷巴士，於終站「スコトン」下車，再徒步5分鐘。

沖繩般的「礼文藍」

澄海岬

MAP: P.369 A2

座落礼文島西部，奇岩絕壁包圍的岬角猶如海灣般，崖上滿布繽紛的高山植物。由於海水透明度極高，形成如藍寶石般的湛藍色，讓人一秒錯覺置身沖繩，更被尊稱為「礼文藍」。

彎月形的岬角，湛藍色的海水，加上崖上的高山植物，像置身沖繩。

澄海岬面朝日本海，傍晚還有醉人的夕陽和晚霞。

海岬一帶驚濤駭浪，造就奇岩怪壁，常見野鳥、海鷗，甚至野生斑海豹。

另一名物，其實是海獅肉串燒（¥300），還有海獅肉罐頭（¥540）。

停車場旁的「澄海岬 光売店」，有售各式現烤海鮮，必吃礼文產海螺。¥300

Info

地址：北海道礼文郡礼文町船泊村

前往方法：建議自駕或觀光巴士，若乘宗谷巴士，於「浜中」駅下車，沿登山步道走45分鐘。

花海登山道

桃岩展望台

MAP: P.369 B4

位於礼文島南部的「桃岩」，是島上最熱門的登山勝地，登山道從桃岩登山口延伸至知床，約5.5公里長，走畢需時約3小時。沿途盡賞各式高山植物花卉，終點還有展望台和燈塔，可眺望利尻富士和夕陽美景。

桃岩被譽為高山植物的寶庫，放眼繽紛花海，不愧為「花の浮島」。

終點設有展望台和燈塔，面朝日本海，傍晚還有夕陽可賞。

「桃岩登山道」約5.5公里長，走畢需時約3小時。

登上展望台，可眺望利尻富士和夕陽美景。

Info

地址：北海道礼文郡礼文町香深村字元地

MAPCODE：854 169 217*85

前往方法：建議自駕或登山，若乘宗谷巴士，於「桃岩登山口」駅下車，沿登山步道走約3小時。

簽證

香港旅客

凡持有香港特區護照（SAR）、英國（海外）公民護照（BNO），有效期最少有6個月，均可享有90天免簽證入境待遇。

Info

日本駐港總領事館（簽證部）
地址：香港中環康樂廣場8號交易廣場第1座46樓
電話：（852）2522－1184
辦公時間：平日0930－1200、1400－1600
網址：www.hk.emb-japan.go.jp

台灣旅客

凡持有有效的中華民國護照，並上載有身份證字號，均可享有90天免簽證入境待遇。

www.koryu.or.jp/taipei-tw

遺失證件怎麼辦？
如遺失證件，香港入境事務處建議先到當地警局報案，並索取遺失證明，然後往中國駐當地的辦事處，補領臨時證件。港人亦可致電入境處求助。
熱線：（852）1868

入境須知

1. 外國人入出國記錄表

所有海外旅客進入日本、均須填寫「外国人入国記録表」，2016年已換上新版，填寫更簡單。機艙服務員會於航班上派發，或於邊檢櫃台索取，現場還會有中文提示教導旅客填寫。

填寫時，請使用正楷日語漢字或英文。除了姓名等個人資料，還須填寫在日本期間的聯絡，旅客可寫上下榻的酒店或民宿名字和地址，最後於邊檢時連同護照一併交給關員即可。

外国人入国記録 DISEMBARKATION CARD FOR FOREIGNER 外國人入境記錄 【ARRIVAL】
英語又は日本語で記載して下さい。Enter information in either English or Japanese. 請用英文或日文填寫。

氏名 Name 姓名	Family Name 姓(英文) 01	Given Names 名(英文) 02
生年月日 Date of Birth 出生日期	Day 日 日期 Month 月 月份 Year 年 年度	現住所 Home Address 現住址：国名 Country name 國家名　都市名 City name 城市名
渡航目的 Purpose of visit 入境目的	□ 観光 Tourism 旅遊　□ 商用 Business 商務　□ 親族訪問 Visiting relatives 探親　□ その他 Others 其他目的 (　　)	航空機便名・船名 Last flight No./Vessel 抵達航班號 03；日本滞在予定期間 Intended length of stay in Japan 預定停留期間
日本の連絡先 Intended address in Japan 在日本的聯絡處	04	TEL 電話號碼

裏面の質問事項について、該当するものに☑を記入して下さい。Check the boxes for the applicable answers to the questions on the back side.
對反面的提問事項，若有符合的請打勾。

1. 日本での退去強制歴・上陸拒否歴の有無 Any history of receiving a deportation order or refusal of entry into Japan 在日本有無被強制遣返和拒絕入境的經歷　□ はい Yes 有　□ いいえ No 無
2. 有罪判決の有無（日本での判決に限らない） Any history of being convicted of a crime (not only in Japan) 有無被判決有罪的記錄（不僅限於在日本的判決）　□ はい Yes 有　□ いいえ No 無
3. 規制薬物・銃砲・刀剣類・火薬類の所持 Possession of controlled substances, guns, bladed weapons, or gunpowder 持有違禁藥物、槍炮、刀劍類、火藥類　□ はい Yes 有　□ いいえ No 無

以上の記載内容は事実と相違ありません。I hereby declare that the statement given above is true and accurate. 以上填寫內容屬實、絕無虛假。
署名 Signature 簽名 05

NEW

01 姓氏　03 前往日本所乘的航班編號　05 簽名
02 名字　04 旅日期間入住的酒店名字及地址

2. 指模採集及拍照

為加強反恐，自2007年起向入境旅客實施「個人識別」系統，所有旅客邊檢時均須按指紋和拍攝面部，方可入境。特別永住者、未滿16歲兒童及應日本政府邀請的外交人員除外。

步驟：提交護照和入／出國記録後，在關員指導下進行，先將兩手食指按上指紋採集機，再等候電腦讀取資料。接着，將臉對正指紋機上方的鏡頭拍照，即完成入境手續，過程不過1分鐘。

未來，更會陸續增設「電子申報閘口」，預先下載了App兼登記，過關時再素描手機QR code即可。

查詢網址：
www.moj.go.jp/nyuukokukanri/kouhou/nyukan_nyukan65.html

I Can Tips

全身X光安檢
為加強反恐，日本國土交通省已於關西空港、羽田空港等機場，加設全身X光安檢，並隨機抽選國際航線的旅客進行。

3. 攜帶行李申報表

除了入国記録表，旅客還須填寫「攜帶品．別送品．申告書」，於領取行李後的海關檢查櫃位便有得索取，備有中、英文等語文選擇。填妥後，交給行李檢查的關員即可。

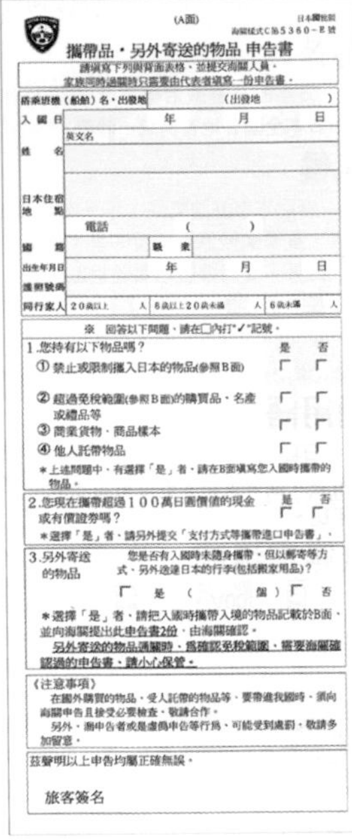

(A面)　日本關稅局 海關樣式C第5360-E號

攜帶品・另外寄送的物品 申告書

請填寫下列與背面表格，並提交海關人員。
家族同時過關時只需要由代表者填寫一份申告書。

搭乘班機（船舶）名・出發地	（出發地　）		
入國日	年	月	日
姓名	英文名		
日本住宿地點			
	電話（　）		
國籍		職業	
出生年月日	年	月	日
護照號碼			
同行家人	20歲以上　人	6歲以上20歲未滿　人	6歲未滿　人

※ 回答以下問題，請在□內打"✓"記號。

1.您持有以下物品嗎？　是　否
① 禁止或限制攜入日本的物品(參照B面)
② 超過免稅範圍(參照B面)的購買品、名產或禮品等
③ 商業貨物、商品樣本
④ 他人託帶物品
＊上述問題中，有選擇「是」者，請在B面填寫您入國時攜帶的物品。

2.您現在攜帶超過100萬日圓價值的現金或有價證券嗎？　是　否
＊選擇「是」者，請另外提交「支付方式等攜帶進口申告書」。

3.另外寄送的物品　您是否有入國時未隨身攜帶，但以郵寄等方式，另外送達日本的行李(包括搬家用品)？
□ 是（　　個）□ 否
＊選擇「是」者，請把入國時攜帶入境的物品記載於B面，並向海關提出此申告書2份，由海關確認。
另外寄送的物品通關時，爲確認免稅範圍，需要海關確認過的申告書，請小心保管。

《注意事項》
在國外購買的物品、受人託帶的物品等，要帶進我國時，須向海關申告且接受必要檢查，敬請合作。
另外，漏申告者或是虛僞申告等行爲，可能受到處罰，敬請多加留意。

茲聲明以上申告均屬正確無誤。

旅客簽名

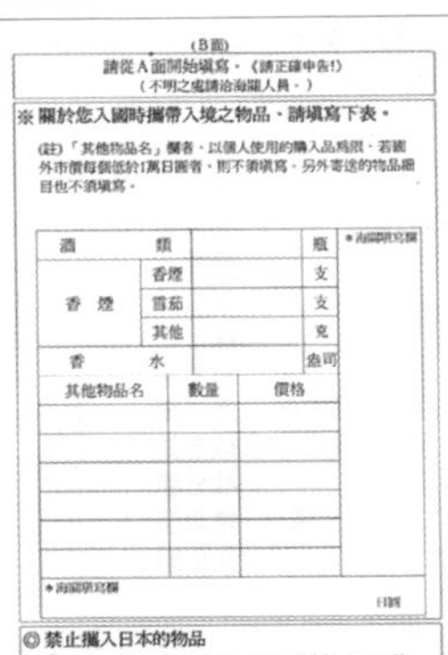

(B面)
請從A面開始填寫。（請正確申告!）
（不明之處請洽海關人員。）

※ 關於您入國時攜帶入境之物品，請填寫下表。

(註)「其他物品名」欄者，以個人使用的購入品爲限，若國外市價每個低於1萬日圓者，則不須填寫。另外寄送的物品細目也不須填寫。

酒類			瓶	＊海關填寫欄
香煙	香煙		支	
	雪茄		支	
	其他		克	
香水			盎司	

其他物品名	數量	價格

＊海關填寫欄　日圓

◎ 禁止攜入日本的物品
① 毒品、影響精神藥物、大麻、鴉片、興奮劑、MDMA等
② 手槍等槍砲、其子彈或手槍零件
③ 炸藥等爆裂物或火藥、化學武器原料
④ 紙幣、貨幣、有價證券、信用卡等物品的僞造品
⑤ 猥褻雜誌、猥褻DVD、兒童色情刊物等
⑥ 仿冒品、盜版等侵害智慧財產的物品

◎ 限制攜入日本的物品
① 獵槍、空氣槍及日本刀等刀劍類
② 華盛頓條約中限制進口的動植物及其產品(鱷魚、蛇、陸龜、象牙、麝香、仙人掌等)
③ 事先須檢疫確認的動植物、肉類製品(包含香腸、肉乾類。)、蔬菜、水果、米等
＊須事先在動、植物檢疫櫃檯確認。

◎ 免稅範圍（組員除外）
・酒類3瓶(760ml／瓶)
・外國製香煙400支
＊未滿20歲者，酒類和香煙不在其免稅範圍。
・香水2盎司（1盎司約28ml）
・國外市價合計金額在20万日圓以內的物品
(以入國者的個人使用物品爲限。)
＊未滿6歲的孩童，本人使用的玩具等物品以外不可免稅。
＊國外市價指的是外國通常零售價（購買價格）。

新千歲機場

新千歲空港（CTS），1988年啟用，北海道規模最大的機場，座落千歲市與苫小牧市交界，距離札幌駅約35分鐘車程。分為半圓形的國內線航廈，以及金字塔形的國際線航廈，一直是日本公認好逛的機場，購物玩樂餐飲應有盡有，集齊全道特產手信，尤以國內線最好買，離境前請提早到場作最後衝次。

Info

地址：北海道千歳市美々
MAPCODE：113 742 183*66（国内線発着口）
電話：0123-23-0111
開館時間：國際線0500-2230；國內線0500-2300
網址：www.new-chitose-airport.jp/ja/
前往方法：JR「新千歳空港」駅即達。

分為國內及國際線航廈，尤以半圓形的國內線航廈最好買。

1988年啟用的新千歲空港，乃北海道最重要的航空樞紐。

國際線航廈2樓有「外国人観光案内所」，有中英語職員駐守。

國內線航廈2樓集合近70家特產手信店，由菓子到海鮮農產俱備。

連絡設施3樓集合Doraemon、Kitty等多個主題館，乃親子遊必玩。

機場往返市中心交通

1.JR 機場特快車

國內線航廈B1/F連接JR的「新千歲空港」駅，旅客可乘搭「JR快速エアポート」（JR Rapid Airport）前往札幌，車程只37分鐘，往小樽則72分鐘（停經札幌）。持任何JR Japan Rail Pass及Hokkaido Rail Pass，均可免費乘坐指定席U Seat，但需先劃位。

地庫一出便是JR「新千歲空港」駅，可使用西瓜卡等全日本IC卡。

Tips

注意：Rapid Airport途中會停經「新札幌」駅，距離札幌駅很遠，切勿下錯車。

閘口旁邊有「綠色窗口」JR Ticket Counter，可換領JR Pass和劃位。

Info

營運時間：首班車0656、尾班車2253（札幌每小時4班）
車程：往札幌37分鐘、往小樽72分鐘
票價：自由席￥1070、指定席U Seat￥1590

2. 巴士

若前往千歲市內、支笏湖、新雪谷（滑雪巴士冬季限定）、登別溫泉等地，或住在薄野一帶，又不趕時間，可乘搭巴士，往薄野車程約1小時，部分酒店可直達門口。國內和國際線航廈的乘車處，皆位於1樓。

Tips

大風雪時或會遇上塞車，請預留時間。

Info

車費：札幌市中心、薄野￥1,100；札幌市外￥1,570-2,620
網址：中央巴士www.chuo-bus.co.jp/highway/airport/
北都交通www.hokto.co.jp/a_airport_index.htm

國內線航班乘搭方法：

乘搭國內線的航機，登機手續和安檢，都比國際線更簡單更寬鬆。

Step 1 Check in

一般起飛前45-60分鐘到櫃台Check in即可，但旅遊旺季航班繁忙，經常大排長龍，請提早到機場辦理。

Step 2 行李寄艙

最遲於起飛前30分鐘，辦理行李寄艙。採自助式服務，旅客需自攜行李進行X光檢查。

Step 3 保安檢查

最遲於起飛前15分鐘，通過保安檢查。

注意：國內線乘客可攜帶飲料或液體上機，容量不限，但需與其他行李分開通過X光檢查，關員或會要求打開包裝檢查。

Step 4 登機

最遲於起飛前10分鐘抵達「搭口」（閘口）。

北海道必買交通 Pass

北海道幅員廣大，交通費不菲。除非自駕，否則強烈建議購買Railway Pass，一共有4種JR Pass適合北海道地區，旅客可按行程需要選購。

購買地點：國外指定旅行社社或旅遊網站購買，若在日本國內（新千歲機場、札幌等駅）購買，售價會較貴。
網址：www2.jrhokkaido.co.jp/global/chinese/ticket/

1 北海道鐵路周遊券（Hokkaido Rail Pass）

最多旅客選擇，分為連續3/5/7日或任選4日，可不限次乘搭JR北海道線（不包含新幹線）所有列車的指定席與自由席，以及部分JR營運的巴士線（如札幌市內行駛的JR北海道巴士）。

適用範圍：北海道全區

sample（2018年10月現在）

票價：連續3日￥16,500、連續5日￥22,000、連續7日￥24,000；任選4日￥22,000

2 JR 日本鐵路通票（Japan Rail Pass）

票價雖貴，但一券在手，幾乎通行全日本JR。不僅可以無限次數乘搭特急、急行、快速及普通列車，就連新幹線都可以無限次搭乘，適合長時間旅行。但要注意，不包括東海道、山陽、九州新幹線的Nozomi、Mizuho號，需改搭Hikari等其他型號的新幹線。

適用範圍：全日本

票價：連續7日￥39,600、連續14日￥64,120、連續21日￥83,390

3 東北 • 南北海道鐵路周遊券

2018年新發行的5日交通Pass，14天內任挑5天使用，可不限次數乘搭JR東日本（東北地區）和JR北海道（道南地區）列車的自由席，包括東北及札幌～函館間的新幹線，但不包括富良野、美瑛等地。

適用範圍：東北地區（仙台、秋田、青森等）、北海道道南地區（函館、小樽、札幌）

票價：任選5日￥19,000

4 東日本 • 南北海道鐵路周遊券

2016年開始發行的6日交通Pass，14天內任挑6天使用，可從東京近郊、東北、一直玩到北海道南部，包括東京～新函館北斗間的新幹線，但不包括富良野、美瑛等地，而且只能乘坐普通席，Green car需補錢。

適用範圍：東京近郊（輕井澤、越後等）、東北地區（仙台、秋田、青森等）、北海道道南地區（函館、小樽、札幌等）

票價：任選6日￥26,000

使用方法：

換證：

在日本以外的指定旅行社或網站購買完，會獲發「兌換證」。抵達日本後，再憑證到指定地點，領取真正的Pass。

部分換領地點：

札幌駅JR外籍旅客服務處及JR旅行中心、新千歲機場JR外籍旅客服務處、函館駅JR旅行中心、旭川駅JR旅行中心等等，道外無法領取。

劃位（指定席）：

持Pass即可乘搭列車的自由席，若要乘坐指定席，需到各JR駅的「綠色窗口」（Ticket Counter），進行劃位並領取指定席車票，記得預先查好列車的班次。

上網預約指定席：

可登入「JR東日本網路訂票系統」事先預約指定席，但需於乘車前一日2100前，到指定車站領取指定席車票。

網址：www.eki-net.com/pc/jreast-shinkansen-reservation/Tc/wb/common/Menu/Menu.aspx

乘搭時：

出閘時要走「有人通道」（人手剪票口），並向職員出示JR Pass和護照核實，請妥善保管Pass。

最新！日本退稅攻略

2019年10月1日起，日本消費稅已由8%提高至10%，但食品及非酒精飲品；外賣（外帶）、宅配等則維持8%。計法複雜，一切依商家決定。現時日本的退稅制度，將商品分為「消耗品」和「一般商品」兩類，2018年起簡化退稅手續後，旅客只要在同一天於同一商店內，購物金額達￥5,000以上，即能享用免稅收費或退稅。

	一般商品	消耗品
商品類型	電器、服飾、首飾、包包、工藝品等，消耗品以外的商品	藥品、化妝品、食品、飲料、香煙等
適用金額	同一天於同一商店內，購物金額達￥5,000以上（未連稅）	同一天於同一商店內，購物金額達￥5,000以上（未連稅）*
特別包裝	無	有（專用膠袋密封）
注意事項	入境日起6個月內攜帶出境	購買後30日內攜帶出境
	*退稅上限為每人每日每店￥50萬。	

退稅流程

日本有兩種退稅方式：一種是在結算時出示護照，直接享用免稅收費。另一種是在支付完含稅的金額後，當日在店內免稅櫃台出示購買商品的發票和護照，辦理退稅手續，即時退回消費稅金額。

1. 凡貼有「Japan. Tax-free Shop」標誌的商戶，即代表提供免稅/退稅服務。

2. 付款時出示護照，即可辦理免稅/退稅服務，店員會代為填寫「免稅品購入記錄票」。

3. 若屬消耗品的免稅商品，會以密封膠袋包裹，理論上在日本境內都不能打開密封袋。

4. 最後在「購買者誓約書」上簽名即可，店員會將記錄票釘在護照內，記得不可揭掉，出境時海關或會收回此票。

退稅注意

- 退稅日語是：「税金還付」（ぜいきんかんぷ），不過你說英文：「Tax Free」或亮出護照，店員已能明白。
- 密封膠袋包裹的免稅商品，在日本境內不能打開密封袋，否則免稅無效。至於出境時海關會否逐一檢查退稅品？筆者只可答你，規定是這樣寫，但我從未見過。
- 在百貨店辦理退稅時，除了護照，還需出示購物收據，如以信用卡支付，也要出示信用卡收據。
- 若然免稅品需要郵寄回家，只要保留郵寄單據作證明即可。
- 若然免稅品為液體，需放入行李箱托運，只要保留「購物記錄單」申報為已托運即可。
- 部分大型百貨店退稅時需收取手續費，如伊勢丹、0101等需收取1.1%服務費，只能退到6.9%稅。

常見退稅商戶

目前，提供免稅服務的日本商戶已超過5,800間，數目還在不斷增加中。

百貨公司： 大丸、阪急、阪神、近鉄、高島屋、0101、SOGO、三越、Lumine、京王、松屋

AV電器： Bic Camera、Yodabashi、ITO YOKADO、Sofmap

人氣品牌： HUMOR、FRAPBOIS、HARE、HYSTERIC GLAMOUR、TSUMORI CHISATO、ANNA SUI

生活雜貨： ドン・キホーテ（驚安之殿堂）、Tokyu Hands、LoFt

藥妝店： 松本清（Matsumoto Kiyoshi）、ダイコク ドラッグ（Daikoku Drug）、コクミン（KOKUMIN）、SUNDRUG

行程建議

12日11夜

北海道環島遊

Day 1： 香港→新千歳空港
新千歳→登別温泉

Day 2： 地獄谷→溫泉街→登別熊牧場→登別伊達時代村→登別Marine NIXE
登別→札幌

Day 3： 小樽運河→三角市場→玻璃體驗→堺町通閒逛→札幌啤酒博物館

Day 4： 札幌→旭川
旭川市旭山動物園→男山釀酒資料館→雪の美術館→壺屋 き花の杜→平和通購物公園

Day 5： 旭川→美瑛
拼布之路（KEN & MARYの木、親子の木、Mild Sevenの丘）→美瑛選果→白金 青い池→超廣角之路（四季彩の丘→新栄の丘展望公園）

Day 6： 美瑛→富良野
富田農場→彩香の里→滑翔傘體驗→富良野葡萄酒工場→カンパーナ六花亭→麓郷展望台→Ningle Terrace

Day 7： 富良野→帯広
帯広競馬場→元祖豚丼→旧幸福駅→旧愛国駅→馬車BAR

Day 8： 帯広→釧路
釧路濕原慢車號→釧路和商市場→米町公園→釧路漁人碼頭moo

Day 9： 釧路→網走
網走流氷観光砕氷船→網走監獄→流氷館→能取湖

Day 10：網走→稚內（車程約6小時）
宗谷岬→稚內副港市場→港北防波堤

Day 11：利尻島一日遊
姫沼→オタトマリ沼→仙法志御崎公園→神居海岸パーク採海膽體驗
稚內→札幌（夜間高速巴士）

Day 12：大通公園→電視塔→時計台→二条市場
新千歳空港→香港

5日4夜

北海道花季快閃行

Day 1： 香港→新千歳空港
新千歳空港→富良野

Day 2： 富田農場→彩香の里→カンパーナ六花亭→麓郷展望台→富良野芝士工房→Ningle Terrace

Day 3： 富良野→美瑛
拼布之路（KEN & MARYの木、親子の木、Mild Sevenの丘）→白金 青い池→超廣角之路（四季彩の丘→新栄の丘展望公園）

Day 4： 美瑛→旭川
旭川市旭山動物園→上野農場→拉麵村→AEON MALL
旭川→札幌

Day 5： 札幌駅閒逛、掃手信
新千歳空港→香港

6日5夜

小樽、函館浪漫之旅

Day 1： 香港→新千歳空港
入住札幌酒店

Day 2： 札幌→白之戀人公園→小樽
小樽漫遊（小樽三角市場→小樽運河→遊覽船）
入住小樽酒店

Day 3： 小樽
鱗友朝市→天狗山→玻璃體驗→小樽倉庫No.1→堺町通逛小店

Day 4： 小樽→函館
函館漫遊（元町異國建築打卡→函館山賞夜景）
入住湯の川溫泉旅館

Day 5： 函館
函館朝市→五稜郭→金森紅磚倉庫→大門横丁晚餐

Day 6： 函館→札幌
大通公園→電視塔→時計台→藻岩山賞夜景

Day 7： 札幌駅閒逛、掃手信
新千歳空港→香港

7日6夜

北海道親子之旅

Day 1： 香港→新千歳空港

Day 2： 札幌漫遊
羊ケ丘展望台→円山動物園→札幌市青少年科学館→大通公園→狸小路

Day 3： 札幌→旭川
旭山動物園→拉麵村→雪の美術館→平和通購物公園

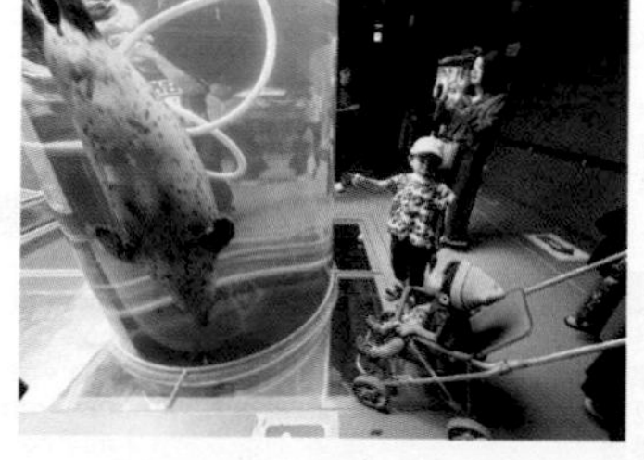

Day 4： 旭川→美瑛、富良野
北西の丘展望公園→四季彩の丘→ふれあい牧場（搾牛奶、做牛油體驗）

Day 5： 富良野
熱氣球體驗→富田農場→富田Melon House→果醬園

Day 6： 富良野→TOMAMU
星野度假村一天遊（星野農場、Mina-Mina Beach、hotalu Street）

Day 7： 雲海平台（TOMAMU）→新千歳空港→香港

常用日語

購物

日文	讀音	中文解釋
試着（しちゃく）	si - cha - ku	試穿
割引	wa - ri - bi - ki	折扣
他の色	ho - ka - no - i - ro	別的顏色
中古	chuu - ko	二手
いくら	i - ku - ra	多少錢？
領收書	ryo - syu - sho	收據
高い	ta - ka - I	貴
安い	ya - su - i	便宜
小さい	chii - sa - i	細
大きい	oo - ki - i	大

常用短句

日文	讀音	中文解釋
よろしく	yo - ro - shi - ku	多多指教
おねがい	o - ne - ga - I	麻煩你了
すみません	su - mi - ma - sen	不好意思
ありがとう	a - ri - ga - to - u	多謝
大丈夫	da - i - joo - bu	無問題
あります	a - ri - ma - su	有
ありません	a - ri - ma - sen	沒有
はい	ha - i	是
いいえ	i - i - e	不是
だめ	da-me	不可以

交通

日文	讀音	中文解釋
片道	ka - ta - mi - chi	單程
往復	oo - fu - ku	來回
切符（きっぷ）	ki - ppu	車票
指定席	shi - te - i - se - ki	指定座位
自由席	ji - yuu - se - ki	Free seat
子供（こども）	ko - to - mo	小童
大人（おとな）	o - to - na	成人
両替	ryou - ga - e	零錢找換
お釣り	o - tsu - ri	找錢
精算機	se - i - san - ki	補票機
次の駅	tsu - gi - no - e - ki	下一站
特急	to-kkyuu	特快
各停	ka-ku-te-I	站站停
駅	e-ki	車站

海產

日文	讀音	中文解釋
鮪（まくろ）	ma - gu - ro	吞拿魚
鰹（かつお）	ka - tsu - o	鰹魚
うなぎ	u - na - gi	鰻魚
鯛（たい）	ta - i	鯛魚
鰣（はまち）	ha - ma - chi	油甘魚
サーモン	saa - mon	三文魚
ふぐ	fu - gu	河豚
うに	u - ni	海膽
鰒（あわび）	a - wa - bi	鮑魚
えび（海老）	e - bi	蝦
いか	i - ka	魷魚
かき	ka - ki	蠔
たこ（タコ）	ta - ko	章魚
とろ	to - ro	魚腩
赤身	a - ma - ki	魚背肉

蔬菜

日文	讀音	中文解釋
枝豆（えだまめ）	e - da - ma - me	毛豆
サラダ	sa - ra - da	沙律 / 沙拉
納豆	na - ttoo	納豆
人参	nin - jin	紅蘿蔔
大根	da - i - konn	白蘿蔔
葱	ne - gi	蔥

進膳

日文	讀音	中文解釋
予約	yo - ya - ku	預約
何人様？	nan - nin - sa - ma	幾多位？
英語のメニュー	e - i - go - no - me - nyu	英文餐牌
お薦め	o - su - su - me	推薦
楊枝	yoo - ji	牙籤
別々	be - tsu - be - tsu	分開
同じ物	o - na - ji - mo - no	同一樣的東西
茶碗	cha-wan	碗
箸	ha - shi	筷子
スプーン	su - puun	湯匙
替玉	ga - e - da - ma	加麵底
セット	se - tto	套餐
お勘定	o - kan - joo	結賬

問路

日文	讀音	中文解釋
左	hi - da - ri	左
右	mi - gi	右
前	ma - e	前面
後	u - shi - ro	後面
曲がる	ma - ga - ru	轉彎 / 拐彎
向かい側	mu - ka - i - ga - wa	對面
トイレ	to - i - re	洗手間
地図	chi - zu	地圖
信号	shin - goo	交通燈
ビル	bi - ru	大廈
どこ	do - ko	哪裏？
歩道橋	ho - doo - kyoo	天橋

日期

日文	讀音	中 / 英文解釋
日曜日	ni - chi - yoo - bi	周日（SUN）
月曜日	ge - tsu - yoo - bi	周一（MON）
火曜日	ka - yoo - bi	周二（TUE）
水曜日	su - i - yoo - bi	周三（WED）
木曜日	mo - ku - yoo - bi	周四（THUR）
金曜日	kin - yoo - bi	周五（FRI）
土曜日	do - yoo - bi	周六（SAT）
祝日	shu - ku - ji - tsu	假期
今日	kyo - o	今天
昨日	a - sa -tte	昨天
明日	a - shi - ta	明天
昼	hi - ru	白天
午後	go - go	下午

日本料理

日文	讀音	中文解釋
ラーメン	ra - men	拉麵
とんかつ	ton - ka - tsu	炸豬扒
牛すじ	gyu - su - ji	牛筋煮
おでん	o - den	關東煮
うどん	u - don	烏冬
蕎麦（そば）	so - ba	蕎麥麵
天丼	ten - don	天婦羅飯
出し巻たまご	da - shi - ma - ki - ta - ma - go	煎蛋卷
カレー	ka - ree	咖喱
ホルモン	ho - ru - mon	內臟
餃子（ぎょうざ）	gyoo - za	餃子
もち	mo - chi	糯米糰 / 日式糕點
オムライス	o - mu - rai - su	蛋包飯
コロッケ	ko - rro - ke	可樂餅（炸薯餅）

烤肉

日文	讀音	中文解釋
カルビ	ka - ru - bi	五花腩
ロース	roo - su	牛里脊
バラ	pa - ra	腩肉
サーロイン	saa - ro - i - n	腰脊肉
モモ	mo - mo	牛腿
ミノ	mi - no	牛肚
タン	ta - nn	牛舌
ハラミ	ha - ra - mi	橫隔膜